WILEY | FINANCE

"十一五"国家重点图书出版规划项目
世界财经管理经典译库子项目

THE FRANK J. FABOZZI SERIES

威立金融经典译丛·法伯兹系列

（美）弗兰克·J.法伯兹
斯蒂文·V.曼恩
（英）莫拉德·乔德里 著

孟 昊 郭 红 译

The Global Money Markets

全球货币市场

Frank J. Fabozzi
Steven V. Mann
Moorad Choudhry

东北财经大学出版社
Dongbei University of Finance & Economics Press
WILEY

大连

ⓒ 东北财经大学出版社 2011

图书在版编目（CIP）数据

全球货币市场／（美）法伯兹（Fabozzi，F. J.），（美）曼恩（Mann，S. V.），（英）乔德里（Choudhry，M.）著；孟昊，郭红译．—大连：东北财经大学出版社，2011. 2
（威立金融经典译丛·法伯兹系列）

书名原文：The Global Money Markets

ISBN 978 - 7 - 5654 - 0256 - 2

Ⅰ. 全…　Ⅱ. ①法…　②曼…　③乔…　④孟…　⑤郭…　Ⅲ. 货币市场 - 研究 - 世界　Ⅳ. F821

中国版本图书馆 CIP 数据核字（2011）第 013477 号

辽宁省版权局著作权合同登记号：图字06-2007-163 号

Frank J. Fabozzi, Steven V. Mann, Moorad Choudhry：The Global Money Markets

Copyright ⓒ 2002 by John Wiley & Sons, Inc.

All Rights Reserved. This translation published under license.

东北财经大学出版社出版

（大连市黑石礁尖山街217 号　邮政编码　116025）

教学支持：（0411）84710309

营　销　部：（0411）84710711

总　编　室：（0411）84710523

网　　　址：http：//www. dufep. cn

读者信箱：dufep @ dufe. edu. cn

大连图腾彩色印刷有限公司印刷　　　　　　　东北财经大学出版社发行

幅面尺寸：170mm×240mm　　　字数：306 千字　　　印张：15　　　插页：1

2011 年2 月第1 版　　　　　　　　　　　　2011 年2 月第1 次印刷

责任编辑：刘东威　刘　佳　　　　　　　　　责任校对：赵　楠

封面设计：冀贵收　　　　　　　　　　　　　版式设计：钟福建

ISBN 978 - 7 - 5654 - 0256 - 2

定价：36.00 元

译者前言

弗兰克·J. 法伯兹博士等的著作《全球货币市场》是研究全球货币市场的权威性著作。该书的作者都是投资领域，特别是固定收益证券和衍生金融工具领域的权威专家。弗兰克·J. 法伯兹（Frank J. Fabozzi）博士、注册金融分析师，是《投资组合管理研究》的编辑，耶鲁大学管理学院金融学副教授、耶鲁大学国际金融中心的研究员，以及 Guardian 基金集团和 BlackRock 基金集团的董事。史蒂芬·V. 曼恩（Steven V. Mann）是南卡罗来纳大学达拉摩尔商业学院的金融学教授。莫拉德·乔德里（Moorad Choudhry）是伦敦摩根大通银行结构性金融服务的副总裁。

在现实生活中，货币市场是进行投融资至关重要的渠道，更是向全球提供流动性的关键。《全球货币市场》详尽、清晰地考察了全球货币市场，涵盖了货币市场上的传统金融工具以及全部的货币市场衍生工具，既有基础知识的详细介绍，又有高端问题的深入解读，从而使读者能够全面地了解全球货币市场。因此，《全球货币市场》适于相关专业的本科高年级学生和研究生低年级学生作为专业教材，也适合相关领域从业人员作为参考用书。

本书的翻译工作由天津财经大学金融系孟昊和郭红全面负责。具体分工如下：第 1 章由许姗姗翻译，第 2 章由韩俊美翻译，第 5 章由刘懿翻译，第 6 章由何芸翻译，第 3、4、7、8、9 章由郭红翻译，第 10、11、12、13、14 章由孟昊翻译，第 8 章附录部分由天津财经大学法学院冯博翻译。最后由孟昊、郭红负责统稿和校对。

限于译者的水平，翻译中的错误疏漏之处在所难免，恳请广大读者批评指正。

译者

2010 年 11 月

目 录

第 **1** 章 导论

货币市场通常是指原始到期期限在 1 年或 1 年以内的金融资产进行交易的市场，即短期债务工具市场。在该市场进行交易的金融资产包括国库券、商业票据、一些中期票据、银行承兑汇票、联邦机构贴现票据、定期存单、回购协议、浮动利率协议以及联邦基金。近年来，货币市场的范围不断扩大，出现了一些证券化产品，如短期的抵押贷款支持证券和资产支持证券。本书的主要内容就是这些证券以及与之相关的衍生工具。

普通的零售投资者很少参与货币市场的交易，因为货币市场是大型金融机构或公司的领域，即需要短期融资的大型借款人（如财政部、政府机构、货币中心银行等）与愿意提供短期资金的大型机构投资者之间进行交易。通常，零售投资者与货币市场的唯一联系是货币市场共同基金（money market mutual funds），在英国和欧洲称为单位信托基金（unit trusts）。

货币市场共同基金是只投资于货币市场工具的共同基金。货币市场基金分为三类：（1）普通货币市场基金，投资于多种短期债务产品；（2）美国政府短期基金，只投资于美国国库券或政府机构债券；（3）短期市政基金。对于为其资金寻求安全投资的零售投资者来说，货币市场共同基金是一种常用的投资工具。在欧洲，单位信托基金对于零售投资者来说，是一种信誉卓著的投资工具；其中一部分基金投资于短期资产，因而被称为货币市场单位信托基金。投资于单位信托基金，是使小型投资者获得与大型投资者相当的市场影响力的有效方式。在英国的货币市场中，单位信托基金主要投资于存款，其余小部分投资于货币市场债券，如国库券或定期存单。投资者可以一次性将全部资金投资于货币市场基金，也可以通过定期储蓄计划进行投资。

1.1 货币市场

货币市场是使资金盈余和资金短缺的市场参与者的资金需求相匹配的市场。这一点与任何金融市场都是相同的，不同之处在于货币市场只提供短期资金。由于市场参与者资金余缺的需求是不完全同步的，因此必然需要市场。货币市场的参与者人数众多，种类多样，其中大多数参与者同时既是借款人又是贷款人。他们包括：

■ 主权机构，包括中央政府（财政部）以及政府机构、中央银行或储备银行；

■ 金融机构，如大型投资银行、商业银行、抵押贷款机构、保险公司及财务公司；

- 各种类型的公司；
- 个人投资者，如资产净值较高的个人以及小型储蓄者；
- 中介机构，如货币经纪人、银行机构等；
- 市场的基础设施，如衍生工具交易所。

世界上几乎每个国家都有货币市场，并且所有的货币市场在某种程度上都具备本书所描述的特点。例如，货币市场提供了一种可以使借款人与贷款人对资金的供求达到平衡的机制；可以作为一天至一年之间任意期限融资的渠道；个人、公司和政府都可以进入该市场。

除了国内市场，还存在着国际跨境市场使用欧洲货币①进行交易。当然，各个国家的货币市场存在着差异，金融市场的文化也不尽相同。例如，美国和英国当前的金融文化是以交易性金融资产的二级市场为基础，因此拥有一个发达且流动性较高的债券和股票市场。虽然这种安排也存在于几乎其他所有的国家，但某些国家，如日本和（在更小的范围）德国，则更注重银行关系，由银行提供大部分的公司融资。本书将不涉及国家之间的区别，而主要阐述常用金融工具的相似性。

在发达国家，货币市场规模大，且流动性高。图表 1.1 显示了 20 世纪 90 年代期间美国货币市场的增长情况。图表 1.2 显示了英国货币市场上不同类型的金融工具，本书将对此进行详细介绍。

1.2　本书概览

在第 2 章中我们将介绍货币市场的计算问题。本章的目的在于介绍在本书中会用到的货币市场的一些基本计算及规则，包括日算规则，以及价格与收益率的基本计算公式。由于一些金融工具是附息工具，而另一些是贴现工具，因此理解这些计算是很有必要的。此外，一些金融工具是按一年 360 天来计息，而一些货币市场债券则按一年 365 天来计算。

图表1.1　　**美国货币市场交易量（年末，10 亿美元）**

金融工具	1990	1995	1999
国库券	527	748	723
联邦机构债券	435	845	1 284
商业票据	561	675	1 213
银行承兑汇票	55	29	21
联邦基金借款和回购协议	409	569	762
欧洲美元借款	37	94	167
定期存单（最小面值 10 万美元）	432	345	634

资料来源：《美国联邦储备公报》，2000、2001。

---

① 欧洲货币，是指在货币发行国境外交易的货币，它可以是任意一种货币，而不仅是欧洲的货币。

图表 1.2　　　　　　**英镑货币市场构成（10 亿英镑）**

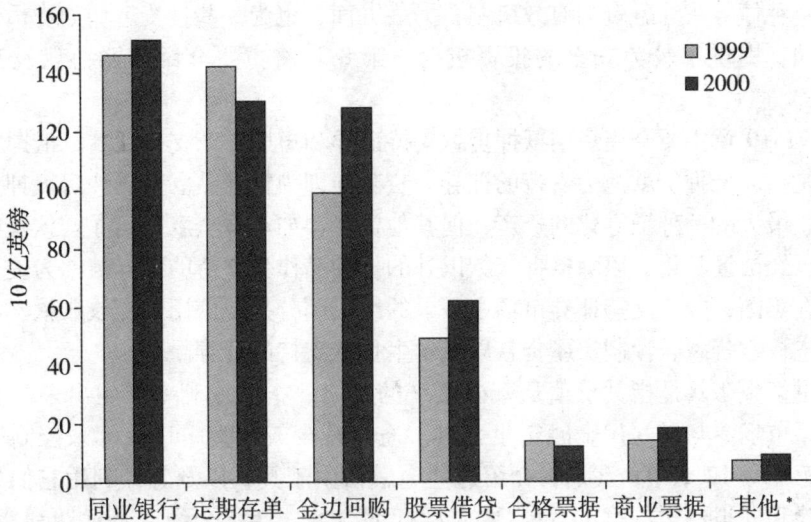

* 包括国库券、出售／回购和地方政府债券。

资料来源：《英格兰银行季报》，2001 年秋季。

　　第 3、4 章主要介绍由世界上最大的借款人——美国财政部及联邦机构所发行的短期债务工具。美国国库券是货币市场上最具安全性和流动性的债券。国库券的收益率是世界各地市场的短期基准利率。联邦机构债券则不像国库券那样具备美国政府的完全信用支持。但除了国库券，短期机构债券比其他他货币市场工具都更安全。

　　另一个短期资金的大型借款人是公司，它们使用商业票据或短期、中期票据等工具。第 5 章将主要介绍这类工具。商业票据是在开放市场中发行的短期无担保的本票，它代表了发行企业的债务。该市场上的一项重要创新即为资产支持商业票据。资产支持商业票据是公司或大型金融机构通过破产隔离（bankruptcy-remote）特定目的公司发行的商业票据，其发行目的是为购买应收账款或其他类似资产获得融资。与之相反，中期票据是一种有独特特点的企业债务工具，它由发行人的代理商向投资者连续发行。中期票据的期限通常为 9 个月至 30 年或更长。我们将主要探讨初始期限在 1 年或 1 年以内的中期票据。

　　在全球货币市场中，最大的参与群体是金融机构，包括存款机构、投资银行以及保险公司。这些机构既是货币市场工具的最大投资者，也是其最大发行人。这一类借款人使用独特的专业化工具，包括定期存单、银行承兑汇票、联邦基金以及融资协议。第 6 章将详细介绍这些工具。

　　第 7 章介绍的是短期浮动利率债券。浮动利率债券包括了几种不同类型的工具，但是它们都有一个共同的特征：债的息票利率在其到期期限内可以变动。在全球公开交易的债券中，大约有 10% 附有浮动利率的息票。融资成本以短期浮动利率为基础的金融机构一般会选择浮动利率债券作为投资选择。

　　全球货币市场最大的一部分是回购协议市场。一方面，回购协议为证券交易商提供了一种债券头寸融资的有效机制；另一方面，也为一些投资者，如货币市场基金和公司，提供了较为安全的投资机会。第 8 章将主要介绍回购协议及其主要用途。

　　第 9、10 章主要介绍短期抵押贷款支持证券和短期资产支持证券。抵押贷款支持证券是指以抵押贷款池为支持的证券。贷款池即为抵押品。虽然住房抵押贷款是迄今为止最大的一种证券化的资产，但其他资产，如消费贷款、商业贷款及应收账款，也已经被证券化。以除抵押贷款以外的抵押品作为支持的证券被称为资产支持证券。在美国，资产支持证券市场中最大的组成部分是由信用卡应收账款、汽车贷款、住宅权益贷款、预制房屋贷款以及学生贷款支持的证券。

　　金融衍生工具是指其价值从基础资产的价格、指数或利率派生出来的金融工具。货币市场参与者利用金融衍生工具，通过减少或增大敞口头寸来控制敞口风险。在第 11、12 章中，我们将介绍这些金融衍生工具，以及怎样利用它们构建有利的风险和回报模式。第 11 章主要介绍远期合约、期货合约以及远期利率协议。第 12 章将主要介绍互换合约以及利率上限/下限。

　　金融机构在货币市场中的活动包括资产和负债管理。资产和负债管理是指金融机构用于管理各类风险并通过持有资产负债最优组合，实现预期利润目标的工具和技术。我们在第 13 章介绍资产和负债管理的基本规则。掌握这些概念及工具对于理解全球货币市场的功能是十分必要的。

　　本书的最后一章，即第 14 章将介绍银行监管资本问题。正如前文提到的，全球货币市场的主要参与者为大型金融机构，特别是存款机构。这些经济实体都要遵守基于风险的资本要求。存款机构的管理者的资产配置决策在很大程度上要受到他们所必须持有的资本数量及资本成本的影响。因此，这些货币市场参与者无论交易何种金融产品，都要涉及基于风险的资本管理，否则将无法完全弄清自有资本的成本及回报率。

第 2 章 货币市场计算

本章的内容主要是介绍货币市场的一些基本计算，这些计算将适用于整本书。我们将介绍日算规则以及关于价格和收益率的基本公式等问题。

2.1 日算规则

对于那些不熟悉金融市场运作的人来说，令他们吃惊的是对于一年到底有多少天这样的问题，竟然没有一个广泛的共识。用于计算两个日期之间天数（如结算日和到期日之间的天数）的程序被称为日算规则（day count conventions）。不同类型的债券和国家之间的日算规则各不相同。在本节中，我们将介绍与货币市场相关的日算规则。

2.1.1 日算基础

日算基础说明了用于确定一个月和一年天数的规则。根据《证券业协会标准证券计算方法》第 2 卷，用于确认日算基础的注释是:[1]

（一个月的天数）/（一年的天数）

虽然在世界各国的固定收益市场中使用多种的日算规则，但是最基本的有三种。[2] 在世界各国使用的所有日算规则都是这三种的变形。第一种类型规定一个月的天数是该月日历日的实际天数，一年的天数是该年或息票期的日历日的实际天数（如实际天数/实际天数）。第二种类型规定一个月的天数是该月日历日的实际天数，但是把一年的天数限制为一定的天数，无论该年的实际天数是多少（如实际天数/360）。最后，第三种类型规定无论该月或该年的实际天数是多少，一个月和一年的天数都是一定的（如30/360）。下面我们将定义并说明这三种日算规则。

2.1.2 实际天数/实际天数

中期政府债券、长期政府债券和本息分离政府债券使用实际天数/实际天数（期限内）的日算规则。当计算两个日期之间的天数时，顾名思义，实际天数/实际天数的日算规则使用的是日历日的实际天数。我们举例说明这一规则，假设到期日为 2003 年 8 月 31 日的 2 年期美国政府债券，息票利率为 3.625% 。图表 2.1 显示了该债券的彭博债券描述屏幕（DES）。在屏幕左侧的"债券信息"一栏中，我

---

[1] 见 Jan Mayle, Standard Securities Calculation Methods, Volume 2 (New York: Securities Industry Association, 1994)。

[2] 彭博社标识 24 种不同的日算规则。

们可以看到日算规则为"实际天数/实际天数"。从屏幕右侧的"发行信息"一栏中，我们可以看到从 2001 年 8 月 31 日（发行日）开始计息，2002 年 2 月 28 日是第一个息票日。假设该债券成交的结算日是 2001 年 9 月 11 日。使用实际天数/实际天数的日算规则，从 2001 年 8 月 31 日到 2001 年 9 月 11 日之间是多少天？

图表 2.1　　　　　　　2 年期美国政府债券的彭博债券描述屏幕

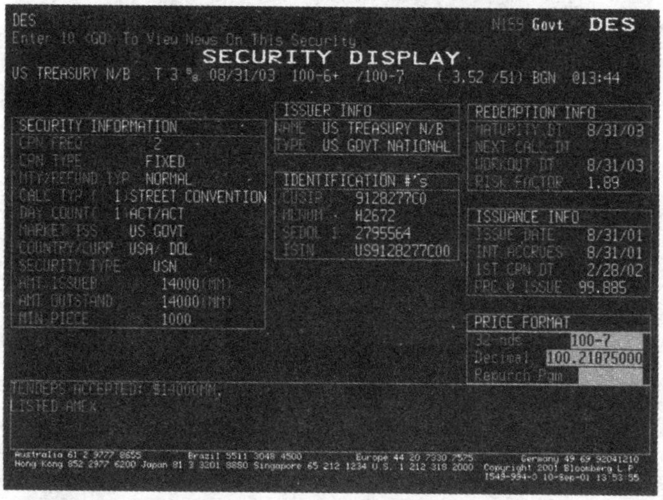

资料来源：彭博金融市场。

为了回答这个问题，我们简单地计算一下这两个日期之间的实际天数。[1] 我们可以利用图表 2.2 中显示的彭博 DCX（日期间天数）函数进行计算。结果是 2001 年 8 月 31 日至 2001 年 9 月 11 日之间的实际天数是 11 天。[2] 用同样的方式，我们也可以确定整个息票期日历日的实际天数。一个 6 个月的息票期只能有 181、182、183 或 184 个日历日。例如，2001 年 8 月 31 日至 2002 年 2 月 28 日之间的实际天数是 184 天。

图表 2.2　　　　　　　彭博 DCX（日期间天数）屏幕

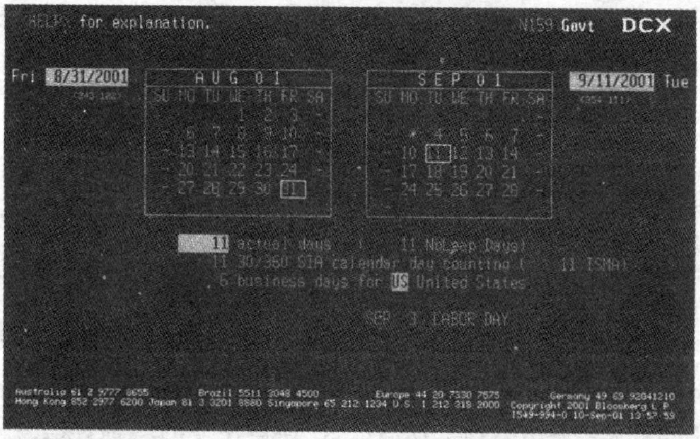

资料来源：彭博金融市场。

---

[1]　通过使用软件，可以很容易地将公历日期（月/日/年）转换为儒略日（自某一基准日开始的天数）。
[2]　请注意，结算日（9 月 11 日）不计算在内。

2.1.3　实际天数/360

实际天数/360 是第二种日算规则。具体来说，实际天数/360 规定每月的天数就是日历上的实际天数。然而，无论一年的实际天数是多少，都规定一年是 360 天。美国货币市场就是使用实际天数/360 的日算规则。我们用一个 2002 年 3 月 7 日到期的 26 周期的美国国库券作为例子，来说明实际天数/360 的日算规则。图表 2.3 显示了该国库券的彭博债券描述（DES）屏幕。从屏幕左侧的"债券信息"一栏中，我们看到日算规则为实际天数/360。假设购买该国库券的结算日 2001 年 9 月 11 日，价格为 98.466。使用实际天数/360 的日算规则，该国库券直至到期日的天数是多少？

图表2.3　　　　　　　26 周期美国国库券的彭博债券描述屏幕

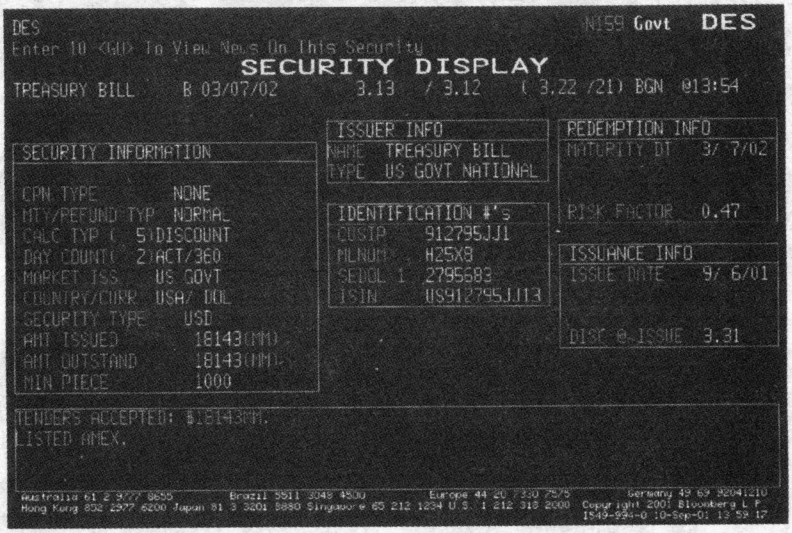

资料来源：彭博金融市场。

通过使用彭博 DCX（日期间天数）函数并说明计息的两个日期，这个问题很好回答。如图表 2.4 所示。我们看到从结算日 2001 年 9 月 11 日至到期日 2002 年 3 月 7 日，之间的日历日为 177 天。这可以通过图表 2.5 显示的彭博 YA（收益率分析）屏幕证实。我们看到结算日为 2001 年 9 月 11 日的国库券还有 177 天到期。这个信息位于屏幕中央的"价格"一栏的上方。

在计算两个日期之间的天数时，实际天数/360 与实际天数/实际天数的答案相同。那么，以实际天数/360 日算中，一年 360 天的重要性是什么呢？如果我们进行比较，如 26 周期的国库券与还有 6 个月到期的附息政府债券的收益率，它们之间的区别是显而易见的。美国国库券如同许多货币市场工具一样，都是贴现工具。因此，它们的收益率是在决定该国库券价格的银行贴现基础上（我们将在第 3 章中详细解释）报出的。在银行贴现基础上报出的国库券收益率与使用实际天数/实际天数日算规则的附息政府债券的收益率不能直接进行比较的原因有两个。一是，国库券的收益率是建立在面值投资的基础上，而不是价格。二是，国库券的年收益率是按照一年 360 天来计算的，而附息政府债券的年收益率是按照日历年（365 天或 366 天）的实际天数来计算的。这些因素使得国库券收益率与中长期政府债券收益率很难进行比较。我们很快就会演示如何将这些收益率调整为可以比较的。

图表2.4　　　　　　　　　　彭博 DCX（日期间天数）屏幕

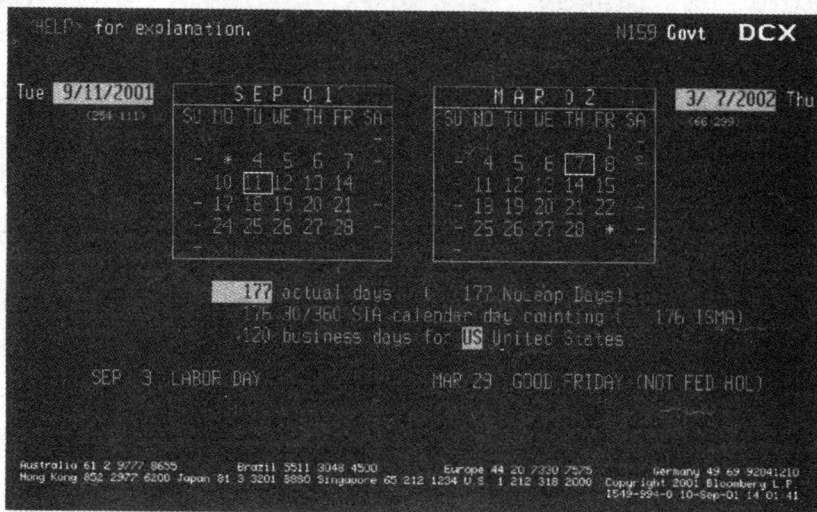

资料来源：彭博金融市场。

图表2.5　　　　　　　　26 周期美国国库券的彭博收益率分析

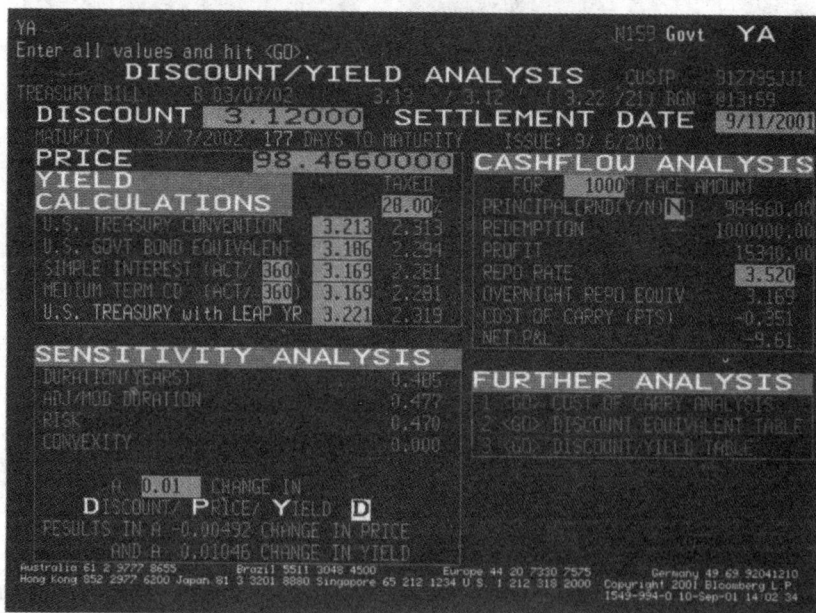

资料来源：彭博金融市场。

　　第二种日算规则的另一种变形是实际天数/365。实际天数/365 规定每月的天数就是日历上显示的天数，而无论一年的实际天数是多少，都假定为一年 365 天。

这种方法不考虑在闰年中额外多出的一天。英国货币市场就使用这种日算规则。

2.1.4　30/360

30/360 的天数计算是第三种日算规则中最突出的例子，即无论一个月和一年的实际天数是多少，都限制为一定的天数。30/360 的日算规则就是假定每月都是 30 天，每年都是 360 天。使用 30/360 计算两个日期之间的天数时，与两个日期之间的实际天数是不同的。

要确定两个日期之间的天数，我们将采取以下符号：

Y1 = 前一个日期的年份

M1 = 前一个日期的月份

D1 = 前一个日期的日

Y2 = 后一个日期的年份

M2 = 后一个日期的月份

D2 = 后一个日期的日

由于 30/360 的日算规则规定每月都是 30 天，对于有 31 天的月份和有 28 天的 2 月（闰年是 29 天）必须进行一些调整。调整如下：[①]

1. 如果债券遵循月末规则，[②] D2 是 2 月的最后一天（非闰年的第 28 天或闰年的第 29 天），而且 D1 也是 2 月的最后一天，则 D2 调整为 30 日。

2. 如果债券遵循月末规则，D1 是 2 月的最后一天，则 D1 调整为 30 日。

3. 如果 D2 是 31 日，D1 是 30 日或 31 日，则 D2 调整为 30 日。

4. 如果 D1 是 31 日，则 D1 调整为 30 日。

做出这些调整后，两个日期之间的天数计算公式如下：

天数 = [（Y2 – Y1）× 360] + [（M2 – M1）× 30] + (D2 – D1)

为了说明 30/360 的日算规则，我们用房利美发行的息票利率为 4%，2003 年 8 月 15 日到期的附息债券为例。图表 2.6 显示了该债券的彭博债券描述（DES）屏幕。我们看到在"债券信息"一栏中，该债券使用 30/360 计算天数。假设购买该债券的结算日为 2001 年 9 月 11 日。我们可以从屏幕的左下方看到，第一个息票日是 2002 年 2 月 15 日，第一个计息日为 2001 年 8 月 27 日。使用 30/360 的日算规则，在第一个息票其中，从 2001 年 8 月 27 日至 2001 年 9 月 11 日结算日过去了多少天？

谈到 30/360 的天数计算规则，我们发现调整规则 1~4 不适用于这个例子，D1 和 D2 没有调整的必要。因此，在这个例子中，

Y1 = 2001

M1 = 8

D1 = 27

Y2 = 2001

M2 = 9

D2 = 11

图表2.6   **房利美发行的 2 年期基准票据的彭博债券描述屏幕**

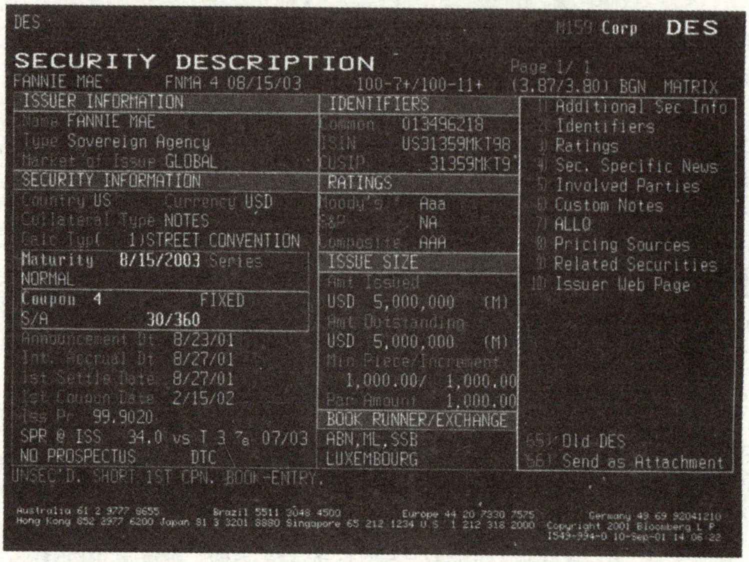

资料来源：彭博金融市场。

将这些数字代入公式中，我们发现这两个日期之间的天数是 14 天，计算过程如下：

天数 = $[(2\,000 - 2\,000) \times 360] + [(9 - 8) \times 30] + (11 - 27)$

$= 0 + 30 + (-16) = 14$

我们使用彭博 DCX（日期间天数）函数来检验一下这个结果，如图表 2.7 所示。该函数告诉我们使用 30/360 日算规则，2001 年 8 月 27 日至 2001 年 9 月 11 日之间是 14 天。请注意这两个日期之间的实际天数是 15 天。

图表2.7   **彭博 DCX（日期间天数）屏幕**

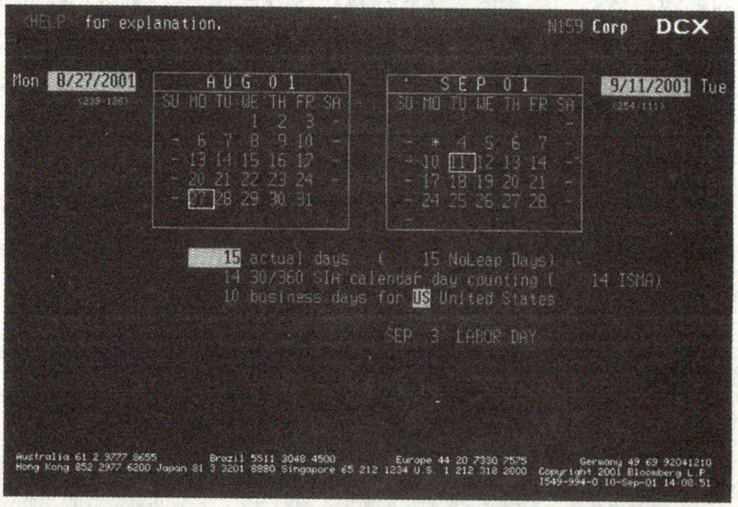

资料来源：彭博金融市场。

2.2 贴现工具

许多货币市场工具是贴现债券（如美国国库券、机构贴现票据和商业票据）。和支付息票利息的债券不同，贴现债券就像零息债券，按其面值的一定折扣出售，并在到期日按面值赎回。此外，大部分贴现债券使用实际天数/360 的日算规则。在本节，我们讨论贴现债券的收益率如何报价，贴现债券如何定价，以及贴现债券的收益率如何调整，使其可以与附息债券的收益率进行比较。

2.2.1 银行贴现基础的收益率

贴现债券和附息债券的买价和卖价的报价方式是不同的。贴现债券的价格是以一种特殊的方式报价的。这些债券的买价和卖价是以银行贴现基础（bank discount basis），而不是以价格基础报价的。银行贴现基础的收益率（yield on a bank discount basis）计算如下：

$$Y_d = \frac{D}{F} \times \frac{360}{t}$$

其中，Y_d = 银行贴现基础的年收益率（用小数表示）；D = 美元贴现额，等于面值与价格之间的差额；F = 面值；t = 距到期日的实际剩余天数。

例如，假设一个还有 91 天到期的国库券，面值 100 美元，成交价格 98.5846 美元。美元贴现额 D 计算如下：

D = \$100 − \$98.5846 = \$1.4054

因此，银行贴现基础的年收益率（用小数表示）：

$$Y_d = \frac{\$1.4054}{\$100} \times \frac{360}{91} = 5.56\%$$

给定银行贴现基础的收益率，我们就可以通过首先求解美元贴现额（D），求出国库券的价格，计算如下：

D = $Y_d \times F \times$ （t/360）

则价格为：

价格 = F − D

例如，假设一个 91 天期的面值为 100 美元的国库券，银行贴现基础的收益率为 5.56%，则：

D = 0.0556 × \$100 × 91/360 = \$1.4054

因此，

价格 = \$100 − \$1.4054 = \$98.5946

如前所述，银行贴现基础的收益率并不是衡量所持有的贴现工具潜在收益的有效衡量方法，原因有两个。首先，这一衡量方法是以面值投资为基础的，而不是以实际投资的美元金额为基础的。其次，年收益率是按一年 360 天而不是一年 365 天计算出来的，因此，贴现收益率和以实际天数/实际天数为基础付息的中长期政府债券收益率是很难进行比较的。使用一年 360 天是普通的货币市场规则。尽管用其衡量收益有不足之处，但仍被交易商用作贴现票据（如国库券）的报价方式。许多交易商的报价单和其他一些报表服务都提供另外两种收益率衡量指标，即 CD 等价收益率和债券等价收益率，使其报出的收益率与附息债券及附息货币市场工具的收益率可以进行比较。

2.2.2 CD 等价收益率

CD 等价收益率（CD equivalent yield）（也称为货币市场等价收益率，money market equivalent yield），使在银行贴现基础上报出的收益率与按照一年 360 天为基础付息的其他货币市场工具的收益率报价之间更具可比性。它通过考虑贴现债券的价格（投资额），而非面值实现上述目的。CD 等价收益率的计算公式为：

$$CD \text{ 等价收益率} = \frac{360 Y_d}{360 - t \ (Y_d)}$$

为了说明 CD 等价收益率，假设一个 91 天期的国库券，银行贴现基础的收益率为 5.56%。CD 等价收益率计算如下：

$$CD \text{ 等价收益率} = \frac{360 \times 0.0556}{360 - 91 \times 0.0556} = 0.05639 = 5.639\%$$

2.2.3 债券等价收益率

正如本章前面讨论的，可以使贴现工具如国库券或机构贴现票据能够与附息政府债券进行比较的衡量方法是债券等价收益率（bond equivalent yield）。这种收益率衡量使银行贴现基础的报价收益率可以与使用实际天数/实际天数日算规则的中长期政府债券的收益率进行比较。计算取决于短期贴现工具是 182 天，或少于 182 天到期，还是超过 182 天到期。

少于 182 天到期的贴现票据

我们使用以下的公式，将少于 182 天到期的国库券的银行贴现基础的收益率转换为债券等价收益率：

$$债券等价收益率 = \frac{T \ (Y_d)}{360 - t \ (Y_d)}$$

其中，T 是日历年的实际天数（365 或 366）。例如，一个还有 91 天到期的国库券，银行贴现基础的收益率为 5.56%，债券等价收益率计算如下：

$$债券等价收益率 = \frac{365 \times 0.0556}{360 - 91 \times 0.0556} = 0.0572 = 5.72\%$$

注意上述计算债券等价收益率的公式，假设贴现票据当前距到期日是 182 天或少于 182 天。

超过 182 天到期的贴现票据

如果一个贴现票据（如一个 52 周期的房利美短期基准债券）当前距到期日超过 182 天，将银行贴现基础的收益率转换为债券等价收益率就更常用。具体来说，计算必须反映出短期基准债券是贴现票据，而附息政府债券每半年进行息票支付并且每半年支付的息票利息可以再投资。为了进行调整，我们假设 6 个月后按照等于贴现工具债券等价收益率（BEY）的利率支付利息，并将利息以该利率进行再投资。

距到期日超过 182 天的贴现票据的债券等价收益率（BEY），我们使用以下公式计算[①]：

$$BEY = \frac{\frac{-2 \times t}{T} + 2\left[\left(\frac{t}{T}\right)^2 - \left(\frac{2 \times t}{T} - 1\right) \times \left(1 - \frac{100}{P}\right)\right]^{\frac{1}{2}}}{\frac{2 \times t}{T} - 1}$$

例如，房利美 52 周期的短期基准债券的银行贴现基础的收益率为 5.87%，距到期日的剩余天数为 350 天。这个债券的价格是 94.0647（面值为 100 美元）。进一步假设，一年 366 天，将这些信息代入上式得出这个 52 周期债券的债券等价收益率为：

$$BEY = \frac{\frac{-2 \times 350}{366} + 2\left[\left(\frac{350}{366}\right)^2 - \left(\frac{2 \times 350}{366} - 1\right) \times \left(1 - \frac{100}{94.2931}\right)\right]^{\frac{1}{2}}}{\frac{2 \times 350}{366} - 1} = 0.0624 = 6.24\%$$

2.3　到期付息的票据

相对于贴现票据，有些货币市场工具按照单利到期支付利息。典型的例子包括联邦基金、回购协议和定期存单。这些票据的应计利息使用实际天数/360 的日算规则。我们将术语定义如下：

　F = 票据的面值

　I = 到期支付的利息

　T = 距到期的实际天数

---

① 我们可以用以下符号推导：
P = 贴现工具的价格
BEY = 债券等价收益率
t = 距贴现票据到期的天数
则：
P [1 + （BEY/2）] = 投资者将 P 以 1/2 的 BEY 投资 6 个月所得的终值
（BEY/365）[t − （365/2）] [1 + （BEY/2）] P = 按照单利计算的投资者将款项在贴现票据余下的未到期的时间内以 BEY 再投资所得到的收益。
假设贴现票据的面值是 100 美元，则：
P [1 + （BEY/2）] + （BEY/365）[t − （365/2）] [1 + （BEY/2）] P = 100
这个表达式可以化简为：
P [1 + （BEY/2）] [（1 + （BEY/2））（2T/365 − 1）] = 100
展开上式，我们得到：
（2t/365 − 1）BEY^2 + （4t/365）BEY + 4 （1 − 100/P）= 0
上式是一个二次方程式，可以写成以下形式：
ax^2 + bx + c = 0
求解得：
$$x = \frac{-b \pm （b^2 - 4ac）^{\frac{1}{2}}}{2a}$$

Y_{360} = 假设一年 360 天，单利计息的收益率

以下公式用于计算定期存单的美元利息：

$$I = F \times Y_{360} \times (t/360)$$

例如，假设银行提供一个 180 天期的定期存单，利率为 4%，面值为 100 万美元。假设一个投资者购买此 CD 并持有到期，那么利息是多少？

到期利息是 20 000 美元，计算如下：

$$I = \$1\,000\,000 \times 0.04 \times (180/360) = \$20\,000$$

2.3.1 将 CD 收益率转换为一年 365 天基础上的单利收益率

将在实际天数/360 基础上的按单利计息的 CD 收益率转换为实际天数/365 基础上的单利收益率，是很有用的。这种转换很直接，可以用下面的公式计算出来：

$$Y_{365} = Y_{360} (365/360)$$

为了说明这点，我们假设一个 180 天期的定期存单，按单利计息的收益率为 4%。按实际天数/365 计算，投资者的收益是多少？答案是 4.056%，计算如下：

$$Y_{365} = 0.04 \times (365/360) = 0.0456$$

2.3.2 将定期利率转换为有效年利率

假设将 100 美元按照 4% 的年利率投资 1 年。截至年底，收到的利息是 4 美元。假设改为，100 美元投资 1 年，但是每半年以 2%（年利率的一半）支付利息。计算年底时的利息应首先计算 100 美元 1 年后的终值：

$$\$100 \times 1.02^2 = \$104.04$$

因此，100 美元投资的利息是 4.04 美元。100 美元投资的利率或收益率是 4.04%。这个 4.04% 就被称为有效年收益率（effective annual yield）。

定期存单的投资者会立即意识到年利率与有效年收益率的区别。通常情况下，定期存单的这两个利率都会报出，其中较高的为有效年收益率。

为了获得相对于给定的定期利率的有效年收益率，计算公式如下：

有效年收益率 = $(1 + 定期的利率)^m - 1$

其中，m 等于每年的支付次数。

为了说明这一点，假设定期的利率是 2%，支付次数是一年两次。因此，

有效年收益率 = $1.02^2 - 1 = 0.0404$ 或者 4.04%

我们还可以从给定的有效年收益率求出定期的利率。例如，假设我们需要求出能够使有效年收益率为 5.25% 的半年期利率。使用如下公式：

定期的利率 = $(1 + 有效年收益率)^{1/m} - 1$

使用这个公式来确定产生有效年收益率为 5.25% 的半年期利率，我们求出：

定期的利率 = $1.0525^{\frac{1}{2}} - 1 = 0.0259$ 或 2.59%

第 **3** 章 美国国库券

美国财政部是世界上最大的单一借款人。截至 2001 年 9 月，其可流通的有价证券未偿余额达到 33 390 亿美元。其中，国库券为 7 348.6 亿美元。[1] 国库券是原始到期期限少于一年的短期贴现票据。所有的政府债券都由美国政府的完全信用作为担保。这一点再加上它们的交易量（根据美元未偿余额）和流动性，使国库券成为货币市场的中心。事实上，国库券的利率在整个美国经济以及国际货币市场作为基准的短期利率。

本章将对国库券进行深入探讨。我们将考察国库券的类型，它们是如何拍卖的，价格和收益率如何计算，以及二级市场是如何组织的。我们还将讨论相对于其他主要货币市场利率变化，国库券收益率的时间序列行为。最后，我们将讨论一个经过时间检验的使用国库券的投资组合策略——骑乘收益率曲线（riding the yield curve）。

3.1　国库券的类型

国库券按面值折价发行，无息票利率，到期时按面值偿还。目前，财政部发行四种类型的国库券，按照到期日的不同分为——28 天（1 个月），91 天（3 个月），182 天（6 个月），以及现金管理国库券。[2] 正如下一节中将讨论的，1 个月、3 个月和 6 个月的国库券每周都发售。

各种到期期限的现金管理国库券（cash management bills）随时发行。宣布发行、拍卖以及正式发行之间的时间通常是一个星期或者更短。例如，在 1999 年 8 月 26 日，财政部对大约 330 亿美元的 15 天期现金管理国库券进行招标。这些国库券于 1999 年 8 月 31 日发行，银行贴现率为 5.18%，并于 1999 年 9 月 15 日到期。现金管理国库券的发行是为了平衡财政部现金头寸的季节性波动。由于其发行和到期是可以变动的，现金管理国库券可以在任意工作日到期。

自 1998 年 8 月，所有的政府债券均以 1 000 美元的增量出售和转让。以前，国库券的最低购买金额为 10 000 美元。国库券以记账形式发行。这意味着，投资者只收到收据而非纸质证书作为所有权的凭证。记账的主要优点是便于债券所有权的转让。政府债券的利息收入须缴纳联邦收入所得税，但是可以免征州和地方收入所得税。

---

[1]　资料来源：财政部公报。
[2]　国库券的 CUSIP 前六位数字是"912795"。

3.2 国库券拍卖程序

根据 1942 年的《公共债务法案》，美国财政部在可流通的政府债券方面拥有相当大的自主决定权。[①] 按照财政部长设定的任何价格，政府债券可以基于付息方式或贴现方式出售，也可以基于竞争或其他方式出售。但是，国会对未偿债券的总额有一定限制。虽然国会已批准对该限制的豁免，但是仍会出现因国会未放宽豁免权而导致的政府债券发行推迟或取消的情况。

3.2.1 拍卖程序

如前所述，美国财政部保持一个有规律的、可预测的政府债券发行计划。与常规的借款模式不同，财政部提前公布发行信息，以使市场参与者能够消化这些信息。财政部认为，如果向政府债券的买方提供关于其新发债券的稳定预期，可以降低借款成本。

目前的拍卖周期如下。每周拍卖 4 周期（1 个月）、3 个月期以及 6 个月期的国库券。除了假期和特殊情况下，4 周期国库券的发行在周一公布，周二拍卖。相应地，3 个月期和 6 个月期国库券的发行在周四公布，下周一拍卖。所有的国库券都在周四发行。由于假期，每个债券的到期日可能会多一天或少一天。在 2001 年 2 月之前，364 天期（一年）的国库券也是按有规律的周期发行。但是，由于美国政府在 1998 和 1999 财政年度庞大的政府预算盈余，1 年期国库券被取消了。

图表 3.1 是 2002 年 3 月 11 日的 4 周期国库券的发行公告。第一个 4 周期国库券发行的拍卖是在 2001 年 7 月 31 日。

3.2.2 拍卖结果的决定

目前，国库券（以及所有的可流通政府债券）以拍卖方式出售，拍卖是在收益率的基础上进行的。对于国库券，其收益率是建立在银行贴现基础上的。公众的非竞争性投标的上限是 100 万美元。这些非竞争性报价和非公众性购买（如美联储的购买）要从拍卖的全部债券中扣除。剩余部分就是竞争性投标者所能获得的数量。

财政部对其发行的所有可流通债券都采用单一价格拍卖，不再继续使用多重价格拍卖。在多重价格拍卖中，竞争性投标人（如一级自营商）报出他们意愿交易的数量以及愿意接受的收益率。[②] 收益率从最低到最高排列。这相当于报价从最高到最低排列。从最低的收益率报价开始，直到竞争性投标者的全部配额分配完，所有的竞争性投标都会被接受。财政部接受的最高收益率被称为"停止收益率"，那些以该收益率报价的投标者将根据投标的数量按比例获得国库券。单一价格拍卖也是同样的程序，除了所有被接受的报价都按已中标的竞争性投标中的最高收益率

---

① 不可流通的政府债券直接向美国政府账户和信托基金发行。
② 在使用单一价格拍卖之前，国库券自 1929 年一直使用多重价格拍卖。

（停止收益率）中标。

自 1992 年 9 月，在每月出售的 2 年期和 5 年期债券中采用单一价格拍卖之后，财政部于 1998 年对所有的政府债券都采用单一价格拍卖。Paul Malvey 和 Christine Archibald 对两种拍卖机制的效果进行了研究。[1] 他们的实证结果表明，单一价格拍卖可以扩大参与范围，并且相应地减少债券发行的集中度。此外，他们还提供了一些微弱的证据表明单一价格拍卖可以通过鼓励更积极的投标，降低财政部的融资成本。在原则上，通过鼓励更积极的投标，使单一价格拍卖相较于多重价格拍卖降低了融资成本。因为拍卖的获胜者（支付最高价格或报出最低收益率的人）会支付一个高于市场共识的价格，因此多重价格拍卖出现了所谓的"赢者诅咒"的问题。相反，在单一价格拍卖中，所有的中标者都支付相同的价格，并且不鼓励保守的报价。

图表 3.1　　　　　　　　　　　　4 周期国库券拍卖

a. 4 周期国库券拍卖公告

DEPARTMENT OF THE TREASURY

TREASURY ⬤ NEWS

OFFICE OF PUBLIC AFFAIRS • 1500 PENNSYLVANIA AVENUE, N.W. • WASHINGTON, D.C. • 20220 • (202) 622-2960

EMBARGOED UNTIL 11:30 A.M.　　　　　　　　　　Contact:　Office of Financing
March 11, 2002　　　　　　　　　　　　　　　　　　　202/691-3550

TREASURY OFFERS 4-WEEK BILLS

The Treasury will auction 4-week Treasury bills totaling $23,000 million to refund an estimated $18,000 million of publicly held 4-week Treasury bills maturing March 14, 2002, and to raise new cash of approximately $5,000 million.

Tenders for 4-week Treasury bills to be held on the book-entry records of *TreasuryDirect* will not be accepted.

The Federal Reserve System holds $11,532 million of the Treasury bills maturing on March 14, 2002, in the System Open Market Account (SOMA). This amount may be refunded at the highest discount rate of accepted competitive tenders in this auction up to the balance of the amount not awarded in today's 13-week and 26-week Treasury bill auctions. Amounts awarded to SOMA will be in addition to the offering amount.

Up to $1,000 million in noncompetitive bids from Foreign and International Monetary Authority (FIMA) accounts bidding through the Federal Reserve Bank of New York will be included within the offering amount of the auction. These noncompetitive bids will have a limit of $100 million per account and will be accepted in the order of smallest to largest, up to the aggregate award limit of $1,000 million.

The allocation percentage applied to bids awarded at the highest discount rate will be rounded up to the next hundredth of a whole percentage point, e.g., 17.13%.

This offering of Treasury securities is governed by the terms and conditions set forth in the Uniform Offering Circular for the Sale and Issue of Marketable Book-Entry Treasury Bills, Notes, and Bonds (31 CFR Part 356, as amended).

Details about the new security are given in the attached offering highlights.

oOo

Attachment

For press releases, speeches, public schedules and official biographies, call our 24-hour fax line at (202) 622-2040

资料来源：美国财政部。

---

[1]　Paul F. Malvey and Christine M. Archibald，"Uniform-Price Auction：Update of the Treasury Experience，" Washington，D. C.，U. S. Treasury，October 1998.

b. 将于 2002 年 4 月 14 日发行的 4 周期国库券招募的主要内容

March 11, 2002

```
Offering Amount.....................$23,000 million
Public Offering....................$23,000 million
NLP Exclusion Amount...............$ 7,900 million

Description of Offering:
Term and type of security..........28-day bill
CUSIP number.......................912795 JP 7
Auction date.......................March 12, 2002
Issue date.........................March 14, 2002
Maturity date......................April 11, 2002
Original issue date................October 11, 2001
Currently outstanding..............$30,837 million
Minimum bid amount and multiples....$1,000

Submission of Bids:
Noncompetitive bids:  Accepted in full up to $1 million at the highest
    discount rate of accepted competitive bids.
Foreign and International Monetary Authority (FIMA) bids:  Noncompeti-
    tive bids submitted through the Federal Reserve Banks as agents for
    FIMA accounts.  Accepted in order of size from smallest to largest
    with no more than $100 million awarded per account.  The total non-
    competitive amount awarded to Federal Reserve Banks as agents for
    FIMA accounts will not exceed $1,000 million.  A single bid that
    would cause the limit to be exceeded will be partially accepted in
    the amount that brings the aggregate award total to the $1,000
    million limit.  However, if there are two or more bids of equal
    amounts that would cause the limit to be exceeded, each will be
    prorated to avoid exceeding the limit.
Competitive bids:
    (1) Must be expressed as a discount rate with three decimals in
        increments of .005%, e.g., 4.215%.
    (2) Net long position (NLP) for each bidder must be reported when
        the sum of the total bid amount, at all discount rates, and the
        net long position is $1 billion or greater.
    (3) Net long position must be determined as of one half-hour prior
        to the closing time for receipt of competitive tenders.

Maximum Recognized Bid at a Single Rate...35% of public offering
Maximum Award...........................35% of public offering

Receipt of Tenders:
Noncompetitive tenders:
    Prior to 12:00 noon eastern standard time on auction day
Competitive tenders:
    Prior to 1:00 p.m. eastern standard time on auction day

Payment Terms:  By charge to a funds account at a Federal Reserve Bank
    on issue date.
```

资料来源：美国财政部。

　　图表 3.2 显示的彭博屏幕包含了 2002 年 3 月 12 日 4 周期国库券拍卖的结果。这些国库券在 2002 年 3 月 14 日发行。该屏幕提供了当前拍卖和上周拍卖的相关数据。出现在图表中的两个术语需要一些解释。认购比率（bid-to-cover ratio）为公众投标的债券票面总金额除以公众中标的债券票面总金额的比率。认购比率不包括外国或国际货币当局在联邦储备银行的账户及联邦储备银行的账户的投标与中标。投资比率（investment rate）大致等于国库券的债券等价收益率还存在疑问。

　　在债券的拍卖公告和实际发行之间，国库券交易可以在发行前交易市场（when-issued or wi market）进行。从本质上讲，发行前交易市场只不过是一个活跃的国库券远期市场。许多持有大量空头头寸的交易商参与国库券拍卖，希望用在拍卖中得到的国库券轧平这些头寸。交易商向其客户和其他交易商做出承诺，在国库券发行后，以协议的价格交割国库券进行结算。事实上，所有发行前交易的交割发生在所交易债券的发行日。发行前收益率是在拍卖中将出现的收益率的重要指示器。

图表3.2 4周期国库券拍卖结果的彭博屏幕

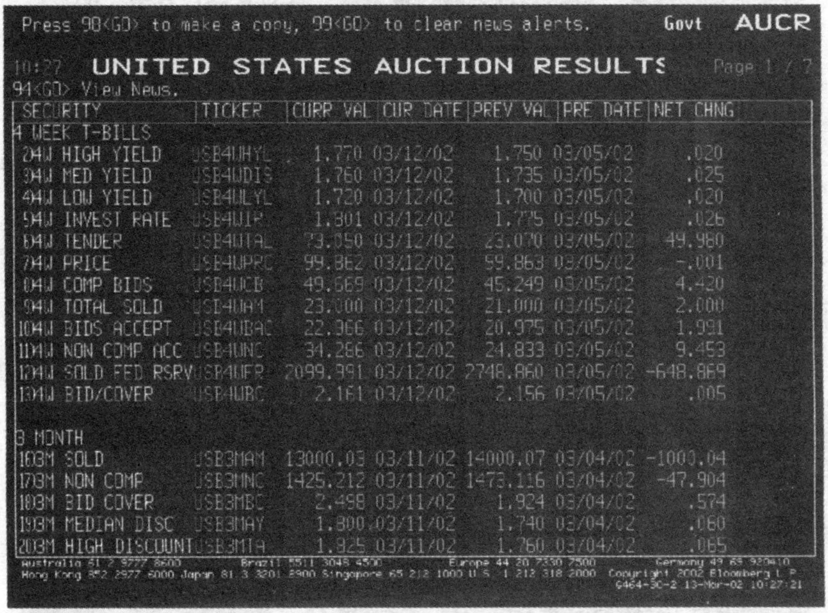
Press 98<GO> to make a copy, 99<GO> to clear news alerts. Govt AUCR

10:27 UNITED STATES AUCTION RESULTS Page 1 / 7

94<GO> View News.

SECURITY	TICKER	CURR VAL	CUR DATE	PREV VAL	PRE DATE	NET CHNG
4 WEEK T-BILLS						
2) 4W HIGH YIELD	USB4WHYL	1.770	03/12/02	1.750	03/05/02	.020
3) 4W MED YIELD	USB4WDIS	1.760	03/12/02	1.735	03/05/02	.025
4) 4W LOW YIELD	USB4WLYL	1.720	03/12/02	1.700	03/05/02	.020
5) 4W INVEST RATE	USB4WIR	1.801	03/12/02	1.775	03/05/02	.026
6) 4W TENDER	USB4WTAL	73.050	03/12/02	23.070	03/05/02	49.980
7) 4W PRICE	USB4WPRC	99.862	03/12/02	99.863	03/05/02	-.001
8) 4W COMP BIDS	USB4WCB	49.669	03/12/02	45.249	03/05/02	4.420
9) 4W TOTAL SOLD	USB4WAM	23.000	03/12/02	21.000	03/05/02	2.000
10) 4W BIDS ACCEPT	USB4WBAC	22.966	03/12/02	20.975	03/05/02	1.991
11) 4W NON COMP ACC	USB4WNC	34.286	03/12/02	24.833	03/05/02	9.453
12) 4W SOLD FED RSRV	USB4WFR	2099.991	03/12/02	2748.860	03/05/02	-648.869
13) 4W BID/COVER	USB4WBC	2.161	03/12/02	2.156	03/05/02	.005
3 MONTH						
16) 3M SOLD	USB3MAM	13000.03	03/11/02	14000.07	03/04/02	-1000.04
17) 3M NON COMP	USB3MNC	1425.212	03/11/02	1473.116	03/04/02	-47.904
18) 3M BID COVER	USB3MBC	2.498	03/11/02	1.924	03/04/02	.574
19) 3M MEDIAN DISC	USB3MAY	1.800	03/11/02	1.740	03/04/02	.060
20) 3M HIGH DISCOUNT	USB3MIA	1.825	03/11/02	1.760	03/04/02	.065

Australia 61 2 9777 8600 Brazil 5511 3048 4500 Europe 44 20 7330 7500 Germany 49 69 920410
Hong Kong 852 2977 6000 Japan 81 3 3201 8900 Singapore 65 212 1000 U.S. 1 212 318 2000 Copyright 2002 Bloomberg L.P.
9464-30-2 13-Mar-02 10:27:21

资料来源：彭博金融市场。

3.3 国库券的报价

在二级市场中，国库券和附息政府债券的买价和卖价的报价惯例是不同的。国库券的买/卖价是以一种特殊的方式报出的。不同于支付息票利息的债券，国库券的报价是以银行贴现基础，而不是价格基础报出的。银行贴现基础的收益率计算如下：

$$Y_d = \frac{D}{F} \times \frac{360}{t}$$

其中，Y_d = 银行贴现基础的年收益率（用小数表示），D = 美元贴现额，等于面值与价格之间的差额，F = 面值，t = 距到期日的实际剩余天数。

例如，图表3.3显示了彭博的PX1政府债券屏幕。最新发行的国库券的数据出现在左上角。第一列和第二列显示了债券及期到期日。在第三列中的箭头是最后一笔交易上升或下降的标记。第四列显示的是当期的买入/卖出利率。使用卖出收益率/价格的债券等价收益率（稍后讨论）在第五列。最后一列显示的是以前一天收盘利率为基础的银行贴现收益率的变化。图表3.4显示了所有未偿国库券的相同的信息（PX2）。当前/交易前国库券的到期日被着重强调。其他重要市场指标在屏幕的右下角。

图表 3.3   当期政府债券的彭博屏幕

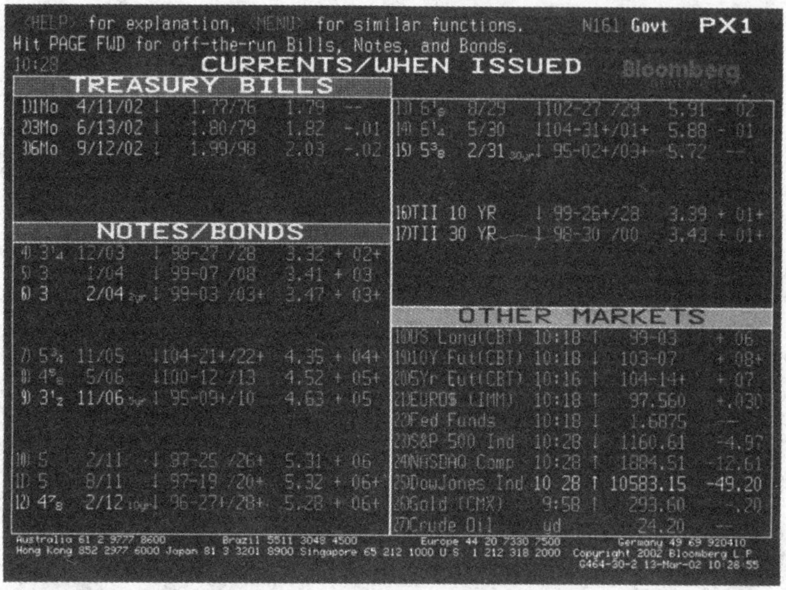

资料来源：彭博金融市场。

图表 3.4   全部未偿国库券的彭博屏幕

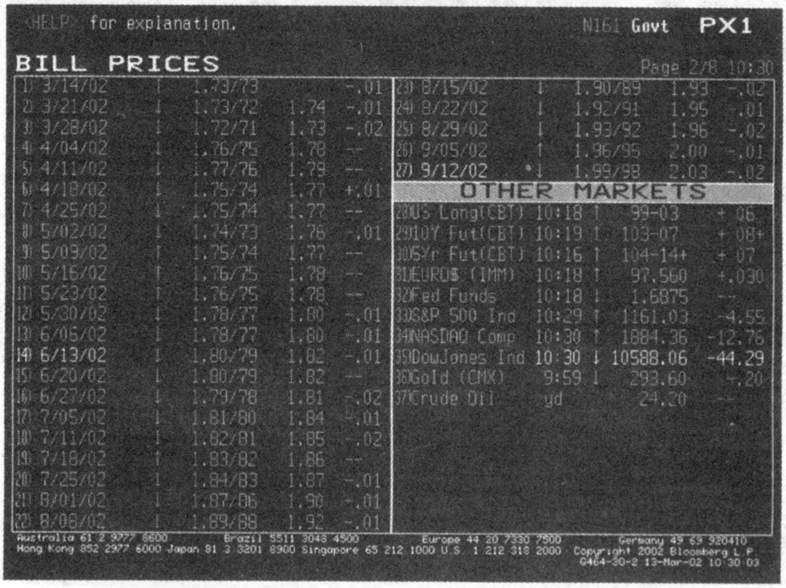

资料来源：彭博金融市场。

给定银行贴现基础的收益率，我们就可以从计算美元贴现额（D）的公式中求解出 Y_d，然后据此求出国库券的价格，如下所示：

$$D = Y_d \times F \times (t/360)$$

则价格为：

价格 = F – D

使用图表 3.3 的信息，当期的 28 天期国库券，面值为 1 000 美元，如果银行贴现基础的卖出收益率报价为 1.76%，则：

D = 0.0176 × \$1 000 × 28/360 = \$1.3689

因此，

价格 = \$1 000 – \$1.3689 = \$998.6311

银行贴现基础的收益率报价并不是一个衡量持有国库券潜在收益的有意义的衡量方法，原因有两个。第一，这一衡量方法是以面值投资为基础，而不是以实际投资金额为基础。第二，年收益率是按照一年 360 年，而不是一年 365 天计算的，这使得国库券收益率和以一年 365 天为基础付息的中长期政府债券很难进行比较。对于货币市场工具而言，使用一年 360 天是一种货币市场的规则。尽管衡量收益率时存在缺陷，这一衡量方法仍然被交易商用作国库券报价的方法。许多交易商的报价单和其他一些报表服务提供了另外两种收益率指标，试图使收益率报价与附息债券和其他货币市场工具的收益率进行比较。

3.3.1　CD 等价收益率

CD 等价收益率（CD equivalent yield）（也被称为货币市场等价收益率，money market equivalent yield），使得国库券的收益率报价与按一年 360 天付息的其他货币市场的收益率报价之间更具可比性。它通过考虑到国库券的价格（投资额），而非面值实现上述目的。CD 等价收益率的公式为：

$$CD\ 等价收益率 = \frac{360Y_d}{360 - t\ (Y_d)}$$

例如，使用图表 3.3 中的数据，一个 2002 年 4 月 11 日到期的 28 天期国库券，银行贴现基础的卖出利率报价为 1.76%。CD 等价收益率计算如下：

$$CD\ 等价收益率 = \frac{360 \times 0.0176}{360 - 28 \times 0.0176} = 0.0176 = 1.76\%$$

由于利率低，CD 等价收益率等于银行贴现基础的收益率。

3.3.2　债券等价收益率

可以使国库券报价能够与附息政府债券相比较的方法叫债券等价收益率（bond-equivalent yield）。这种收益率计算方法使得国库券的报价收益率能与使用实际天数/实际天数这种方法的美国国债及债券进行比较。[①] 为了将银行贴现基础的收益率转换为债券等价收益率，使用以下公式：

$$债券等价收益率 = \frac{T\ (Y_d)}{360 - t\ (Y_d)}$$

其中，T 是指日历年的实际天数（365 天或 366 天）

---

① 日算规则决定息票期的天数以及最后一次息票支付至结算日之间的天数。对于附息政府债券，这两个期限都是实际天数。这里使用的日算规则是"实际天数/实际天数"。

例如，还是上文使用的那个还有 28 天到期的国库券，面值为 1 000 美元，银行贴现基础上的报价为 1.76%，债券等价收益率计算如下：

$$债券等价收益率 = \frac{365 \times 0.0176}{360 - 28 \times 0.0176} = 0.0179 = 1.79\%$$

这个数字与图表 3.3 中显示的相同。在计算中有两点需要注意。第一，由于 2002 年不是闰年，我们在分子中使用 365。第二，上述债券等价收益率的计算公式假设国库券当前的到期期限是 182 天或少于 182 天。

3.4　二级市场

政府债券的二级市场是一个场外交易市场，在这个市场上，政府债券交易商对未偿还的债券提供连续的买卖报价。政府债券交易是真正的 24 小时交易。三个主要的交易地点是纽约、伦敦和东京。交易从东京时间上午 8：30（纽约时间下午 7：30）开始，东京时间下午 4：00（纽约时间早上 3：00）结束。[1] 然后交易转移到伦敦进行，伦敦时间上午 8：00 开始，伦敦时间下午 12：30（纽约时间上午 7：30）开始。在纽约，交易从上午 7：30 开始，持续到下午 5：30 结束。[2]

最近拍卖的有特定到期日的国库券被称为新发国库券（on-the-run）。先于新发国库券发行的，通常被称为已发国库券（off-the-run）。这些国库券流动性低于有特定到期日的新发国库券。流动性上的差异表明，相对于新发国库券，已发国库券的买卖价差更大，报价规模更低。

尽管国库券的二级市场是全球货币市场流动性最强的一部分，但大多数交易活动还是发生在纽约交易时间。在 1997 年的研究中，Michael J. Fleming 发现，虽然国库券约占纽约新发政府债券交易量的 27%，但只占伦敦和东京交易量的 1%。事实上，在很多交易日，在海外交易时间中，没有一笔国库券交易撮合成交。[3] 这一结果一种可能的解释是在 Michael J. Fleming 和 Jose A. Lopez 的研究中提出的。他们认为在海外市场，发生了一个不成比例的政府债券投机性交易。因此，长期附息政府债券（相对于国库券）是适合这类交易的工具。[4]

政府债券交易商和交易商间经纪人

任何企业都可以交易政府债券，但是当美联储为了执行货币政策而进行政府债券交易时，纽约联邦储备银行公开市场桌只与一级或被认可的交易商直接进行交易。一级交易商制度建立于 1960 年，旨在确保要求成为一级交易商的公司，拥有

---

[1]　纽约使用夏令时间时，上述交易时间适用。纽约使用标准时间时，主要区别是东京相对于纽约早一个小时（纽约时间下午 6：30）。

[2]　Michael J. Fleming, "The Round-the-Clock Market for U. S. Treasury Securities," *Economic Policy Review*, Federal Reserve Bank of New York, July 1997, pp. 9-32.

[3]　Fleming, "The Round-the-Clock Market for U. S. Treasuries."（此处疑为原文有误，应为 "Treasury Securities"）

[4]　Michael J. Fleming and Jose A. Lopez, "Heat Waves, Meteor Showers and Trading: An Analysis of Volatility Spillovers in the U. S. Treasury Market," July 1999, working paper.

相对于其政府债券头寸充足的资本金，并且其债券交易量处于合理的水平。美联储要求一级交易商参与公开市场操作和政府债券拍卖。此外，一级交易商还可以提供对公开市场桌执行货币政策有用的市场信息和分析。图表 3.5 列出了截至 2001 年 10 月 31 日的一级交易商。一级交易商包括多元化和专业化的公司、货币中心银行及外资金融机构。

图表 3.5　　　纽约联邦储备银行市场报告的一级政府债券交易商名单

荷兰银行	富士证券
美银证券	高盛投资公司
美一银行资本市场公司	格林威治资本市场公司
巴克莱资本公司	汇丰银行证券（美国）公司
贝尔斯登公司	摩根大通证券公司
蒙特利尔银行利时证券投资公司	雷曼兄弟公司
巴黎国民银行证券公司	美林政府债券公司
加拿大帝国商业银行	摩根士丹利公司
瑞士信贷第一波士顿公司	野村证券
大和证券美国公司	所罗门美邦证券公司
德意志银行	瑞银华宝公司
德累斯顿佳信投资银行	耶路撒冷第一国民银行

资料来源：纽约联邦储备银行（截至 2001 年 10 月 31 日）。

一级交易商与从事投资的公众以及其他交易商进行交易。当交易商之间相互交易时，他们通过交易商间经纪人完成交易。交易商把买卖报价委托给交易商间经纪人，这些交易商间经纪人通过与每个交易平台相连的计算机网络列示最高的买价和最低的卖价。回应买卖报价的交易商向交易商间经纪人支付佣金。所有交易商都可以立刻看到这些交易的规模和价格。所收取的费用是双方协商的，并且取决于交易量。

六大交易商间经纪人处理日常交易量中的大部分。他们包括 Cantor，Fitzgerald Securities，Inc.；Garban Ltd.；Liberty Brokerage Inc.；RMJ Securities Corp.；Hilliard Farber & Co. Inc. 以及 Tullett & Tokyo Securities Inc. 。这六家公司为一级政府债券交易商和大约十多个希望成为一级交易商的大型政府债券交易商服务。

交易商使用交易商间经纪人的目的是为了快速和高效地完成交易。除了 Cantor，Fitzgerald Securities，Inc. 之外，交易商间经纪人不会为自己的账户进行交易，并对参与交易的交易商名称保密。在政府债券交易商屏幕上提供的报价显示了交易商间市场的价格。从历史上看，一级交易商曾阻止允许普通公众获得这些信息。但是，在政府的压力下，成立了 GovPX，这是由六个交易商间经纪人中的五个和一级交易商组成的联合机构，它通过彭博社、路通社和奈特—里德报出最佳买卖报价、交易规模及成交价格等信息。此外，一些交易商已经开发出一种电子交易系统，他们和投资者可以通过彭博社进行交易。德意志摩根建富的自动债券系统就是一个例子。

3.5　随时间变化的国债收益率行为

虽然国库券是非常重要的货币市场工具，但仍有一些证据表明国库券的收益率不再是其他货币市场工具定价的基准工具。第一，3 个月期国库券利率和联邦基金利率之间的相关性在近些年已经大大降低。[①] 为了说明这一点，我们检验了 1987年 1 月 1 日至 1999 年 12 月 31 日之间的联邦基金利率和 3 个月期国库券利率的周观察值。[②] 在这段时间的前 9 年，两者之间的相关性是 0.99。然而，1996 年到1999 年期间，相关性降到 0.64。第二，Gregory R. Duffee 的研究表明，美国国库券市场日益细分，自从 20 世纪 80 年代中期以来，国库券收益率存在一个特有的可量度的增加量。[③] 一个可能的解释是，当外国中央银行在外汇市场进行干预来管理美元和其他货币之间的汇率时，他们通常购买或出售美国国库券。[④] 因此，国库券收益率与其他货币市场工具的收益率可能不会像从前那样密切相关。

国库券收益率与伦敦银行间同业拆借利率

LIBOR（伦敦银行间同业拆借利率）是主要国际银行间彼此提供的给定到期日的欧洲美元定期存单（CD）的利率。其到期期限从隔夜到五年不等。因此，3 个月期 LIBOR 表示主要国际银行提供的支付给其他银行的 3 个月期 CD 的利率。欧洲美元 CD 根据实际天数/360，到期支付单利。LIBOR 是许多广泛交易的金融产品及衍生工具（如浮动利率债券、互换、结构性票据等）的定价参考。

鉴于 LIBOR 在全球货币市场的重要性，它在检验国库券收益率与 LIBOR 之间的关系上有指导性。我们预期 LIBOR 高于相同期限的国库券收益率，因为欧洲美元 CD 的投资者面临违约的风险。图表 3.6 的 a 图是彭博社 2002 年 3 月 13 日的美国国库券收益率曲线和 LIBOR（到期期限为一年）图示。国库券收益率曲线是较低的曲线，用黑色实线表示。b 图显示了构建这两条收益率曲线所使用的数据。第四列显示了给定到期日的 LIBOR 与国库券收益率之间的利差。

为了理解 LIBOR 与国库券收益率之间随时间变化的关系，我们对 1987 年 1 月1 日至 1999 年 12 月 31 日期间进行检验。我们观察这段时间内每周（周五）的 3个月期 LIBOR 与 3 个月期国库券收益率之间的利差。图表 3.7 是每周利差的时间

---

① 联邦基金利率是一家银行从另一家机构借入可用资金的成本，主要是隔夜的。
② 资料来源：美联储统计公告 H.15。
③ Gregory R. Duffee, "Idiosyncratic Variation of Treasury Bill Yields", *Journal of Finance* (June 1996), pp. 527-551.
④ 见 Timothy Q. Cook, "Treasury Bills," in Instruments of the Money Market, Seventh Edition, (Richmond: Federal Reserve Bank of Richmond), pp. 75-88.

序列图。可以看出两个突出的特点。首先，数据中有少数突出的峰值反映了金融危机或全球危机。其次，在一段时间内利差有下降的趋势。我们按顺序逐一考虑这些特点。

图表 3.6　　　　　　　　　　　　LIBOR 和国库券收益率的彭博屏幕

a. LIBOR 和国库券收益率曲线

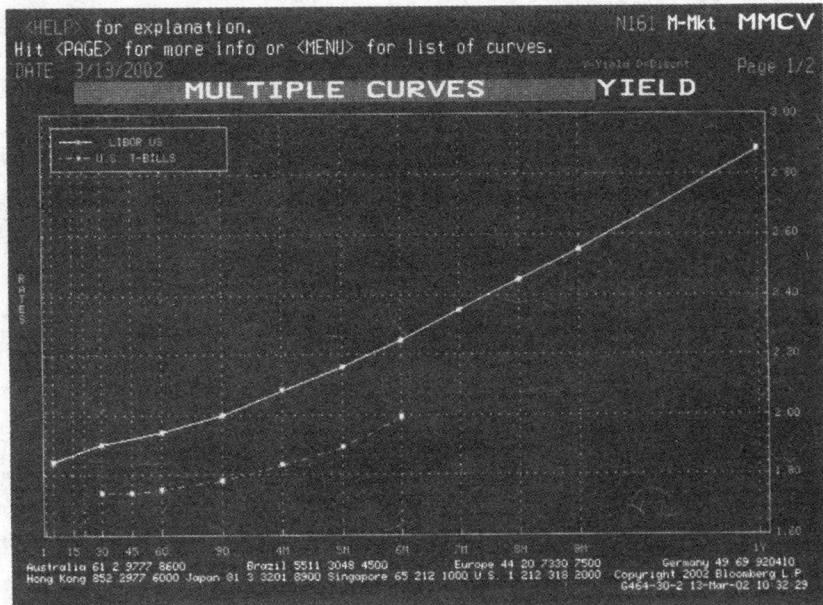

b. LIBOR 和国库券收益率之间的利差

资料来源：彭博金融市场。

图表 3.7　　　　　　　　　　　　LIBOR 和国库券的利差

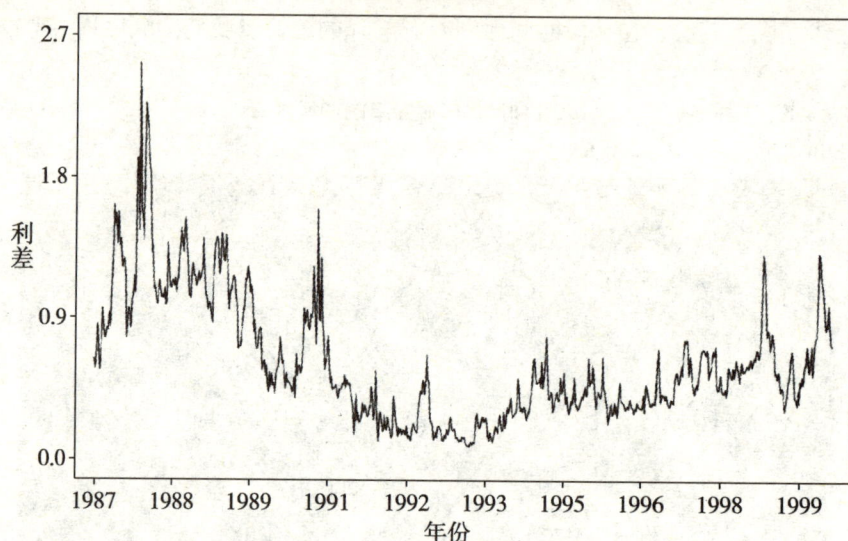

样本区间：1987 年 1 月 1 日—1999 年 12 月 31 日。

　　美国政府债券和美元被认为是在危机时的"安全避难所"，无论引发危机的根本原因是什么。在动荡时期，"安全投资转移"的结果扩大了 LIBOR 和国库券利率之间的利差。例如，数据的第一个高峰出现在 1987 年 10 月。1987 年 10 月底，3个月期 LIBOR 与 3 个月期国库券利率之间的利差是 252 个基点。5 个星期前，利差只有 106 个基点。当然，世界股票市场的崩溃是这一利差大幅增加的催化剂。在1987 年 10 月 19 日，道琼斯工业平均指数下跌了 22.6%，同时世界各地的市场都在暴跌。世界股票总市值下跌超过 10 000 亿美元。①

　　第二个高峰是在 1990 年的秋季。突如其来的事件始于 1990 年 8 月 2 日伊拉克军队入侵科威特。在接下来的几个星期里，石油价格上涨和美国经济放缓共同导致美国股市严重下跌。到 10 月中旬，美国股市已经下跌了 18%。世界各地的投资者再一次逃向以安全著称的美国政府债券，在 1990 年 12 月底（也就是在 1991 年 1月 15 日这一联合国要求伊拉克从科威特撤军的最后期限之前）利差扩大至 159 个基点。

　　利差的另一高峰是在 1998 年的秋季。在 8 月 17 日，俄罗斯卢布贬值，并停止偿付债务。因此，世界各地的市场债券价格全面下跌。在随后的几个星期里，有报道指出一家大型对冲基金，长期资本管理公司遭受了数十亿美元的损失。9 月 23日，对冲基金收到投资银行联合注入的 36.5 亿美元的资金。这一拯救行动是由美联储斡旋的。在此期间，投资者纷纷逃离新兴市场的股票及债券，公司债券流动性枯竭，资金涌入政府债券市场。1998 年 10 月 20 日，3 个月期 LIBOR 与 3 个月期国库券之间的利差是 132 个基点。当美联储在随后的两个月内 3 次削减联邦基金利率

---

① Jeremy J. Siegel, *Stocks for the Long Run* (New York, NY: McGraw-Hill, 1998).

以避免惜贷后，利差返回较为正常的水平。

这些数据的最后一次高峰发生在 1999 年的秋季（10 月/11 月）。虽然这一时期宏观经济环境相对稳定，但由于 2000 年日历转换所产生的不确定性产生了投资组合重组和安全投资转移。一旦这些担忧减弱，利差迅速恢复到较为正常的水平。

这些数据的另外一个现象是 3 个月期 LIBOR 与 3 个月期国库券之间的利差有下降的趋势。我们对每个日历年的数据汇总统计，就可以看到这一点：均值、标准差、最小值和最大值。这些结果显示在图表 3.8 中。两种趋势是显而易见的：（1）1987—1999年期间平均利差是下降的，（2）除了在 1998—1999 年有上扬趋势外，波动趋势也是下降的。① 解释是非常简单的。在此期间，LIBOR 成为全球短期基准利率。金融机构的大部分融资是以 LIBOR 为基础的。随着这一趋势持续，利差应该继续保持在较低的水平。

图表 3.8　　　1987—1999 年 3 个月期 LIBOR 和 3 个月期国库券之间
利差的汇总统计（以基点表示）

年份	均值	标准差	最小值	最大值
1987	122.42	47.56	56.00	252.00
1988	118.91	16.68	98.00	183.00
1989	104.44	22.99	56.00	144.00
1990	65.77	23.76	38.00	159.00
1991	46.02	20.58	15.00	129.00
1992	25.52	12.75	11.00	66.00
1993	16.23	5.55	8.00	29.00
1994	34.81	15.23	11.00	78.00
1995	41.50	8.40	28.00	65.00
1996	36.40	8.15	22.00	70.00
1997	53.64	12.94	33.00	77.00
1998	64.00	19.08	40.00	132.00
1999	64.72	24.60	31.00	133.00

3.6　骑乘收益率曲线

图表 3.9a 图的曲线显示了 2002 年 3 月 13 日，来自政府页面中的两个国库券收益率曲线的彭博 C5 屏幕。图的上半部分是由到期期限是 3~6 个月的国库券的收

① 对于这些趋势的一个合理的解释是，利率水平在此期间下降。但在检验收益比率（即 3 个月期 LIBOR/3 个月期国库券）时也出现了同样的趋势。

益率组成的。相应地，图的下半部分是到期期限为 0～6 个月的国库券的收益率。
两个图中的每一个国库券都用 –0–（新发行国库券）、X（已发行国库券）、W
（发行前交易的国库券）来表示。图表 3.9b 图显示的是彭博用于构造这两个收益
率曲线的数据。

图表 3.9　　　　　　　　　　　　　　国库券的彭博屏幕

a. 国库券收益率曲线屏幕

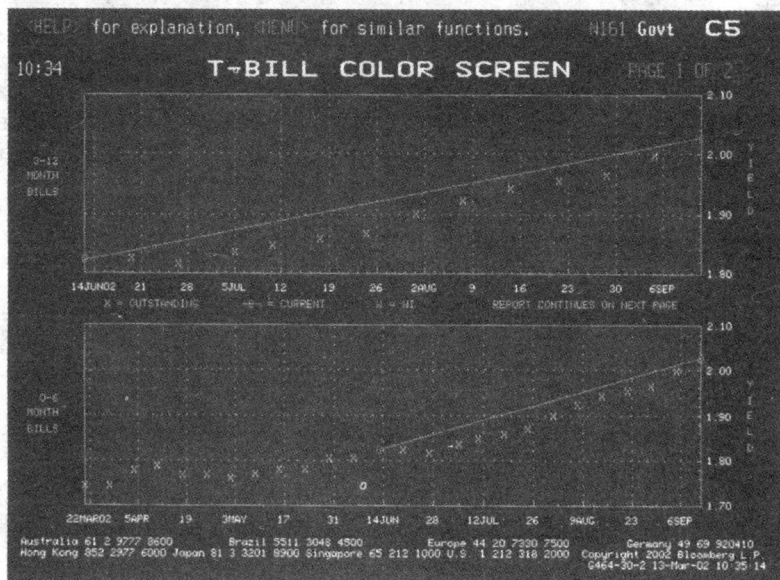

b. 国库券屏幕

资料来源：彭博金融市场。

这些收益率曲线的斜率都为正。根据斜率为正的国库券收益率曲线，延长国库券期限，投资者会得到额外的收益率。这种额外的收益率是对期限更长的债券的额外风险的补偿，同时也反映了市场对利率上升的预期。从相对于这一预期而出现的收益率下降的趋势中寻求获利的投资者的策略被称为"骑乘收益率曲线"。

为了说明这一策略，假设一个投资者的持有期为 3 个月。有两个潜在的工具可以满足这种期限的偏好。一是，购买 3 个月期的国库券并持有到期。二是，购买 6 个月期的国库券，3 个月后卖出。如果收益率曲线向上倾斜，并且在接下来的 3 个月不发生变化，6 个月期国库券会获得更高的收益率，这是因为相对于定价时的预期，收益率下降会引起价格的上涨。因此，投资者将获得额外的收益。

例如，假设一个 91 天期的国库券和一个 182 天期的国库券，银行贴现基础的收益率分别是 5% 和 5.25%（货币市场收益率分别是 5.06% 和 5.25%）。购买 91 天期的国库券并持有到期，将会产生 91 天期的收益率 1.28%。购买 182 天期的国库券并在 91 天后卖出，如果收益率曲线保持不变，同样的 91 天期，将会产生 1.43% 的收益。

从 1987 年 1 月 2 日到 1997 年 4 月 20 日，Robin Grieves, Steven V. Mann, Alan J. Marcus 和 Pradipkumar Ramanlal 利用美国国库券对骑乘收益率曲线的有效性进行了检验。[1] 他们发现在给定的持有期内，平均而言，骑乘收益率曲线策略比购买并持有策略收益有所提高。图表 3.10 显示了持有期收益率差异的汇总统计。这些收益的差异以基点的形式表示。A 图显示了 3 个月持有期的收益差异的均值、中位数、最小值、最大值及收益差异为正值的百分比（意味着骑乘策略优于购买并持有策略）。B 图显示了 6 个月持有期的相同信息。

图表 3.10　　　　1987 年 1 月—1997 年 4 月持有期收益率差异
（骑乘策略减去购买并持有策略）的汇总统计（以基点表示）

策略	均值	中位数	最小值	最大值	正值（%）
A 组：3 个月持有期					
使用 6 个月骑乘	10.6	9.0	-34.9	67.2	82.36
使用 9 个月骑乘	16.0	14.2	-69.2	106.4	73.60
使用 12 个月骑乘	17.9	17.3	-107.9	139.7	65.56
B 组：6 个月持有期					
使用 9 个月骑乘	16.1	15.8	-19.9	78.8	80.04
使用 12 个月骑乘	25.2	27.9	-68.7	144.1	71.23

对于 3 个月的持有期，图表 3.10 的结果表明使用 6 个月期国库券的骑乘收益率曲线策略平均提供了额外的 10 个基点的收益，并且超过购买并持有策略 82%。

① Robin Grieves, Steven V. Mann, Alan J. Marcus, and Pradipkumar Ramanlal, "Riding the Bill Curve," The Journal of Portfolio Management (Spring 1999), pp. 74-82.

使用更长期限的国库券骑乘也增加额外收益，但超过购买并持有策略的百分比相应下降。对于 6 个月的持有期，结果类似。使用 9 个月期国库券的 6 个月骑乘平均增加了大约 16 个基点，高出 80%，并且是所有 5 个骑乘策略中最小收益最高的一个（最可取的）。使用 12 个月期的国库券骑乘，平均增加了约 25 个基点，并超过购买并持有策略 71%。

当然，骑乘策略所产生的高收益是以更高的易变性和出现负收益的可能性为代价的。但 Grieves，Mann，Marcus 和 Ramanlal 提供的证据表明，只有最厌恶风险的投资者才会明确地拒绝骑乘策略。此外，在美联储的紧缩周期，采用骑乘收益率曲线策略的投资者将得到令人失望的结果，因为短期利率的意外上升可能会消除较长期限国库券的期限升水。例如，从 1994 年 2 月 4 日开始，至 1995 年 2 月 1 日，美联储公开市场委员会 7 次将联邦基金目标利率从 3% 提高至 6%。Grieves，Mann，Marcus 和 Ramanlal 检验了骑乘策略在此期间的表现，发现骑乘收益率曲线策略的总体表现很大程度地恶化了。

3.7　具有特殊价值的国库券

有大量的经验证据表明，某些国库券，除了其现金流带来的价值外，还有特殊价值。[①] 具有这个特殊价值的国库券，其到期日略早于公司财务主管需要用现金进行支付的日期。两个突出的例子是季末国库券（quarter-end bills）及税金国库券（tax- bills）。季末国库券在季末前夕到期。同样，税金国库券在重要的联邦公司所得税纳税日期前夕到期（3 月 15 日、4 月 15 日、6 月 15 日、9 月 15 日和 12 月 15 日）。相对于国库券收益率曲线，季末国库券和税金国库券通常以较高的价格交易，与此相应，收益率较低。例如，1999 年 7 月 22 日，3 个分别于 9 月 23 日，9 月 30 日和 10 月 7 日（全部在 1999 年）到期的国库券的收益率分别为 4.48%，4.43% 和 4.51%。[②] 因此，一个并不完全向上方倾斜的收益率曲线中，9 月 30 日到期的国库券相对于另两个而言，似乎更贵一些。

这种额外或特殊价值的原因是很简单的。公司财务主管可能希望将手中多余的现金投资于季末到期的债券，这些债券在到期日的现金流可以在提交季度资产负债表之前，用于为短期债务（如应付账款）提供流动性。一个在季末之后一周到期的国库券，需要财务主管在到期之前将其卖出；一个在季末前一周到期的国库券，需要财务主管将已到期的支付再投资一周。因此，季度之前或之后的一周到期的国库券不能被视为季末国库券近似的替代品。这样，季末国库券拥有"便利"的价值。对于税金国库券的分析是相似的。Kenneth Garbade 提出证据，相对于相近的

---

① 例如，见 Kenneth D. Garbade, *Fixed Income Analytics* (Cambridge, MA: MIT Press, 1996)，以及 Joseph P. Ogden, "The End of the Month as a Preferred Habitat: A Test of Operational Efficiency in the Money Market," *Journal of Financial and Quantitative Analysis* (September 1987), pp. 329-343。

② 见 Paul Bennett, Kenneth Garbade, and John Kambhu, "Enhancing the Liquidity of U. S. Treasury Securities in an Era of Surplus," *FRBNY Economic Policy Review*, forthcoming。

国库券，季末国库券和税金国库券以较低的收益率和较高的价格进行交易，说明了便利价值的定价。[①]

虽然没有特定的付款日期，可交割（deliverable）国库券也有特殊的价值。可交割国库券是可以在 IMM 交割国库券期货合约的国库券。国库券期货合约的基础工具是 3 个月期（13 周）的面值为 100 万美元国库券。该合约空头的一方或卖方同意在结算日向买方交割一个还剩 13 周到期的，面值为 100 万美元的国库券。交割的国库券可以是新发行的，也可以是已发行的（如距合约结算日还有 13 周的 26 周期国库券）。可交割国库券在其可交割的期货合约结算之前通常比普通国库券要贵。

[①]　见 Garbade，*Fixed Income Analytics*. Garbade 发现"月末"国库券的交易价格低于国库券收益率曲线，但效果小得多。

第 **4** 章 机构债券

根据发行人的不同类型，联邦政府机构债券可以分为由联邦机构发行的债券和由政府主办的企业发行的债券两大类。此外，为住房市场提供信贷的联邦政府机构发行两种债券：信用债券和抵押贷款支持证券或资产支持证券。本章重点考察的是信用债券。我们将在第 9 章和第 10 章分别讨论短期抵押贷款支持证券和资产支持证券。

联邦机构（Federal Agencies）由美国政府所有，并且获得授权在市场上直接发行债券。这些机构包括美国进出口银行、田纳西河流域开发管理局（Tennessee Valley Authority，TVA）、商品信贷公司、农业住宅管理局、公共服务管理局、政府国民抵押贷款协会、海事管理局、私人出口融资公司、农村电气化管理局、农村电话银行、小企业管理局以及华盛顿城市运输管理局。其中唯一活跃于短期债务发行的联邦机构是田纳西河流域开发管理局。除田纳西河流域开发管理局和私人出口融资公司发行的债券，联邦机构发行的其余债券均由美国政府提供全额信用支持。由联邦相关机构发行债券的利息收入免征州和地方收入所得税。

政府主办企业（Government Sponsored Enterprises，GSE）是由私人所有，并由政府授权经营的实体。政府主办企业由国会创立，旨在降低经济中某些借款领域的资本成本，这些领域非常重要，需要扶持。这些特权领域的实体包括农民、房主和学生。政府主办企业在市场上直接发行债券。目前，有 6 家政府主办企业发行信用债券：联邦国民抵押贷款协会、联邦住房贷款抵押公司、联邦农业抵押贷款公司、联邦农场信贷系统、联邦住房贷款银行系统和学生贷款营销协会。联邦住房贷款银行系统、联邦农业信贷系统和学生贷款营销协会发行的债券的利息收入是免征州和地方收入所得税的。

虽然联邦机构和 GSE 之间是有区别的，但通常仍将这些机构发行的债券统称为美国机构债券（U. S. agency securities），或简称为机构债券（agency securities）。本章我们将讨论由 6 个政府主办企业和田纳西河流域开发管理局发行的短期债务工具。图表 4.1 列出了本章所讨论的 6 个实体在 1990—2000 年期间发行的短期债务工具。（联邦农业抵押贷款公司不包括在内）

需要注意的是，这些实体发行的所有债券都会使投资者面临信用风险。因此，机构债券的收益率将比相同期限的政府债券更高。不过，机构债券被认为比除美国政府债券以外的所有其他固定收益投资工具都更为安全，因为这些机构的基本业务有坚实的基础，并且与政府有着隶属关系。其中几家机构获得了直接从美国财政部借款的授权。投资者普遍认为政府暗中支持这些机构的发行，并且不愿让机构的债务违约。此外，由于机构债券的利息收入免除州和地方收入所得税（联邦国民抵押贷款协会、联邦住房贷款抵押公司及联邦农业抵押贷款公司的债券不免税），所以也吸引了一些投资者。

图表 4.1

短期机构债务发行量

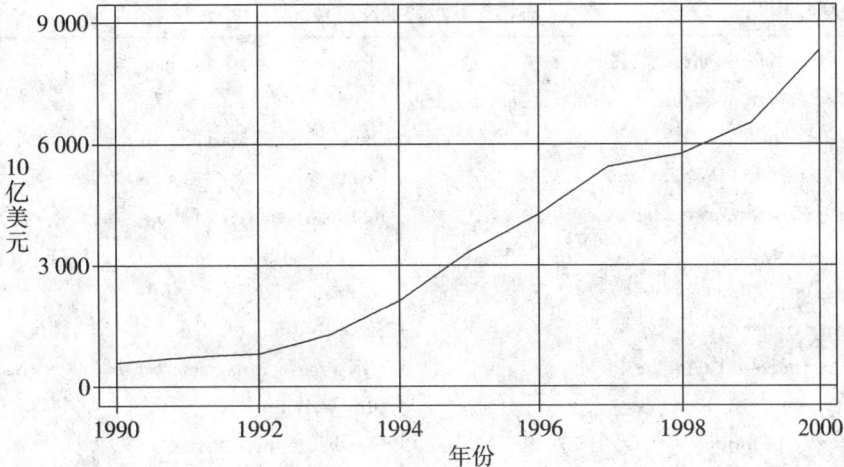

* 图表中的数据来自债券市场协会。

4.1 联邦国民抵押贷款协会

联邦国民抵押贷款协会（房利美，Fannie Mae）是 1938 年由美国国会特许建立的政府主办企业，用于发展住房抵押贷款的二级市场。房利美在一级市场上从银行和其他抵押贷款人那里购买住房贷款，然后将其持有至到期或发行由这些抵押贷款池支持的债券。除了促进抵押贷款二级市场的流动性外，房利美还负责为低收入家庭和经济中服务水平低下的部门提供抵押贷款融资。房利美的住宅业务由美国住房与城市发展部（U. S. Department of Housing and Urban Development，HUD）监管，而其安全性和稳健性则受联邦住房企业监管办公室（Office of Federal Housing Enterprise Oversight，OFHEO）监督。房利美与美国财政部保持着直接的信用额度，尽管这是有争议的。

4.1.1 贴现票据

房利美基于以下三个原因发行短期债券：（1）为购买抵押贷款融资；（2）筹集流动资金；（3）基于资产负债管理目的。2000 年房利美发行了 7 829.5 亿美元的贴现票据，2001 年上半年发行了 5 125.3 亿美元的贴现票据。贴现票据是按面值折价发行，到期时按面值偿还的无担保一般性债务。它们通过联邦储备银行以记账形式发行。贴现票据的原始到期期限从隔夜到 360 天不等，但 3 个月、6 个月和 1 年期的除外。这些期限的票据可以通过稍后讨论的房利美短期基准债券计划获得。

每个营业日，贴现票据通过房利美的贴现票据交易商销售集团报价。图表4.2列出了2000年10月房利美的贴现票据交易商。这些交易商公司为这些贴现票据做市，并且其二级市场发展良好。投资者可以在现金结算、定期结算或跨期结算之间选择。

图表4.2　　　　　　　　　　　　房利美贴现票据交易商

Banc of America Securities, LLC	Morgan Stanley & Co. Inc.
Banc One capital Markets, Inc. Berean Capital, Inc	Myerberg & Company, L. P.
Blaylock & Partners, L. P.	Ormes Capital Markets, Inc.
Credit Suisse First Boston Corp.	Pryor, McClendon, Counts & Co., Inc.
Deutsche Bank Securities Inc.	Redwood Securities Group, Inc
Fuji Securities Inc.	Robert Van Securities
Gardner Rich & Company	Salomon Smith Barney Inc.
Goldman, Sachs & Co.	Siebert, Branford, Shank & Co., LLC
HSBC Securities (USA) Inc.	SBK-Brooks Investment Corp.
Jackson Securities, Inc.	UBS Warburg LLC
J. P. Morgan Securities Inc.	Utendahl Capital Partners, L. P.
Lehman Brothers Inc.	Walton Johnson & Company
Merrill Lynch Government Securities, Inc.	The Williams Capital Group, L. P.

资料来源：房利美。

4.1.2　基准债券

房利美于1999年11月初推出了短期基准债券计划，作为其贴现票据计划的重要组成部分。与贴现票据相同，短期基准债券是以记账方式发行的，作为贴现工具的无担保一般债务，该债券在到期日按面值支付。然而，与贴现票据不同的是，短期基准债券定期有计划地每周拍卖发行，其发行规模是提前宣布的。当程序启动时，短期基准债券按两种期限发行，即3个月期和6个月期。在2000年10月，房利美推出了一年期（360天）的短期基准债券，每两周拍卖一次。①

房利美一般在周二，东部时间上午10点左右公布每周的拍卖规模。每次拍卖时出售的3个月期短期基准债券的金额是40亿至80亿美元，6个月期的是15亿至40亿美元，而1年期的最低为10亿美元。房利美在2000年发行了3 340亿美元的短期基准债券，而2001年的前6个月又发行了2 378.6亿美元。

图表4.3是2001年9月18日房地美3个月期和6个月期基准债券拍卖公告的彭博新闻报道。拍卖本身是在周三举行。房利美接受来自其贴现票据交易商销售集团中8个交易商②的报价。这8个交易商（所谓特许交易商）可用自身账户或代表其客户进行投标。这些报价可以是竞争性的，也可以是非竞争性的。最低投标规模

---

①　一年期基准债券是从发行日起360天到期，若第360日为周末或节假日，则其到期日为第一个有效营业日。

②　非特许交易商在拍卖中只能代表其客户进行竞标。

为 5 万美元，并以 1 000 美元为增量单位。此外，投标的交易商受到 35% 限额的规则约束。该限额规则是限制单一买方可投标或持有的金额不得超过拍卖总金额的 35%。

图表 4.3　　　　　　　　彭博关于房利美短期基准债券拍卖公告

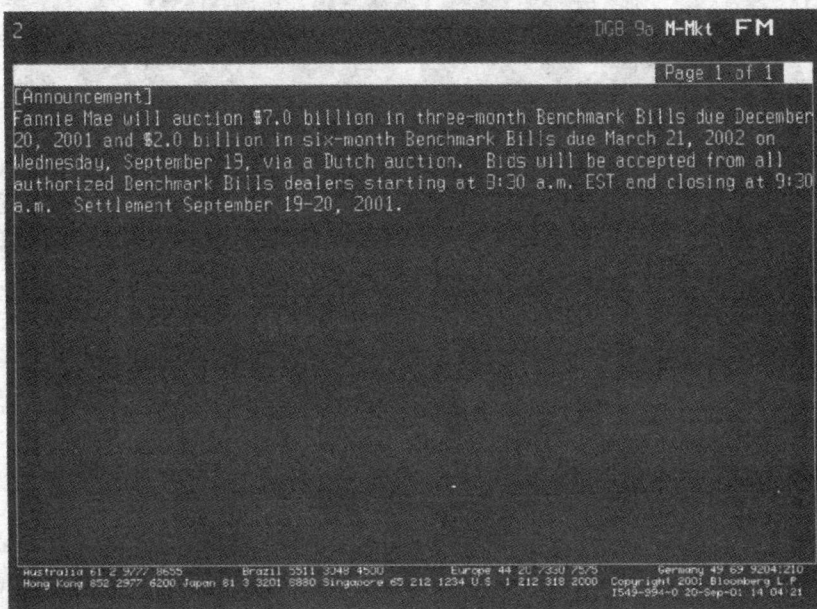

资料来源：彭博金融市场。

　　报价以银行贴现基础的收益率形式提交，需保留 3 位小数，并且在东部时间上午 8：30 至 9：30 之间接收。提交的报价从低到高排序。如前所述，这相当于将报价按价格由高至低排序。由最低收益率的报价开始，所有的竞争性报价都是可以接受的，直至分配完竞争性投标人的全部配额。① 被接受的最高报价称为"停止贴现率（stop out discount rate）"，所有已接受的报价都满足这一价格（单一价格拍卖）。图表 4.4 是关于 2001 年 9 月 19 日 3 个月期和 6 个月期短期基准债券拍卖结果的彭博新闻报道。非竞争性报价也是按"停止贴现率"执行，并且以收到报价的时间先后为原则进行分配（先到先得）。

　　虽然短期基准债券计划是沿用已久的贴现票据计划的一部分，但房利美已采取措施使两个计划不相互妨碍。具体而言，房利美不会发行到期日在短期基准债券到期日前后一周内的贴现债券。例如，在特定的某一周，房利美不会发行到期日在 2 个月零 3 周至 3 个月零 1 周的贴现票据。到期日的限制对期限为 6 个月期和 1 年期的短期基准债券同样有效。但是，这两个计划之间也相互补充，如 3 个月期的基准债券还有两个月到期，则可以被称为具有相同到期日的两个月期贴现债券"重新发行"，并且债券库斯普号码（CUSIP）与原债券一样。

_____

① 每次拍卖的总金额分配给非竞争性报价的数量被限定为 20%。

图表 4.4　　　　彭博关于房利美短期基准债券拍卖结果的公告

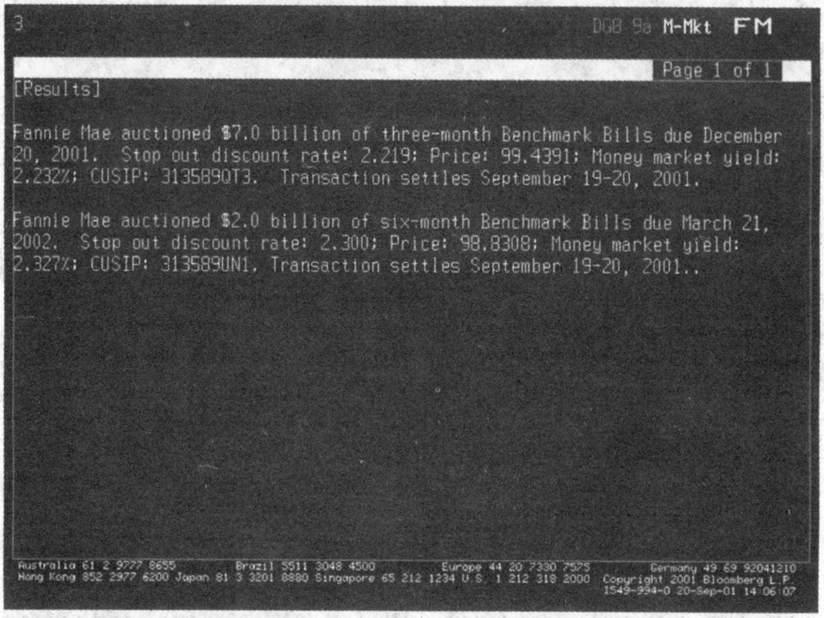

资料来源：彭博金融市场。

　　图表 4.5 显示的是 2001 年 8 月 28 日发行的 1 年期基准债券的彭博 DES（债券描述）屏幕，该债券到期日为 2002 年 8 月 23 日。在屏幕中间"发行规模"一栏中可以看出，该批债券发行了 20 亿美元。最小的面值为 1 000 美元。与本书所讨论的每种债券几乎相同，其日算规则为实际天数/360。

图表 4.5　　　　彭博关于房利美短期基准债券的债券描述屏幕

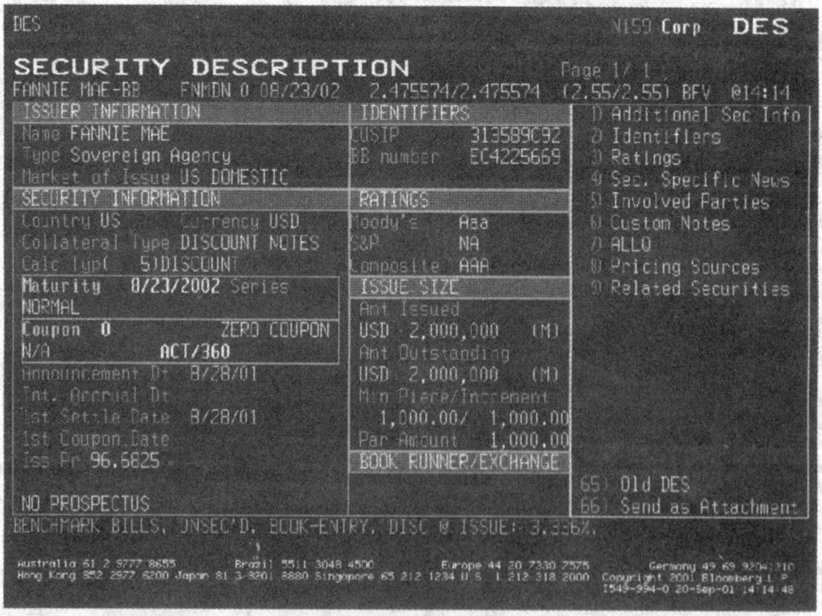

资料来源：彭博金融市场。

　　短期基准债券与相同到期期限的美国国库券相比收益率略高，这是因为房利美债券的投资者所面临的信用风险。图表4.6是2000年8月1日至2001年7月20日每日的3个月期、6个月期和1年期的基准债券与相同到期期限的美国国库券的收益率差额。我们列出了均值、标准差、最小值及最大值。图表4.7的a、b、c图分别是相同时间区间的3个月期、6个月期和1年期收益率差的时间序列图。注意，收益率差在2000年12月的最后一周达到顶峰。这是因为财务经理不愿将价差产品跨年持有。相反，出于年报的目的，他们会增加对美国国库券的持有量。此外，到期日为季度末或年末的美国国库券售价较高，相较于国库券收益率曲线，出现一个较低的收益率。[①]

图表4.6　　　　　短期基准债券与美国国库券收益率差额的汇总统计

统计指标	3个月期收益率差	6个月期收益率差	1年期收益率差
平均值	31.307	26.984	37.528
标准差	13.627	9.626	10.381
最小值	2.036	6.731	16.552
最大值	98.504	58.709	77.686

图表4.7　　　　　　　短期基准债券收益率差的时间序列

a. 3个月期基准债券收益率差。

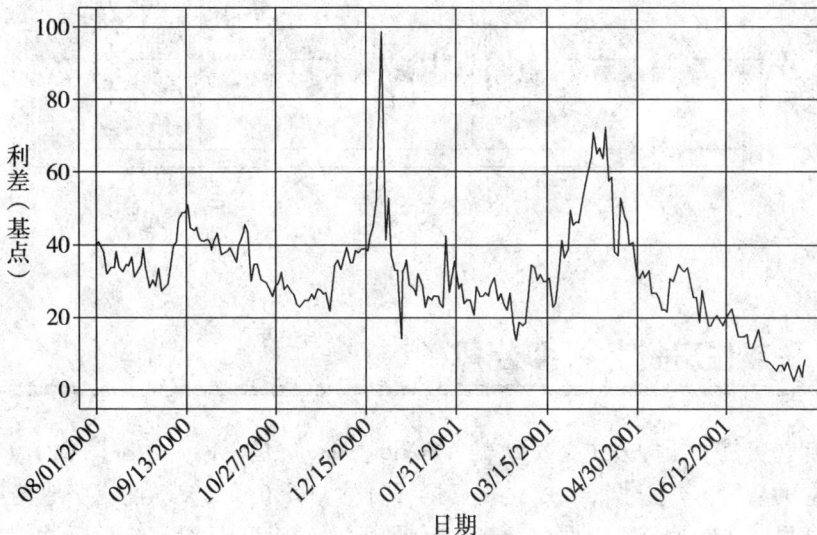

----

b. 6 个月期基准债券收益率差。

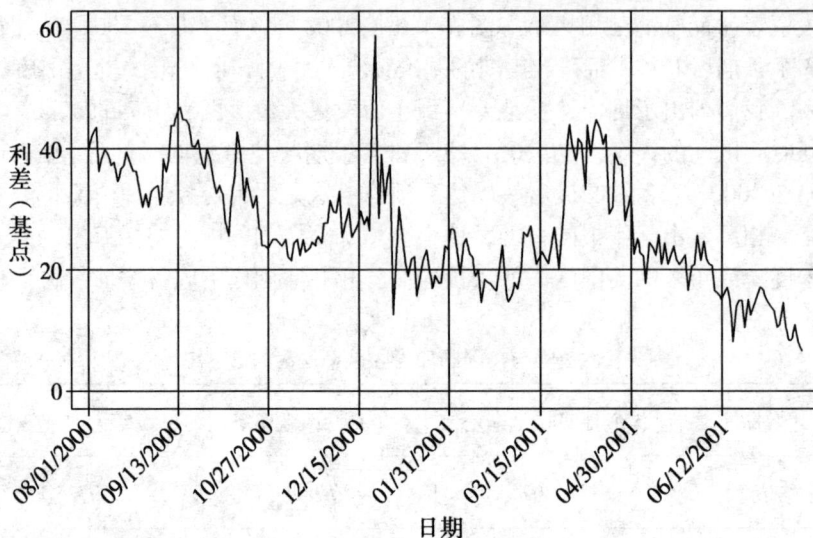

c. 1 年期基准债券收益率差。

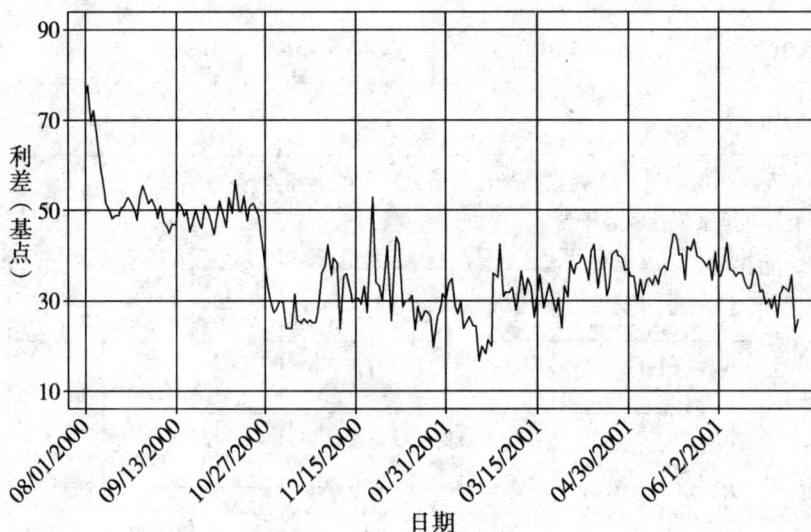

4.2　联邦住房贷款抵押公司

　　联邦住房贷款抵押公司（房地美，Freddie Mac）是一家由美国国会于 1970 年特许建立的政府主办企业，目的是提高抵押贷款二级市场的流动性。房地美从单个贷款人那里购买抵押贷款，然后又将以抵押贷款作支持的债券卖给投资者，或将抵押贷款持有至到期。与房利美相似，房地美也负有为低收入家庭和得不到充分服务的人群提供抵押贷款融资的责任。同样，房地美的住宅业务由住房与城市发展部监管，而其安全性和稳健性则受联邦住房企业监管办公室监督。房地美在美国财政部保持直接的信用额度。

4.2.1 贴现票据

2000 年，房地美发行了 20 760 亿美元的贴现票据。虽然，发行时这些票据的期限从隔夜到 365 天，但其中一半票据的期限为 3 天或更短。最受欢迎的期限是 1 个月和 3 个月。房地美的贴现票据通过一组隶属于房地美交易商集团的投资银行连续销售，且一天（工作日）24 小时公布报价。这些票据通过纽约联邦储备银行以记账形式发行，最小面值为 1 000 美元，并以 1 000 美元作为增量单位。其定价惯例与美国国库券相同。

4.2.2 短期参照债券

房地美的短期参照债券计划于 1999 年 11 月 7 日对外公布。该计划在结构上与房利美的短期基准债券相似。两者主要区别在于短期参照债券提供了更多的到期期限，包括 1 个月（28 天）、2 个月（56 天）、3 个月（91 天）、6 个月（182 天）和一年期（364 天）。

与美国国库券及短期基准债券相同，短期参照债券每周均以荷兰式拍卖销售。1 个月期和 2 个月期的短期参照债券于每周一进行拍卖，而 3 个月期的则在每周二拍卖。6 个月期与 1 年期的短期参照债券在每隔四周的周二拍卖，且拍卖计划是交替的，即每两周拍卖 6 个月期的或 1 年期中的一种。为了给投资者一定的灵活性，房地美提供了多种结算日期。对于周一拍卖的短期参照债券，投资者可以在现金结算和定期结算之间选择。对于周二拍卖的债券，投资者可以在现金结算、定期结算和跨期结算之间选择。每周四公布下周短期参照债券的拍卖，其规模至少为 10 亿美元。

图表 4.8 是彭博 DES（债券描述）屏幕显示的 2001 年 9 月 11 日拍卖的，2001 年 9 月 25 日到期的 3 个月期参照债券。图表 4.9 显示的是 YA（贴现率/收益率分析）。需要注意的是，该短期参照债券的银行贴现基础的收益率为 2.28154。给定银行贴现基础的收益率，则其价格可用第 3 章中国库券价格的求解方法求解，首先求解美元贴现额如下：

$$D = Y_d \times F \times (t/360)$$

其中，Y_d = 贴现收益率，F = 面值，t = 到期天数。

则价格为：

$$价格 = F - D$$

因为 2001 年 9 月 20 日是结算日，该短期参照债券距到期还有 63 天。假设其面值为 100 美元，银行贴现基础的收益率为 2.28154%，则 D 就等于：

$$D = 0.0228154 \times \$100 \times (84/360)$$
$$= \$0.532359$$

图表 4.8　　　　彭博关于房地美短期参照债券的债券描述屏幕

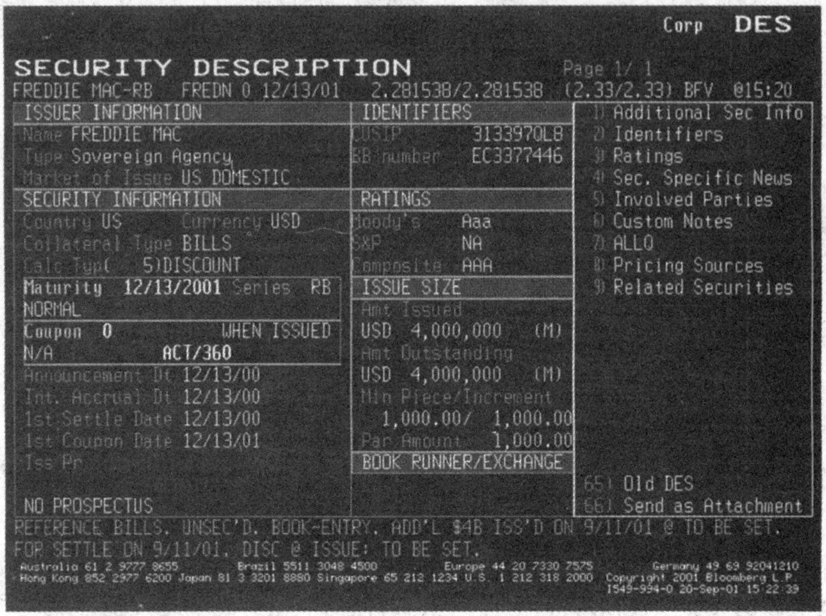

资料来源：彭博金融市场。

因此，

价格 = $100 − $0.532359 = $99.467641

该计算结果与图表 4.9 屏幕左上角一栏中的价格是一致的。

图表 4.9　　　　彭博关于房地美短期参照债券的收益率描述屏幕

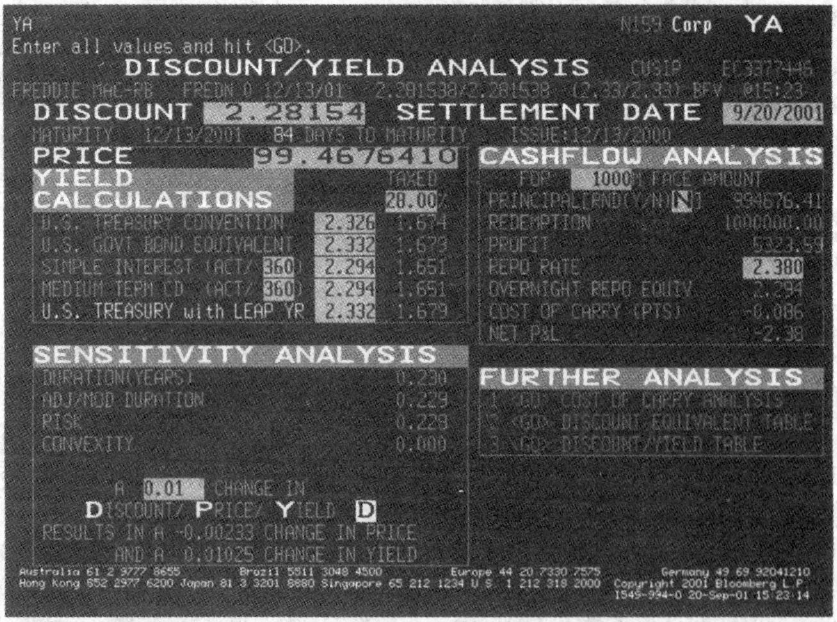

资料来源：彭博金融市场。

同时，图表4.9中屏幕左边一栏中显示了各种不同收益率的计算结果。CD 等价收益率（又称货币市场等价收益率）使银行贴现基础的报价收益率与其他按360天计息的货币市场工具的报价收益率之间更具可比性。请回忆一下 CD 等价收益率的公式是：

$$CD\ 等价收益率 = \frac{360Y_d}{360 - t\ (Y_d)}$$

符号标示与上面相同。

为了说明 CD 等价收益率的计算，我们再使用一次图表4.9中的信息。基于银行贴现基础的收益率为2.28154%。CD 等价收益率计算如下：

CD 等价收益率 =（360×0.0228154）/（360 − 84×0.0228154）= 0.02294 = 2.294%

此计算结果与屏幕中显示的收益率相同。

如上所示的 CD 等价收益率是基于单利（simple interest）计算的。单利是指持有该债券至到期所收到的现金流与按一年360天计算的债券价格之间的比率。请回忆一下第2章，单利的计算公式很简单：

单利（ACT/360）=（D/价格）×（360/t）

为了说明该计算结果，我们继续用图表4.9中的短期参照债券。单利（ACT/360）的计算如下：

单利（ACT/360）=（0.532359/99.467641）×（360/84）= 2.294%

该计算结果与屏幕中显示的相同。

另一种常用的收益率为债券等价收益率。如第3章所讨论的，该收益率使得银行贴现基础的收益率与按实际天数/实际天数的日算规则计算的附息政府债券的收益率之间更具可比性。请回忆一下，债券等价收益率的计算取决于此贴现票据距到期是182天或少于182天，还是多于182天。如果是182天或少于182天，则债券等价收益率的计算十分简明（见第3章）。为了解决更多的案例，我们来考虑到期期限长于182天的短期参照债券。

正如第3章所讨论的，当某贴现票据如短期参照债券当前距到期多于182天，将其银行贴现基础的收益率转化为债券等价收益率则更为复杂。特别是，计算必须反映这一事实，即短期参照债券是在到期之前交付现金流，而附息债券则是每半年支付息票利息，并且该利息支付可以用于再投资。

我们以1年期参照债券为例。图表4.10显示的是2001年9月12日发行的短期参照债券的彭博YA屏幕。该债券的价格为97.5271（面值为100美元）。该债券于2002年9月12日到期，那么自2001年9月20日（结算日）距到期还有357天。由于2002年不是闰年，所以T=365。在表达式中代入上述信息，可得1年期参照债券的债券等价收益率：

$$BEY = \frac{\frac{-2\times357}{365} + 2\times\left[\left(\frac{357}{365}\right)^2 - \left(\frac{2\times357}{365}-1\right)\times\left(1-\frac{100}{97.5271}\right)\right]^{\frac{1}{2}}}{\frac{2\times357}{365}-1} = 0.02577 = 2.577\%$$

图表 4.10　　　　　彭博关于房地美短期参照债券的收益率描述屏幕

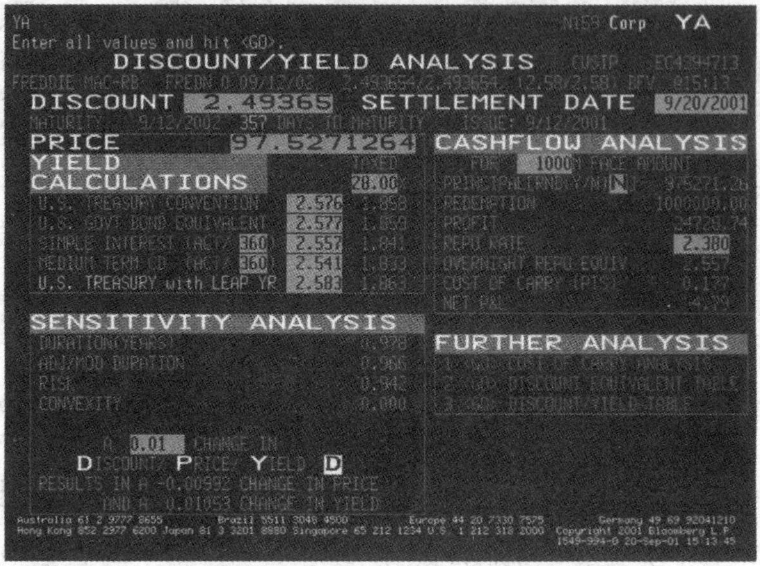

资料来源：彭博金融市场。

4.3　联邦住房贷款银行系统

联邦住房贷款银行系统（FHL Bank System）是美国国会于 1932 年建立的政府主办企业，其宗旨是通过其会员金融机构，支持住房抵押贷款及相关团体投资。该系统为会员机构提供低成本的融资、技术支持和特殊经济适用房项目。自 2001 年中期以来，其会员机构的数量为 7 822 家，包括 5 702 家商业银行、1 536 家储蓄机构、530 家信用合作社及 54 家保险公司，其资产总额接近 45 000 亿美元。该系统包括 12 家联邦政府特许的、会员所属的联邦住房贷款银行。每一家区域性的联邦住房贷款银行都是独立的公司实体，且不接受任何纳税人的资助。然而，FHL 银行系统在美国财政部保持着直接的信用额度。由联邦住房金融委员会监管 FHL 银行系统履行职责，并控制其发行的安全性与稳健性。

贴现票据

FHL 银行系统于 2000 年发行了 8 610 亿美元的贴现票据，而 2001 年上半年其发行量为 4 940 亿美元。与前面讨论的贴现票据相同，这些债券为无担保的一般债务，按面值折价出售，到期日按面值偿还。其最小面值为 10 万美元，以 1 000 美元为增量单位。到期期限从隔夜到 360 天不等。FHL 银行系统贴现票据的出售通常以以下一个或多个方法连续进行：（1）拍卖；（2）作为委托人出售给交易商；及（3）按照 FHL 银行系统程序，分配给作为代理人的指定交易商，以便向投资者再次提供票据。

图表4.11是由FHL银行系统提供的、通过彭博社传递给投资者的关于其贴现票据计划的信息。该屏幕显示了到期日、价格及借入的目标金额。

图表4.11 **彭博关于FHL银行贴现票据的发行公告**

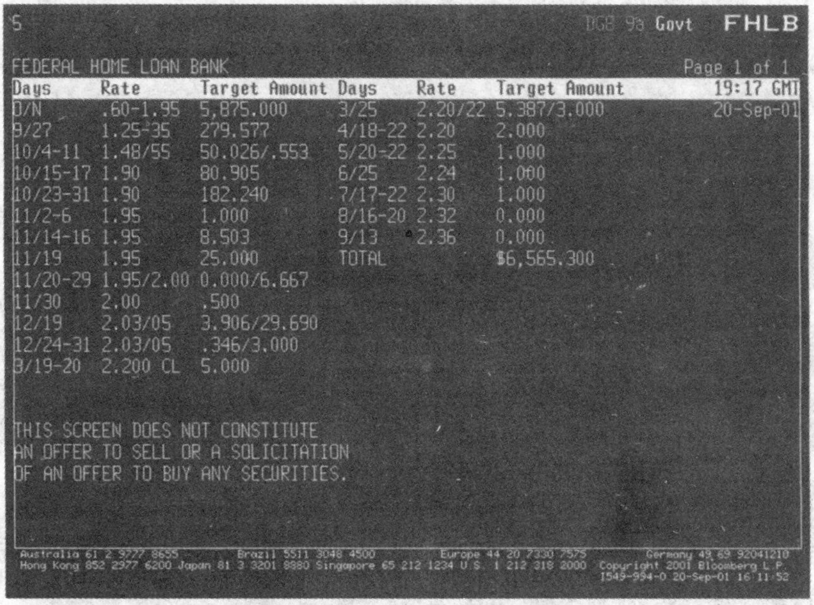

5 DGB 9a Govt FHLB

FEDERAL HOME LOAN BANK Page 1 of 1

Days	Rate	Target Amount	Days	Rate	Target Amount	19:17 GMT
O/N	.60-1.95	5,875.000	3/25	2.20/22	5.387/3.000	20-Sep-01
9/27	1.25-35	279.577	4/18-22	2.20	2.000	
10/4-11	1.48/55	50.026/.553	5/20-22	2.25	1.000	
10/15-17	1.90	80.905	6/25	2.24	1.000	
10/23-31	1.90	182.240	7/17-22	2.30	1.000	
11/2-6	1.95	1.000	8/16-20	2.32	0.000	
11/14-16	1.95	8.503	9/13	2.36	0.000	
11/19	1.95	25.000	TOTAL		$6,565.300	
11/20-29	1.95/2.00	0.000/6.667				
11/30	2.00	.500				
12/19	2.03/05	3.906/29.690				
12/24-31	2.03/05	.346/3.000				
3/19-20	2.200 CL	5.000				

THIS SCREEN DOES NOT CONSTITUTE
AN OFFER TO SELL OR A SOLICITATION
OF AN OFFER TO BUY ANY SECURITIES.

Australia 61 2 9777 8655 Brazil 5511 3048 4500 Europe 44 20 7330 7575 Germany 49 69 92041210
Hong Kong 852 2977 6200 Japan 81 3 3201 8880 Singapore 65 212 1234 U.S. 1 212 318 2000 Copyright 2001 Bloomberg L.P.
1549-994-0 20-Sep-01 16:11:52

资料来源：彭博金融市场。

4.4 联邦农场信贷系统

联邦农场信贷系统（Federal Farm Credit System，FFCS）是由美国国会于1916年成立的最早的政府主办企业。其目标是为美国农业部门提供稳定的低成本贷款资源。FFCS通过由借款人拥有的金融机构及相关服务组织组成的网络，向农民发放贷款。6家农场信贷银行和一家农业信贷银行通过32家联邦土地银行协会直接向农民提供长期的不动产贷款。这些银行也向各种信贷协会提供贷款，再由信贷协会向农民提供短期、中期和长期贷款。FFCS由农场信贷管理机构监管。与本章讨论的其他机构不同，FFCS并未与美国财政部保持直接的信用额度。

4.4.1 贴现票据

根据《农业信贷法案》，FFCS通过联邦农业信贷银行融资公司，即FFCS的财务代理人，来发行债券。这家融资公司目前发行全系统债券、贴现票据、主票据和全球债务债券。贴现票据是FFCS无担保的联合债务。自2001年1月31日起，FFCS有197亿美元的未清偿贴现票据。目前FFCS被授权，在任何时候都可以持有总计面值高达250亿美元的未清偿贴现票据。到期期限从隔夜到365天不等，其中大部分的到期期限低于90天。最小面值为5 000美元，且以1 000美元为增量单位。所有的贴现债券均是现金结算。

4.4.2 到期付息的债券

FFCS 也发行到期期限少于一年的短期债券，以面值发行，到期支付利息。图表 4.12 是彭博关于到期付息债券的债券描述屏幕，这与在第 6 章讨论的定期存单十分相似。该债券由 FFCS 于 2001 年 8 月 1 日发行，到期日为 2001 年 11 月 1 日。请注意，与本书所讨论的大部分债券不同，该债券的日算规则为 30/360。

图表 4.12　　　　　彭博关于联邦农场信贷系统的债券描述屏幕

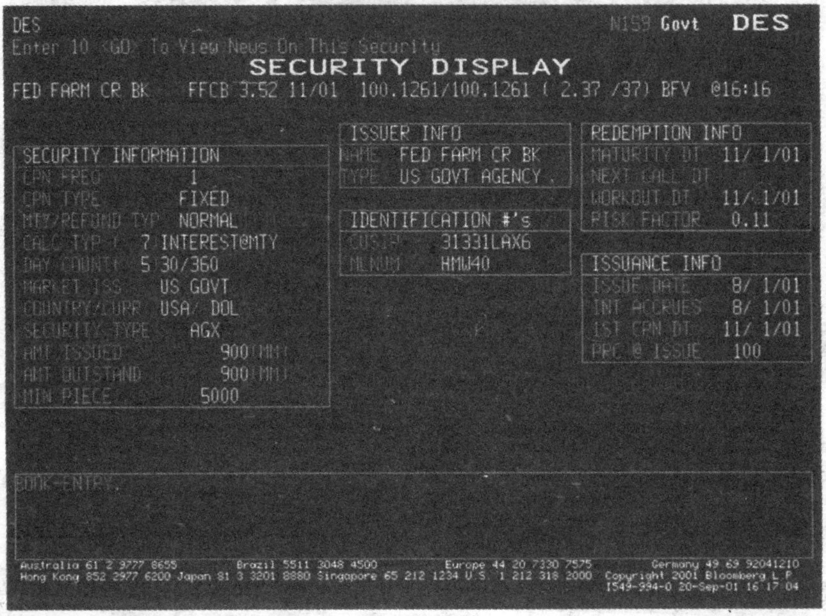

资料来源：彭博金融市场。

从屏幕左上方可以看出，在发行日 2001 年 8 月 1 日，该债券的收益率为 3.52%。相应的到期利息则由其面值乘以票面利率，并除以按 30/360 日算规则算出的时间。根据 30/360 日算规则，假定所有的月份均为 30 天，所有的年份均为 360 天。依此规则，从 2001 年 8 月 1 日至 2001 年 11 月 1 日，期间共有 90 天。[①]

假设面值为 100 万美元，到期利息的计算如下：

$1 000 000 × 0.0352 × (90/360) = $8 800

图表 4.13 是彭博关于该债券的收益率描述屏幕。假设面值为 1 000 000 美元的债券在结算日 2001 年 9 月 21 日以全额 1 006 150.03 美元支付（平价加应计利息），该金额可由屏幕右边"付款金额"一栏中看出。我们知道，投资者在到期时得到 1 008 800 美元，那么如果买方将此债券持有至到期，他将得到 2 649.97 美元的差

---

① 由 30/360 日算规则所得出的两个日期之间的天数，与实际两个日期之间的天数是不同的。在此例子中，两个日期之间的实际天数为 92 天。

额。这一计算结果与屏幕右边的"毛利润"相等。

收益率的计算中需要一些说明的是图表4.13中"贴现等价"。与贴现债券相同，该债券直至到期才得到现金支付。贴现等价收益率使得银行贴现基础报价的贴现票据，与到期支付利息的债券基于相同的基础。也就是说，假如某债券面值为1 008 800美元，全额支付为1 006 150.03 美元。银行贴现基础的收益率是多少？为解决这一问题，先回忆美元贴现额（D）公式：

$$D = Y_d \times F \times (t/360)$$

其中，Y_d = 贴现收益率；F = 面值；t = 到期天数。

图表4.13　　　彭博关于联邦农场信贷体系债券的收益率描述屏幕

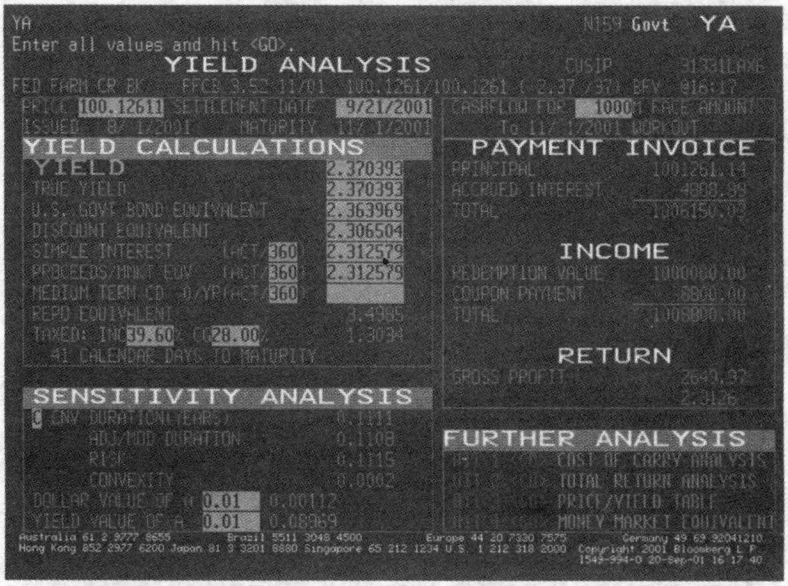

资料来源：彭博金融市场。

此例中，债券面值为1 008 800 美元，其美元贴现额为2 649.97 美元，由于贴现债券使用实际天数/360 日算规则，可知其距到期的实际天数为41 天。将这些数字代入上式，得：

$$\$2\,649.97 = Y_d \times \$1\,008\,800 \times (41/360)$$

求解 Y_d 得：

$$Y_d = 0.02306504 = 2.306504\%$$

此计算结果与图表4.13中屏幕左边"收益率计算结果"一栏中所列示的结果相同。

4.5　联邦农业抵押贷款公司

联邦农业抵押贷款公司（Farmer Mac）是由美国国会于1988 年成立的政府主办企业，其职责是为农业不动产融资、吸收资金以及为农业贷款提供一个具有流动性的二级市场。该职责是通过从贷款人（如抵押贷款公司、储蓄机构、信用社、商业银行等）那里购买合格贷款或通过将贷款集中于贷款池，用以支持 Farmer Mac 发行的债券来实现的的。与此相应，联邦农业抵押贷款公司在农业抵押贷款市场发挥的作用，与房利美和房地美在住房抵押贷款市场发挥的作用相同。联邦农业抵押贷款公司与美国财政部保持直接的信用额度。

2000 年 12 月 31 日，联邦农业抵押贷款公司在一年内到期的债务有 22.01 亿美元。这些短期债务中的大部分是贴现票据。贴现票据为无担保一般债务，通过美国联邦储备银行以记账形式发行。联邦农业抵押贷款公司通过发行贴现票据来满足其短期融资需求。到期期限从隔夜至 365 天不等，并且持续发行。联邦农业抵押贷款公司贴现票据可选择现金结算、定期结算和跨期结算的方式。

图表 4.14 是彭博 DES（债券描述）屏幕显示的 2000 年 10 月 24 日拍卖的联邦农业抵押贷款公司贴现债券，到期日为 2001 年 10 月 24 日。大部分联邦农业抵押贷款公司的贴现债券的到期日是在工作日。从屏幕底部中间"发行规模"一栏中可以看出，最小面值为 1 000 美元，且以 1 000 美元为增量单位。

图表 4.14　　彭博关于联邦农业抵押贷款公司贴现债券的债券描述屏幕

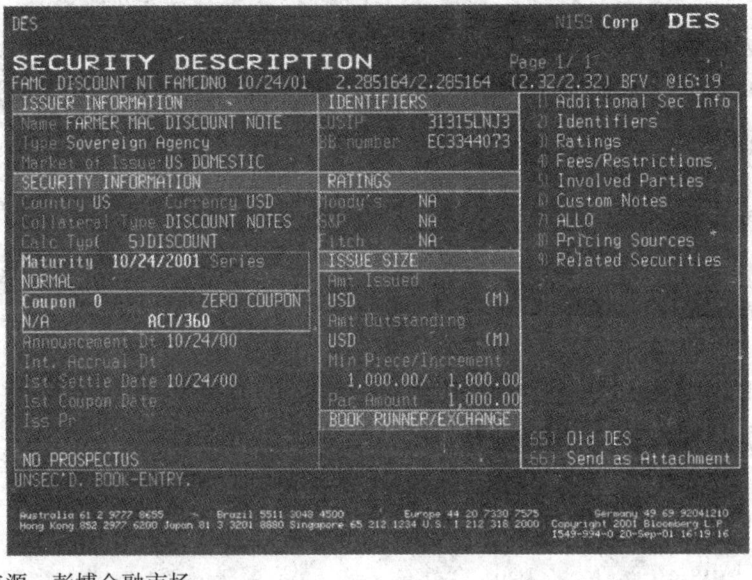

资料来源：彭博金融市场。

图表 4.15 是彭博对该贴现债券的收益率描述屏幕。从屏幕中可看出，该贴现收益率为 2.28516%，相应的价格为 99.784179（面值为 100 美元），结算日为 2001 年 9 月 20 日。从屏幕右边"现金流分析"一栏中，可以看出投资者可以 997 841.79 美元购买面值为 1 000 000 美元的一揽子票据，到期日为 2001 年 10 月 24 日。其利息收入 2 158.21 美元应按联邦、州和地方政府的征税标准全额纳税。

图表 4.15　彭博关于联邦农业抵押贷款公司贴现债券的收益率描述屏幕

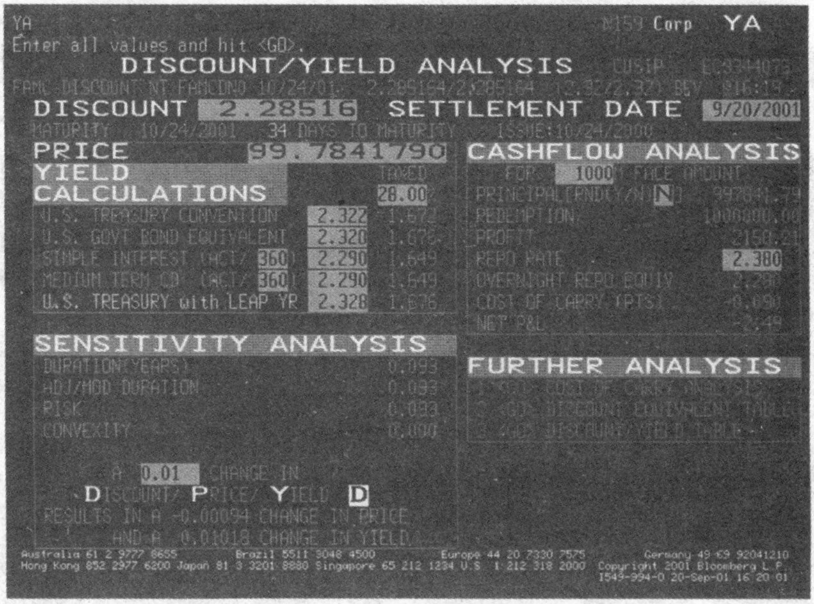

资料来源：彭博金融市场。

4.6　学生贷款营销协会

学生贷款营销协会（Sallie Mae）是由美国国会于 1972 年建立的政府主办企业，其目的是增强学生贷款的有效性。学生贷款营销协会从贷款人处购买源于联邦家庭教育贷款计划（Federal Family Education Loan Program，FFELP）的有担保的学生贷款，并相应向贷款人发放由学生贷款担保的贷款。大约每年有 250 亿美元的贷款发放给学生，其中 70% 是由 FFELP 的私人贷款人提供的。

学生贷款营销协会是美国教育公司（前身是 SLM 控股公司）的子公司。1996 年 9 月通过立法，要在 2008 年 9 月 30 日前，逐步取消学生贷款营销协会政府主办机构的地位，成为完全私有化的企业。在其政府主办企业的地位取消前，学生贷款营销协会与美国财政部保持着直接的信用额度。此外，学生贷款营销协会受到美国财政部，具体来说学生贷款营销协会监督办公室的监管保护。

学生贷款营销协会主要通过发行浮动利率债券来为其学生贷款组合融资，这些债券的利率或与 91 天期国库券利率挂钩，或有少量的与 3 个月期 LIBOR 挂钩。这些浮动利率债券将在第 7 章进行讨论。此外，学生贷款营销协会有一个活跃的贴现票据计划，自 2000 年 12 月 31 日起有 62.74 亿美元的未清偿贴现票据。最后，学生贷款营销协会发行的短期到期付息债券也是可赎回的。图表 4.16 是彭博关于学生贷款营销协会到期付息债券的债券描述屏幕，其发行日期为 2001 年 8 月 2 日，到期日为 2002 年 7 月 23 日。该债券可以在大约发行 3 个月之后，也就是 2001 年

10 月 23 日按面值赎回。

图表 4.16　　　彭博关于学生贷款营销协会可赎回债券的债券描述屏幕

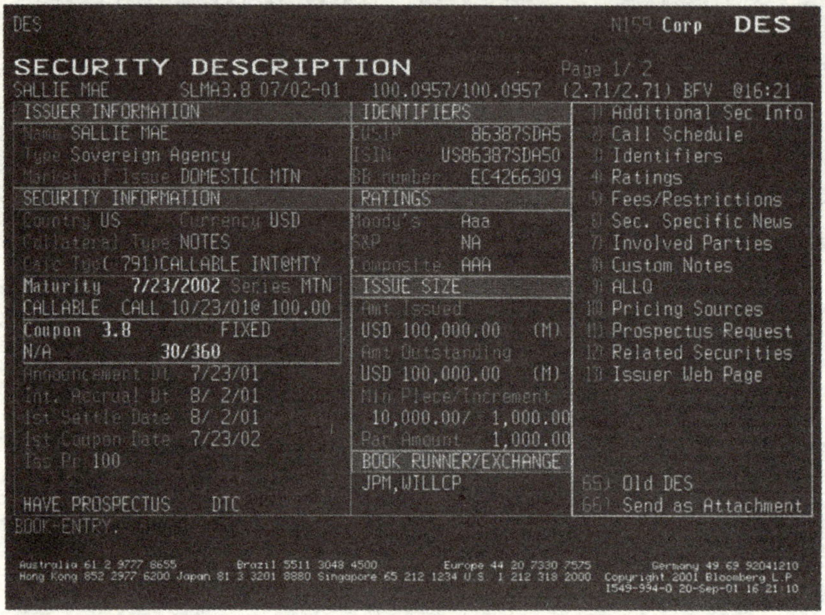

资料来源：彭博金融市场。

4.7　美国田纳西河流域开发管理局

　　美国田纳西河流域开发管理局是一家独资公司，也是美国政府的一家机构。田纳西河流域开发管理局建立于 1933 年，当时作为富兰克林·罗斯福总统新政中促进田纳西河流域及其周边地区发展的一部分。具体而言，田纳西河流域开发管理局管理该流域的防洪、航行、发电及其他用途。田纳西河流域开发管理局是美国最大的电力生产商。与本章讨论的其他机构相同，该管理局有权直接从美国财政部借款。特别是，该管理局可在 1 年或 1 年以内的时间里，从美国财政部借出高达 1.5 亿美元的贷款。然而，与上述讨论机构不同的是，田纳西河流域开发管理局的借款授权是联邦政府财政预算的一部分。

　　田纳西河流域开发管理局贴现票据计划的构建与前面所讨论的大体相同。尽管如此，仍然有一些差别。首先，田纳西河流域开发管理局贴现票据的面值为 10 万美元，且以 1 000 美元为增量单位。其次，这些债券的利息免收州和地方税，但房产税、继承税及赠与税除外。再次，法律规定，在任何时候，田纳西河流域开发管理局的未清偿短期债务都不得超过 55 亿美元。

第**5**章 公司债务：商业票据与中期票据

需要筹集长期资金的公司，可以在债券市场或股票市场筹资。相反，如果公司需要筹集短期资金，则可以通过从银行借款来实现。对于信用评级较高的大公司而言，商业票据是银行借款的一个近似的替代品。商业票据是在公开市场上发行的，作为发行人债务凭证的短期本票。商业票据折价发行，在到期时按面值支付。折扣就代表了投资者持有至到期所获得的利息。尽管有些票据的发行采取的是记名形式，但商业票据通常是以无记名形式发行的。

商业票据市场起源于 19 世纪末期的美国，曾一度是信用评级较高的大企业的特权。然而近年来，许多信用级别较低的公司通过获得信用增强或其他的担保，也可以作为发行人进入市场发行商业票据。商业票据发行人并不局限于美国的公司，外国的公司和国家发行人同样能发行商业票据。1986 年商业票据首次在英国发行，随后在其他欧洲国家发行。

尽管发行商业票据的最初目的是为季节性需要或流动资金的需要提供短期资金，但是其发行还有其他的目的，最突出的是"过桥融资"。例如，假设一家企业需要一笔长期资金来建造工厂或购买设备，那么该企业可以选择推迟到资本市场的形势更加有利时再发行，而不必立即筹集长期资本。发行商业票据所筹集的资金可以使用直至开始发行长期债券。商业票据同样也可作为过桥融资，为公司收购提供资金支持。

5.1 商业票据的特征

商业票据的期限通常少于 270 天，标准发行的到期期限少于 45 天。这自然是有原因的。首先，《1933 年证券法》要求证券发行需要在证券交易委员会（SEC）注册。该法案中的特别条款规定期限不超过 270 天的商业票据可免于注册。因此，为了避免 SEC 的注册成本，发行人很少发行期限超过 270 天的商业票据。在欧洲，商业票据的期限在 2 天至 365 天之间。为了偿付到期票据的持有人，发行人一般会将未偿票据"延期"，即用新发行的票据偿付已到期的票据。

决定票据期限的另一个因素是：商业票据能否成为银行合格的抵押品，以使银行从联邦储备银行的贴现窗口借款。要成为合格的抵押品，票据的期限不得超过 90 天。由于成为合格抵押品的票据具有较低的交易成本，因此，发行人愿意发行期限不超过 90 天的票据。

期限短与信用风险低相结合，使得商业票据成为短期资金的理想投资工具。大多数商业票据投资者是机构投资者。货币市场共同基金是商业票据的最大投资者。寻求进行短期投资的养老基金、商业银行信托部门、州和地方政府以及非金融公司，构成了余下部分中的绝大多数。

商业票据市场是一个批发市场，且其交易的规模相当大。整批交易最小的是100 000 美元。一些发行人出售的商业票据的面值是 25 000 美元。

在货币市场中，商业票据市场的份额最大，甚至超过了美国国库券市场。2001年 4 月底，未偿商业票据就超过了 15 亿美元。图表 5.1 显示的是 1991 年 1 月至2001 年 4 月未偿商业票据余额的月度时间序列。这些数据来源于美联储。纽约联邦储备银行以 FR2957a 和 b 的形式，收集了 16 家商业票据交易商和 43 家直接向投资者出售商业票据的公司的未偿商业票据余额的数据。纽约联邦储备银行也从上述来源中收集、按季节调整并公布月末未偿商业票据余额的数据。

5.1.1　直接票据和交易商票据

商业票据分为直接票据和交易商票据。直接票据（direct paper）不经过证券交易商作中介，直接由发行公司出售给投资者。直接票据的发行人大多是金融公司。由于金融公司需要持续的资金来源以满足客户的贷款需求，他们发现通过建立一支销售队伍直接向投资者出售商业票据更加节省成本。直接发行人通过金融信息供应商，如彭博社、路透社和德励财经，公布他们愿意出售商业票据的利率信息。

尽管商业票据是一种短期债券，但其发行是长期计划的一部分，对欧洲企业来说通常是 3～5 年，而美国公司的票据计划则是开放式的。例如，一家公司可建立起 5 年期的商业票据计划，其限额是 1 亿美元。一旦计划确立，该公司可以发行商业票据直至达到限额为止。只要计划在继续，新票据就能在任何时候发行，如果需要的话，甚至可以每天都发行。

图表 5.1　　　　　　　　　　　　**未偿商业票据**

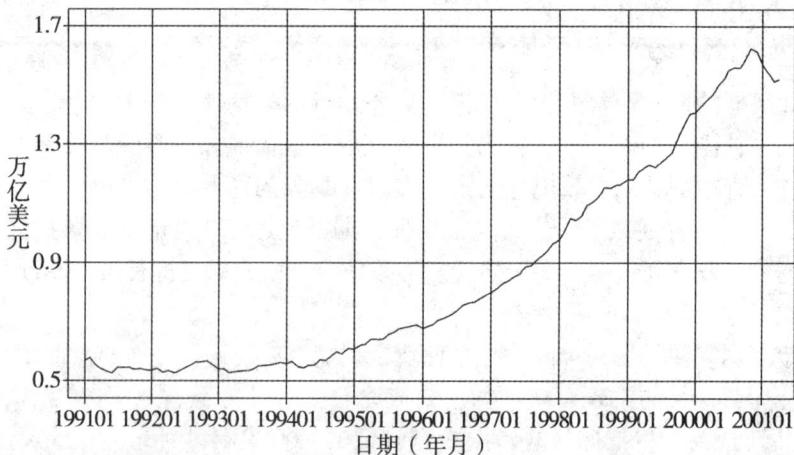

资料来源：美联储。

如果交易商发行商业票据，发行人会利用证券公司的服务来出售票据。以这种方式出售的商业票据被称为交易商票据（dealer paper）。竞争压力迫使交易商公司大幅削减承销费用。

从历史上来看，因为《格拉斯—斯蒂格尔法案》禁止商业银行承销商业票据，交易商市场由大型投资银行控制。但是在 1987 年 6 月，美联储准许银行控股公司的子公司承销商业票据。商业银行立即涉足曾经由投资银行独享特权的交易商市场。1999 年 11 月，在《格雷姆—里奇—比利雷法案》正式签署生效后，该进程被进一步加快了。此次改革颁布的《格雷姆—里奇—比利雷法案》代替了《格拉斯—斯蒂格尔法案》，后者人为设置了商业银行、投资银行、保险公司之间的业务界限。现在，各金融机构都可涉足其他机构的业务了。

5.1.2　二级市场

如上所述，尽管商业票据市场是货币市场中份额最大的部分，但其二级市场的交易规模却非常小。这是因为大多数商业票据的投资者都遵循"购买并持有"的策略。这是可以预料的，因为投资者根据需要的特定期限来购买票据。二级市场的交易，通常集中于机构投资者对少数大型的、信用评级高的票据的投资。如果想出售商业票据，投资者可以将票据回售给原来的出售者，可以是交易商或发行人。

5.2　商业票据信用评级

所有商业票据的投资者都要承担信用风险。信用风险是指投资者无法在票据到期日及时收到利息和本金偿付的可能性。尽管一些机构投资者可以自己进行信用分析，但大多数投资者是通过全国公认的统计评级机构（nationally recognized statistical rating organizations，NRSROs）的信用评级，来评价商业票据的信用风险。目前，证券交易委员会（SEC）指定的为美国公司债务评级的全国公认的统计评级机构只有惠誉、穆迪、标准普尔三家机构。图表 5.2 是全国公认的统计评级机构对商业票据的信用评级。

投资者面临的风险，是到期时借款人不能发行新票据。这种风险被称为延期付款风险（rollover risk）。为了预防延期风险，商业票据发行人会保有备用信用额度，有时被称为"流动性增强"。大多数商业票据发行人会保持 100% 的信用支持，因为对商业票据进行评级的全国公认的统计评级机构通常会要求银行的信用额度作为评级的前提。但是，一些大的发行人的信用支持可以少于 100%。备用信用额度通常包含一项"实质性不利变化"条款，即如果发行企业的财务状况持续恶化，允许银行取消信用额度。①

从历史上来看，商业票据的违约情况相当少见。直到 2001 年中期，严重的违

---

① Dusan Stojanovic and Mark D. Vaughan, "Who's Minding the Shop?" *The Regional Economist*, The Federal Reserve Bank of St. Louis, April 1998, pp. 1-8.

约结果出现在 1997 年 1 月 31 日 Mercury Finance Co.，这是一家规模较大的汽车贷款公司，出现违约的商业票据价值 1 700 万美元。到下个月末，违约金额已激增至 3.15 亿美元。所幸该公司的违约对商业票据市场只造成了微小的损失。

根据信用风险评级，商业票据市场分为不同的层次。"超顶级"是指信用评级为 A1 +/P1/F1 + 的票据，"顶级"是指信用评级为 A1/ P1，F1 的票据。接下来，"第一等级"是指信用评级为 A1/P2 或 A2/P1 的票据。"第二等级"是指信用评级为 A2/P2/F2 的票据。最后，"第三等级"是信用评级为 A3/P3/F3 的票据。图表 5.3 是彭博 MMR 屏幕，按评级分级显示了期限从 1 天至 270 天交易商票据的利率。图表 5.4 是按相同分类显示的直接发行商业票据的利率。

商业票据的收益率

与国库券一样，商业票据是一种贴现工具。换言之，商业票据以低于其到期价值的价格出售。到期价值与购买价格之间的差额是投资者赚取的利息，但也有些商业票据作为附息票据发行。

图表 5.2   **商业票据的信用评级**

	惠誉	穆迪	标准普尔
高级	F1 +/F1	P1	A1 +/A1
满意	F2	P2	A2
正常	F3	P3	A3
投机	F4	NP	B，C
违约	F5	NP	D

图表 5.3   **彭博关于交易商募集的商业票据的利率描述屏幕**

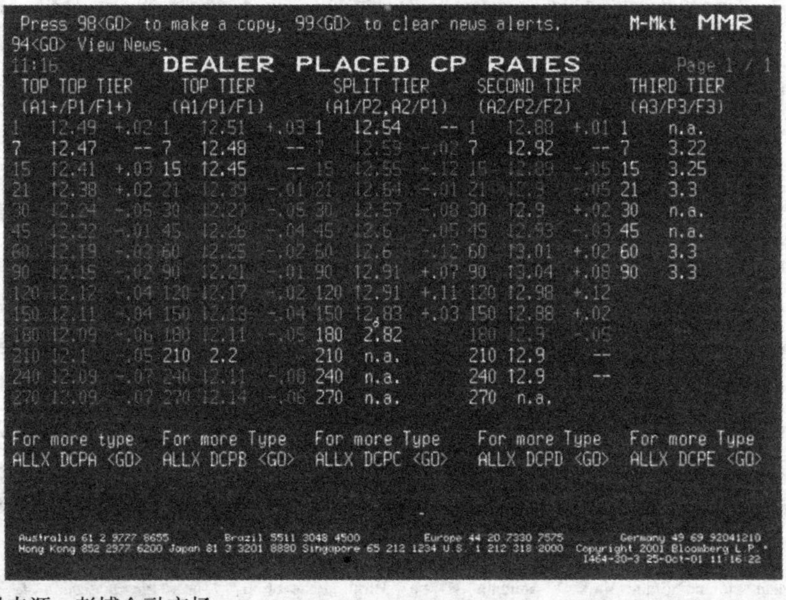

资料来源：彭博金融市场。

图表5.4　　　　　　彭博关于直接发行商业票据的利率描述屏幕

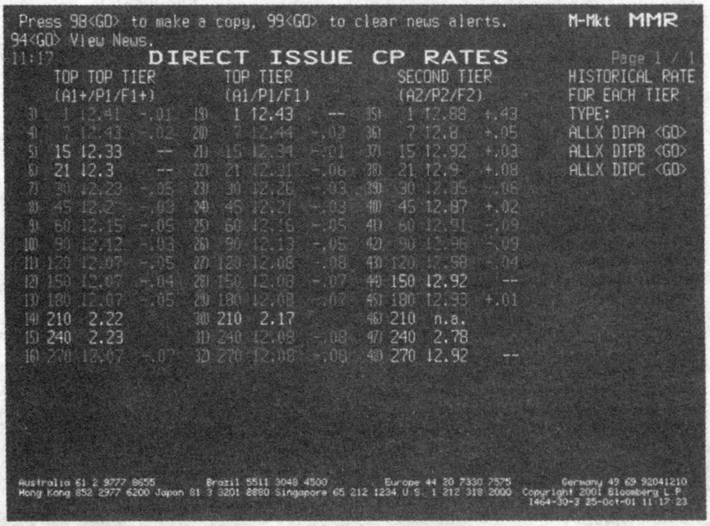

资料来源：彭博金融市场。

以通用电气资本公司发行的一些商业票据为例。图表5.5是彭博关于通用电气资本公司商业票据直接发行计划的描述屏幕。请注意，屏幕底端显示的是，通用电气资本公司将要发行的各种期限商业票据的利率。从图表5.6彭博收益分析屏可以看出，该商业票据的发行日期为2001年10月25日，到期日为2001年12月9日。此外，在屏幕的左边可看见贴现收益率为2.27%。在美国及大多数欧洲商业票据市场，日算规则为实际天数/360，值得注意的是，英国使用的是实际天数/365。给定基于银行贴现基础的收益率，商业票据价格的计算方式与第3章国库券价格的计算相同，首先要求解美元贴现额：

图表5.5　　彭博关于通用电气资本公司商业票据的直接发行计划的描述屏幕

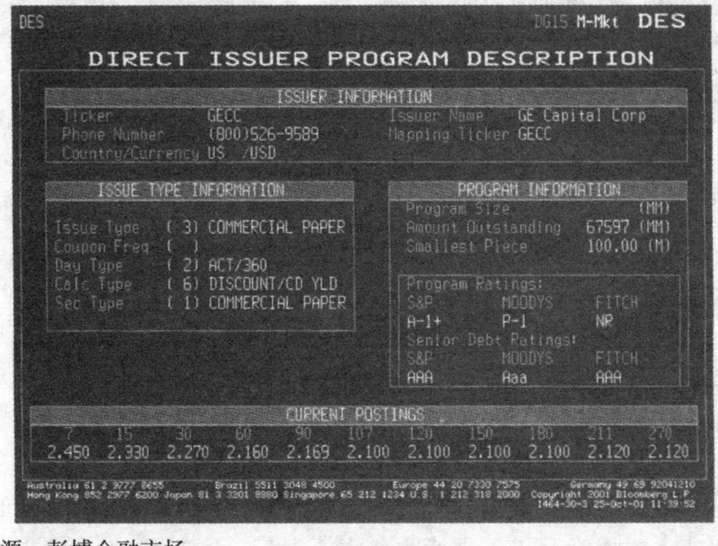

资料来源：彭博金融市场。

$$D = Y_d \times F \times (t/360)$$

其中，Y_d = 贴现收益率，F = 面值，t = 到期天数。

则价格为：

价格 = F − D

由于其结算日为 2001 年 10 月 25 日，通用金融商业票据距到期日还有 45 天。假设其面值为 100 美元，银行贴现基础的收益率为 2.27%，则 D 等于：

$$D = 0.0227 \times \$100 \times 45/360 = \$0.28375$$

因此，

价格 = $100 − $0.28375 = $99.71625

该计算结果与图表 5.6 屏幕左上角一栏中的价格一致。

图表 5.6　　　　彭博关于通用电气资本公司商业票据的收益率描述屏幕

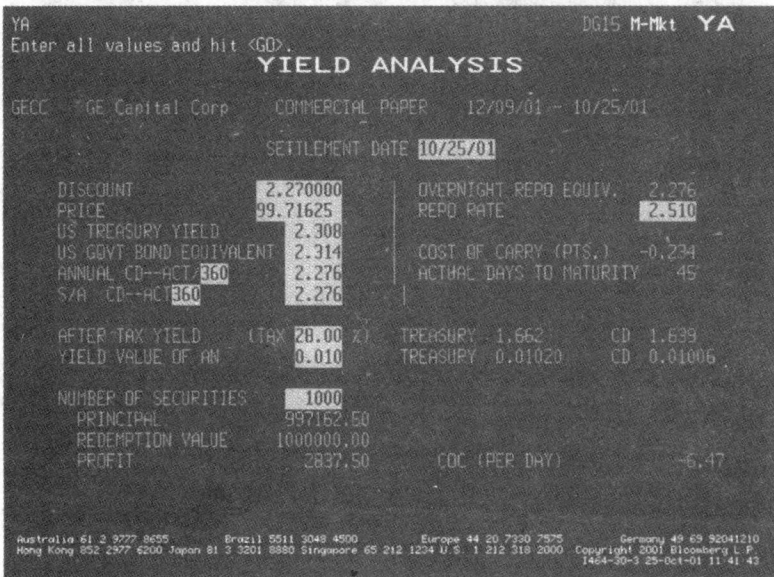

资料来源：彭博金融市场。

商业票据的收益率高于同期限的国库券的收益率。图表 5.7 是彭博 MMCV 描述屏幕，显示了 2001 年 3 月 31 日的两条货币市场收益率曲线——交易商商业票据（超顶级）与美国国库券的收益率。二者有如此关系的原因体现在三个方面。首先，商业票据的投资者要面临信用风险。其次，投资国库券所得利息收入免征州和地方收入所得税。因此，商业票据必须提供较高的收益率以抵消国库券的税收优势。最后，商业票据的流动性远不如国库券高。但是，投资者要求的流动性溢价很小，因为商业票据投资者一般遵循购买并持有的策略，他们很少关注流动性。

商业票据的收益率与其他货币市场工具的收益率大致相同。图表 5.8 是 1987 年 1 月 1 日至 2000 年 12 月 31 日期间，3 个月期商业票据及 3 个月期美国国库券收益率的每周（周五）观察值所组成的时间序列图。这期间两个收益率的平均利差为 54.4 个基点，最小值为 12 个基点，最大值为 221 个基点。商业票据与国库券的收益率差价在金融危机时大幅增加，因为金融危机激发了对市场风险的规避。例如，1998 年 8 月俄罗斯政府对其债务违约、卢布贬值，对高信用评级的非金融机构的"纸质票据"利差，从 7 月初（危机前）的 45 个基点至 10 月份扩大到超过 140 个基点。[①]

图表 5.7　　　　　**彭博关于两条货币市场收益率曲线的 MMCV 描述屏幕**

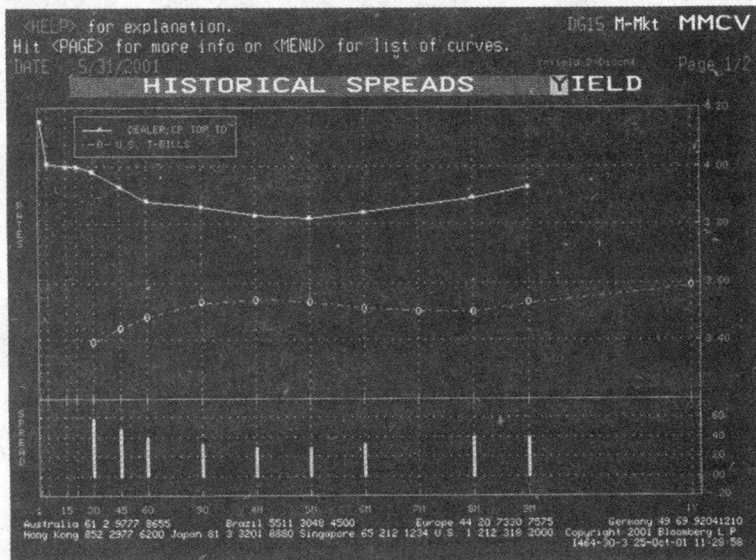

资料来源：彭博金融市场。

图表 5.8　　　　　**3 个月期商业票据与 3 个月期国库券**

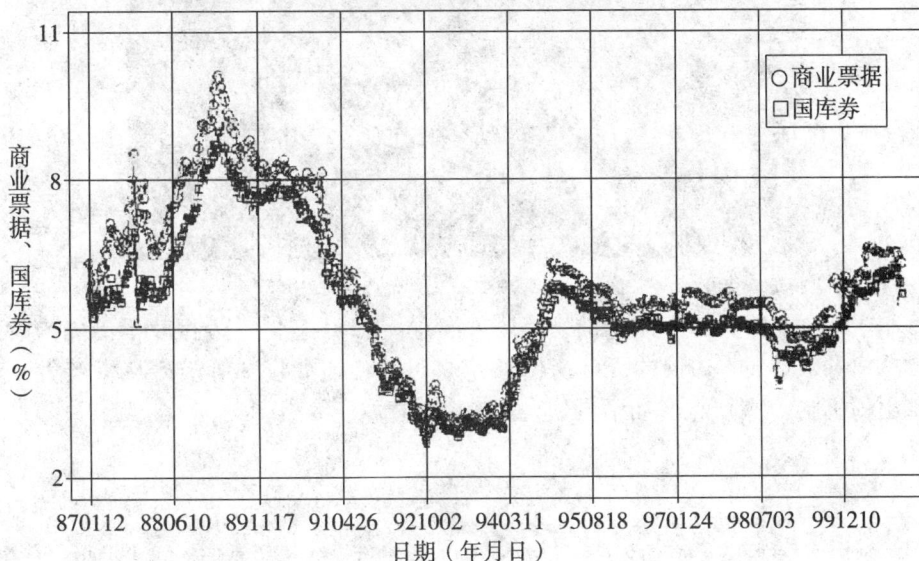

---

① Marc R. Saidenberg and Philip E. Strahan, "Are Banks Still Important for Financing Large Business?" *Current Issues in Economics and Finance*, Federal Reserve Bank of New York, August 1999, pp. 1-6.

5.3　资产支持商业票据

资产支持商业票据（下面简称为 ABC 票据）是由公司或大型金融机构通过破产隔离特殊目的的公司发行的商业票据。穆迪报告显示，2000 年第一季度的未偿 ABC 票据已超过 5 000 亿美元。[1] 图表 5.9 是彭博 MMR 屏幕，按分析显示了期限从 1 天至 270 天的 ABC 票据的利率。

发行 ABC 票据通常是为购买应收款项或其他类似资产融资。为这种债券提供支持的资产包括：贸易应收账款（企业间应收账款）、信用卡应收账款、设备贷款、汽车贷款、医疗应收账款、征税扣押款、消费贷款、预制房屋贷款等。从历史上看，将贸易应收账款证券化最为常见。[2] 这是因为贸易应收账款的到期期限与商业票据的期限接近。近年来，由于 ABC 票据发行人试图在债券市场上占有套利机会，资产的名单已经扩展到包括经过评级的资产支持证券、抵押贷款支持证券及公司债务证券。[3]

图表 5.9　　　　　　　彭博关于资产支持商业票据利率的描述屏幕

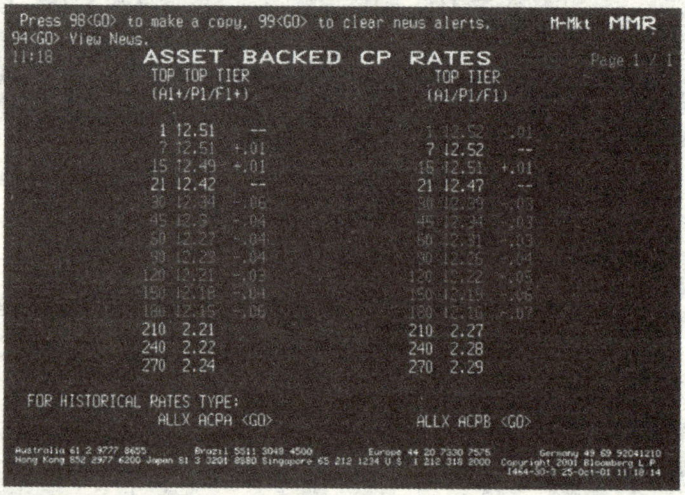

资料来源：彭博金融市场。

基于下列原因，ABC 票据的发行令人满意：（1）它提供了相较于传统的银行贷款或债券融资成本更低的资金；（2）它是可以使诸如贷款等资产从资产负债表中移出的机制；（3）它增加了借款人的融资选择权。

---

[1]　Maureen R. Coen, Wanda Lee, and Bernard Maas, "ABCP Market Overview: ABCP Enters the New Millennium," Moody's Investors Service, 2000.

[2]　"Understanding Asset-Backed Commercial Paper," Fitch, February 1, 1999。

[3]　在本书写作时，有三种有价证券套利方案：有限目的投资公司、ABC 票据市场价值方案及 ABC 票据信用套利方案。关于这一过程的讨论，参见 Mary D. Dierdorff, "ABCP Market Overview: Spotlight on Changes in Program Credit Enhancement and Growth and Evolution of Securities Arbitrage Programs," Moody's Investors Service, 1999。

根据穆迪公司的观点，ABC 票据的投资者面临三种主要风险。[①] 首先，投资者面临信用风险（credit risk），因为一部分为发行 ABC 票据提供支持的应收账款可能会违约，从而导致损失。显然，违约总是存在的，因而投资者面临的风险是过度信用增强所导致的损失。其次是流动性风险（liquidity risk），即对应收款项的催收可能不能及时地用于偿付投资者的本金和利息。最后是结构风险（structural risk），是指 ABC 票据渠道卷入破产诉讼的可能性，这会导致对到期商业票据的支付中断。

5.3.1 法律架构

ABC 票据的发行开始于一个或多个销售商的应收款项资产组合，这些应收款项来自于许多债务人（如信用卡借款人）。使用结构性融资的公司是为了寻求使其发行的商业票据评级高于其公司本身的评级。这是通过以基础贷款或应收账款，而不是以发行人的一般信用状况作为商业票据的抵押品来实现的。通常，公司（抵押品的出售方）一般会保有抵押品的权益。因为企业保留权益，全国公认的统计评级机构需要确保，该公司的破产不允许发行人的债权人获得抵押品。需要特别考虑的是，如果公司破产，破产法院会将抵押品的现金流或抵押品本身从 ABC 票据投资者转移至公司债权人。

为缓解上述顾虑，成立了破产隔离特殊目的公司（Special Purpose Corporation，SPC）。ABC 票据的发行人则是 SPC。法律意见书需要说明，一旦抵押品的出售方破产，法律顾问认为破产法院不会将已出售的抵押品与出售方的资产合并。

SPC 是作为抵押品出售方的全资附属公司成立的。尽管如此，按照这种方式成立的 SPC 是相对于抵押品出售方的第三方企业。抵押品出售给 SPC，SPC 再将其转售给融通机构（信托机构）。融通机构代表投资者持有抵押品。这样，SPC 持有抵押品出售方保留的权益。

这一过程中另一个关键的当事人是融通机构的管理人。管理人通常是一家大型商业银行，它负责监管融通机构的所有业务。SPC 通常授予管理人律师的权利，代表其对 ABC 票据的发行行使诉讼权。管理人通过履行这些职责来收取费用。

5.3.2 ABC 票据融通机构的基本类型

ABC 票据的融通机构按照两种标准分类。一种是基于融通结构的信用支持水平，是全额支持还是部分支持。另一种是基于其结构为单一卖方还是多重卖方的分类。在本节，我们将分别进行讨论。

全额支持与部分支持

在全额支持结构（fully supported program）中，ABC 票据融通机构的全部信用

[①] Mark H. Adelson, "Asset-Backed Commercial Paper: Understanding the Risks," Moody's Investor Services, April 1993.

及流动性风险通常由第三方担保人以评级较高的商业银行开立的信用证的形式承担。ABC 票据投资者的风险取决于第三方担保人的财务实力，而不是融通机构基础资产的业绩。这样，无论融通机构的违约水平如何，投资者都可以预期收到到期商业票据的偿付。因此，在决定信用评级时，全国公认的统计评级机构将尤其关注第三方担保人的财务实力。

在部分支持结构（partially supported programs）中，ABC 票据的投资者要直接面对融通机构的损失超过融通结构全面信用增强和特定资产池信用增强的信用及流动性风险。融通机构有两种支持性便利。融通结构全面信用增强便利覆盖了由于基础资产违约所造成的损失。相应地，融通结构全面的流动性便利为融通机构提供资金支持，以保证除违约之外的原因（如市场干扰）都能及时偿付到期票据。由于投资者要面临基础资产的违约，全国公认的统计评级机构将各种情形下基础资产的预期业绩作为评级过程中关注的焦点。

单一卖方与多重卖方结构

另一个分类标准是 ABC 票据的融通机构是单一卖方还是多重卖方。单一卖方融通机构将其从单一卖方（如单一发起人）那里购买的资产证券化。相反，多重卖方融通机构将从几个不同的卖方获得的资产组成资产池，而 ABC 票据的发行则是以这个资产组合支持的。

5.3.3　信用与流动性增强

对于多重卖方部分支持的 ABC 票据融通机构，有两种信用增强水平。第一道防线是特定资产池信用增强，它对从特定卖方那里获得资产的违约提供保护。特定资产池信用增强包括超额抵押、第三方信用支持或超额价差。第二道防线是融通结构全面信用增强，它在特定资产池信用增强耗尽后提供保护。融通结构全面信用增强通常由第三方以不可撤销贷款便利、信用证、保险公司担保债券或投资于许可债券的现金形式提供。[①]

流动性增强也有特定资产池信用和融通结构全面信用两种形式。流动性增强通常采取以下一种或两种方式。一种流动性支持方式是贷款协议，例如由于金融危机破坏了商业票据市场，使得到期债券不能延期，则流动性便利同意扩大对融通机构贷款。注意，流动性便利对由于资产组合违约导致的融通机构的突然性资金需求不负责。另一种流动性支持方式是资产购买协议，即如果需要资金，流动性便利同意购买未违约资产。

图表 5.10 是部分支持多重卖方的 ABC 票据计划基本结构的流程图。注意，管理人并不向交易投入资金，而是提供服务，因此，管理人与融通机构之间是用虚线连接的。

---

① "Understanding Asset-Backed Commercial Paper."

图表 5.10　　　　　　　　部分支持多重卖方的 ABC 票据计划基本结构

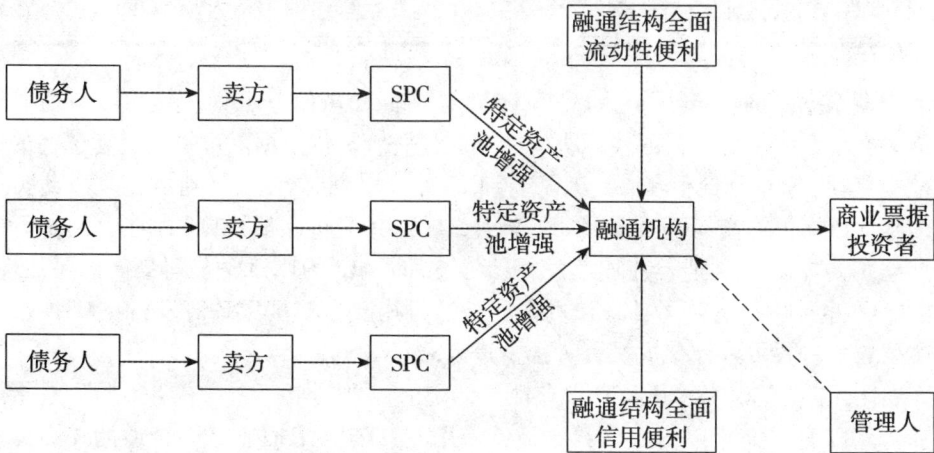

5.3.4　在美国以外的 ABC 票据市场

欧洲与澳大利亚的 ABC 票据市场也很发达。穆迪公司的报告显示，2000 年上半年欧洲发行的 ABC 票据达到了 614 亿美元。[①] 欧洲的 ABC 票据的基础资产与美国的相同，即贸易应收账款、消费贷款、信用卡应收账款、设备租赁等。此外，一种日益增加的结构设计是通过为购买资产支持和抵押贷款支持的 ABC 票据提供融资，在固定收益市场上套利。另一个扩展的领域是跨国公司利用结构性融资为跨境贸易应收账款融资。

澳大利亚的 ABC 票据市场也很发达，但是无论与欧洲还是美国市场相比，其规模较小。穆迪公司 1999 年 10 月的报告显示，未偿 ABC 票据的金额超过 100 亿澳元。[②] 澳大利亚市场的主要不同点在于，大多数的未偿 ABC 票据是用于在固定收益市场（主要包括抵押贷款支持证券、资产支持证券以及公司期限贷款）进行套利。

5.3.5　以外币标价的商业票据

合成式外币标价商业票据允许投资者赚取非美国的利率，而不需要承担非美国的对手方风险或政治风险。两个典型的例子是高盛集团的环球商业票据和美林证券公司的多币种商业票据。其程序运作如下：首先，美国借款人以非美元货币发行商业票据，如德国马克，同时与交易商进行货币互换。商业票据发行人无需面对汇率风险，因为货币互换允许发行人以德国的利率借入美元。投资者可以投资于由美国对手方以德国马克为标价货币发行的商业票据。

---

① Jean Dornhofer and Annick Poulain, "Mid-Year Review European ABCP Market: A Pause in the Race," Moody's Investors Service, 2000.

② Ian Makovec, "1999 Year in Review and 2000 Outlook: Up, Up and Away—AUSSIE ABCP Programs are Here to Stay," Moody's Investors Services, 1999.

5.4　中期票据

中期票据（medium-term note，MTN）是一种公司债务工具，其性质与商业票据极为相似，它由发行人的代理机构持续向投资者提供票据。可供投资者选择的期限范围包括：9 个月到 1 年、1 年以上到 18 个月、18 个月以上到 2 年，以此类推至多年。根据证券交易委员会（SEC）415 规则（缓行注册规则），在美国发行的中期票据要在 SEC 注册。在连续发行债券方面，415 规则赋予公司最高的灵活性。MTN 同样也可由外国公司、联邦机构、跨国机构及主权国家政府发行。MTN 市场中主要是机构投资者，个人投资者很少进入。

"中期票据"这一术语具有误导性。传统上，"票据"或"中期票据"是指期限在 1 年以上、15 年以内的债券。显然，用"MTN"来描述是不合适的，因为这种债券的期限是从 9 个月至 30 年，甚至更长。以下讨论主要关注于短期 MTN，其到期期限为 1 年或 1 年以内。

借款人可以根据自己的要求，灵活设计所需要的 MTN。他们既可以发行固定利率的中期票据，也可以发行浮动利率的中期票据。例如，贝尔斯登发行的一个浮动利率中期 MTN，发行日期为 2001 年 1 月 18 日，到期日为 2002 年 1 月 18 日。图表 5.11 是该票据的彭博债券描述屏幕。息票利率公式是最优惠利率减去 286 个基点，按季度支付利息。注意屏幕中间"发行规模"一栏中，最低面值为 10 万美元，且以 1 000 美元为增量单位。

图表 5.11　　　　彭博关于贝尔斯登中期票据的债券描述屏幕

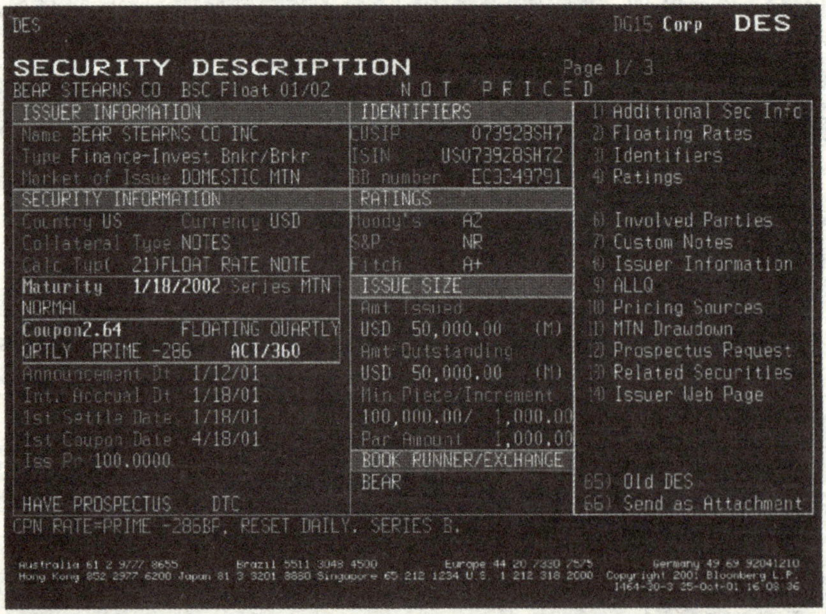

资料来源：彭博金融市场。

MTN 可以用美元或外国货币支付息票利息。例如，通用电气资本公司于 2000 年 12 月发行了一年期浮动利率 MTN，其现金流以英镑标价。图表 5.12 是该债券的彭博债券说明屏。息票利息准则为 3 个月期英镑 LIBOR 平价（无价差），按季度支付利息。注意屏幕左边所显示的日算规则为实际天数/365，即英国货币市场的日算规则。

图表 5.12　　　　彭博关于通用电气资本公司中期票据的债券描述屏幕

```
DES                                           DG15 Corp  DES
SECURITY DESCRIPTION                    Page 1/ 3
GEN ELEC CAP CRP GEFloat 12/18/01    N O T   P R I C E D
ISSUER INFORMATION           IDENTIFIERS          1) Additional Sec Info
Name GENERAL ELEC CAP CORP   Common   012190611   2) Floating Rates
Type Diversified Finan Serv  ISIN   XS0121906118  3) Identifiers
Market of Issue EURO MTN     BB number   EC3105195 4) Ratings
SECURITY INFORMATION         RATINGS             5) Fees/Restrictions
Country US    Currency GBP    Moody's    Aaa      6) Sec. Specific News
Collateral Type SR UNSUB     S&P        AAA      7) Involved Parties
Calc Typ( 21)FLOAT RATE NOTE Composite  AAA      8) Custom Notes
Maturity  12/18/2001 Series EMTN  ISSUE SIZE     9) Issuer Information
NORMAL                       Amt Issued         10) ALLQ
Coupon4.72109   FLOATING QUARTLY  GBP 400,000.00   (M)  11) Pricing Sources
QRTLY  LIBOR FLAT     ACT/365  Amt Outstanding   12) Related Securities
Announcement Dt 12/ 8/00     GBP 400,000.00   (M)  13) Issuer Web Page
Int. Accrual Dt 12/18/00     Min Piece/Increment
1st Settle Date 12/18/00      1,000.00/  1,000.00
1st Coupon Date  3/19/01     Par Amount   1,000.00
Iss Pr 100.0000 Reoffer   100 BOOK RUNNER/EXCHANGE
                             UBSW               65) Old DES
NO PROSPECTUS                LUXEMBOURG         66) Send as Attachment
CPN RATE=3MO £LIBOR FLAT. UNSEC'D. ADD'L £100MM ISS'D 12/12/00 0100%.
Australia 61 2 9777 8655   Brazil 5511 3048 4500   Europe 44 20 7330 7575   Germany 49 69 92041210
Hong Kong 852 2977 6200 Japan 81 3 3201 8880 Singapore 65 212 1234 U.S  1 212 318 2000  Copyright 2001 Bloomberg L.P.
                                                                        1464-30-2 25-Oct-01 15 57 48
```

资料来源：彭博金融市场。

希望获得 MTN 发行计划的公司需要向 SEC 提交缓行注册文件，以申请发行票据。虽然在 SEC 注册的中期票据的发行规模在 1 亿美元至 10 亿美元之间，但是一旦该票据全部售完，发行人可以提请另一项缓行注册申请。注册文件中需要包括一份投资银行的名单，通常包括 2~4 家，这些公司主要作为代理人，分销 MTN。位于纽约的大型投资银行控制着 MTN 的分销市场。例如，图表 5.13 是彭博关于 Amgen Inc. MTN 计划的货币市场计划描述屏幕。有三点需要注意。首先，屏幕底端一栏显示，这是一个 4 亿美元的发行计划。其次，正如屏幕左边所示，此次发行的 MTN 以多种货币标价。再次，在 "项目信息（PROGRAM INFORMATION）" 一栏底部可以看出，两家投资银行——贝尔斯登（BEAR）及高盛集团（GS）——将负责分销票据。并不是所有 MTN 都由代理人出售，有一些中期票据是认购的。

一个活跃的 MTN 计划的发行人将公布其希望出售（票据）的期限范围的利率。固定利息支付通常在相同的付息日每半年支付一次，这一付息日适用于一个发行人某一特定系列的所有票据。当然，最后一次利息支付是到期时支付的。浮动利率 MTN 可能有更频繁的息票支付。如果利率波动，公布的利率就会调整，有时一天就会超过一次。票据按照面值定价，这吸引了众多投资者，因为它们既没有溢价摊销也没有递增折价。任何新利率的调整不会影响以前发行票据的利率。

通常买方可以根据借款人的认可，将到期日设立为规定期限范围内的任何工作日。这是 MTN 一项重要的利益，因为它使贷款人可以根据其自身的特殊要求来匹配到期日。由于 MTN 是连续发行的，使得投资者可在资产组合有需要时进入市场，且通常能找到合适的投资机会。在承销发行中，在初级及二级市场上的有效供给，或许并不能满足资产组合的需要。一个特殊系列的 MTN 可以有许多不同的到期期限，但它们都是基于同一个契约发行的。大多数票据的期限在 5 年以内。

图表 5.13　　彭博关于 Amgen 中期票据计划的货币市场计划描述屏幕

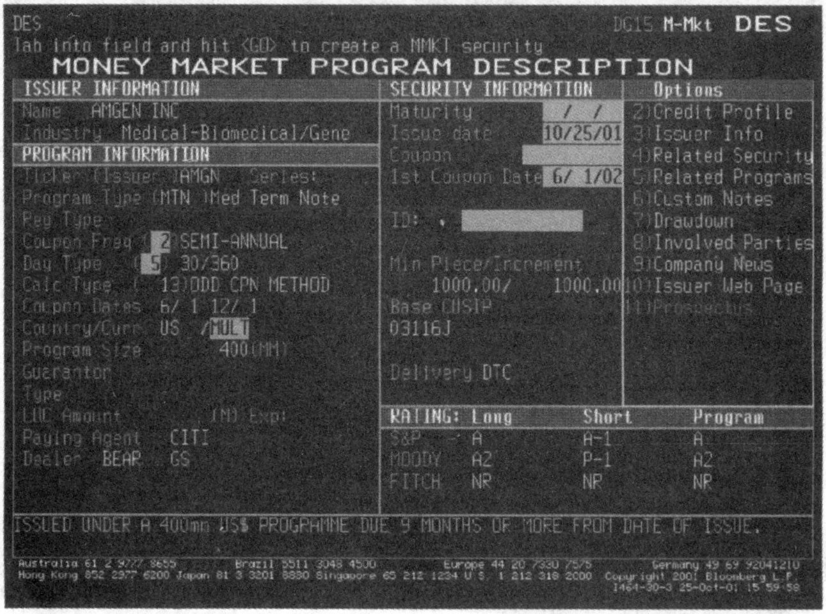

资料来源：彭博金融市场。

第 **6** 章 金融机构债务

全球金融市场最大的参与者是金融机构，即存款机构（商业银行、储蓄机构及信用社），保险公司及投资银行。这些机构既是货币市场工具最大的购买者，又是最大的发行人。此外，金融机构独有的短期债务工具包括定期存单、联邦基金、银行承兑汇票和融资协议。这些工具就是本章的主要内容。

6.1 大额可转让定期存单

定期存单（certificate of deposit，CD）是一种由已吸收规定金额存款的存款机构发行的一种金融资产。存款机构通过发行 CD 筹集资金，为其经营活动融资。CD 具有到期日，采用固定或浮动利率计息。虽然 CD 可以以任意面值发行，但只有面值为 10 万美元或少于 10 万美元的 CD 可以得到联邦存款保险公司的保险。虽然没有最长到期期限的限制，但联邦储备法规定 CD 的期限不能少于 7 天。

CD 分为不可转让与可转让两类。如果是不可转让的，初始的存款人必须等到 CD 的到期日才能收回本金和利息。如果存款人在到期日前提款，须承担提前提款的处罚。与之相反，可转让 CD 允许初始存款人（或其后任一 CD 持有者）在到期之前在公开市场上出售 CD。

可转让 CD 在 20 世纪 60 年代初产生于美国。那时银行对各种存款支付的利率要服从美联储的上限管理（除了活期存款，即期限少于一个月的存款不支付利息）。由于复杂的历史原因和被误导的政治因素，这些利率上限开始很低，随着存款期限上升，除了相当长的期限，这些利率上限保持在市场利率之下。在可转让 CD 产生之前，对于那些可以进行一个月期投资的资金而言，将其存入银行没有任何吸引力，因为除非准备将其资金占用更长的时间，否则他们只能获得低于市场利率的收益。随着可转让 CD 的出现，银行客户可以购买三个月或更长期限的 CD，其收益率为市场利率，并且可以通过将其在市场出售，收回全部投资或更高（取决于市场状况）。

这项创新对于帮助存款机构增加在货币市场筹集的资金很重要。它还迎来了金融机构间竞争的新时代。可转让 CD 可以分为两类。第一类是大额 CD，面值通常为 100 万美元或更高。第二类是小额 CD（面值低于 10 万美元），这是一种定位于零售的产品。在此我们讨论的是期限在一年或一年以内的大额可转让 CD，在本章中，我们将其简称为 CD。

CD 最大的投资者是投资公司，连同货币市场共同基金购买了最大的份额。排在第二位的是银行或银行信托部门，地方政府实体和公司紧随其后。对这些投资者来说，市场规模的指标是美国联邦储备委员会大额定期存款的数据序列。图表 6.1 显示了从 1980—2000 年每年的大额定期存款余额（10 亿美元）的时间序列图。

6.1.1 CD 的发行人

CD 的现金流以美元标价，可以根据发行机构分为四种类型。第一类是由本国银行发行的 CD。第二类是以美元标价，但在美国境外发行的 CD。这些 CD 被称为欧洲美元（Eurodollar）CD 或欧洲（Euro）CD。第三类被称为扬基（Yankee）CD，这是一种以美元标价，但由非美国的银行在美国的分支机构发行的 CD。最后一类是储蓄机构 CD，这是由储贷协会和储蓄银行发行的 CD。

货币中心银行和大型的地区性银行是本国 CD 的主要发行人。大部分 CD 的期限少于一年。那些期限超过一年的 CD 叫做定期 CD。

图表 6.1   **大额定期存款的余额**

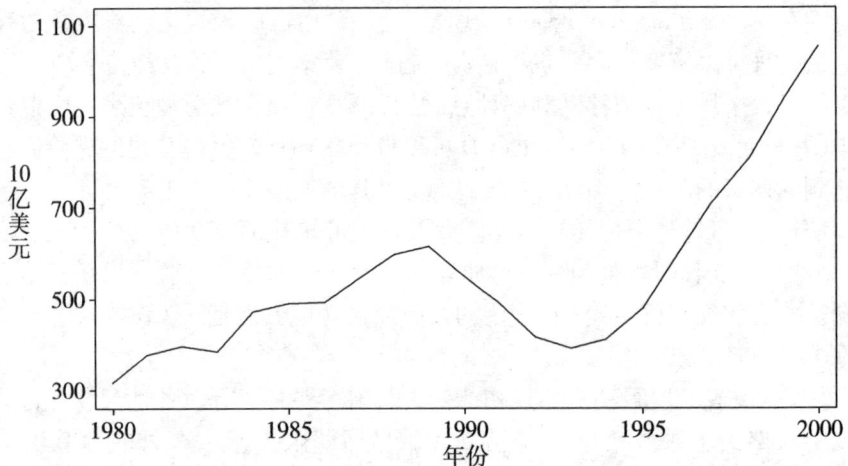

资料来源：债券市场协会。

与本书讨论的贴现工具（如国库券、商业票据和银行承兑汇票）不同，本国 CD 的收益率是以利息为基础报价的。期限为一年或少于一年的 CD 在到期日支付利息（单利）。日算规则为实际天数/360。在英国发行的以英镑标价的本国 CD 以相同的方式报价，除了日算规则为实际天数/365。

欧洲美元 CD 主要是由美国、加拿大、欧洲和日本的银行在伦敦发行的以美元标价的 CD。CD 根据美元的 LIBOR 赚取固定利率。术语 LIBOR 产生自伦敦银行同业拆借利率，它是一家伦敦的银行向另一家符合信用要求的银行以现金存款形式提供资金时所使用的利率。该利率是由英国银行家协会在每个营业日早上（实务中通常是在 20 分钟后确定）根据各会员银行提供的利率均值"固定"下来的。LIBID 是市场拆入利率，即银行在伦敦市场上为获得资金而支付的利率。因此，选定到期日的报价价差是 LIBOR 与 LIBID 之差。

6.1.2 CD 的收益率

CD 的收益率报价是发行银行的信用质量、在市场上的预期流动性水平及 CD 到期期限的函数，到期期限被认为与货币市场收益率曲线相关。由于 CD 是作为存款机构短期融资和流动性要求的一部分而发行的，其发行量受到贷款需求和潜在借款人替代资源的可获得性的影响。但是，发行银行的信用质量是首要考虑的因素。在美国市场上，"一级" CD 由具有较高评级的本国银行发行，以低于非一级 CD 的收益率进行交易。与此相似，在英国市场上，由清算银行（如苏格兰皇家银行集团国民西敏寺银行、汇丰银行和巴克莱银行等）发行的 CD 支付的收益率最低。在这两个市场上，由外国金融机构，如法国或日本的银行发行的 CD 会以较高的收益率成交。

CD 的收益率高于同期限的政府债券。价差主要来源于 CD 投资者所面临的信用风险，以及 CD 缺乏流动性。由于信用风险引发的价差既随经济条件的一般状况而变化，也随银行系统的信心而变化，当市场风险厌恶高或银行系统危机时价差就会成倍增加。

出于三个原因，欧洲美元 CD 的收益率平均高于美国本国 CD。首先，美联储对美国的银行在美国发行的 CD 要求法定存款准备金，而这个要求不适用于欧洲美元 CD 的发行人。法定存款准备金要求有效地增加了发行银行的资金成本，因为它不能将发行 CD 募集的全部资金都用于投资，而必须作为准备金的那部分资金无法给银行带来收益。因此，由于出售本国 CD 获得资金的收益相对要少，所以本国的发行银行支付给本国 CD 的收益率要低于欧洲美元 CD。其次，发行 CD 的银行必须向 FDIC 支付保险金，这也提高了资金的成本。最后，欧洲美元 CD 是在外国司法管辖下运营的实体支付的美元债务，它使持有人承受其求偿权可能依据外国司法而无法执行的风险（称为主权风险）。因此，在欧洲美元 CD 和本国 CD 收益率价差的一部分反映了所谓的主权风险溢价（sovereign risk premium）。这种溢价根据对国际银行体系的信心程度而变化。图表 6.2 显示的是 2001 年 11 月 6 日各种期限的本国 CD 和欧洲美元 CD 利率的彭博屏幕。注意所有期限的欧洲美元 CD 的利率都高于本国 CD。

自从 20 世纪 80 年代后期，欧洲美元 CD 的流动性显著增强，高风险的预期下降。图表 6.3 显示了从 1999 年 1 月—2001 年 10 月，3 个月期的 LIBOR 与 3 个月期 CD 利率之间价差（基点）的时间序列图。[1]

每周五对利率进行抽样。从图表 6.3 中可见，欧洲美元 CD 和本国 CD 趋势一致，可被视为近似的替代品。这段时期价差的均值是 11.09 个基点。图右侧出现的大幅下跌（-33 个基点）是在 2001 年 9 月 14 日，这是 2001 年 9 月 11 日恐怖袭击后第一个周五观察值。鉴于这周的极端情况，这个观察值可以剔除。

---

① 资料来源：美联储统计发布 H. 15. 。CD 利率是全国 CD 交易中交易商报价的平均值。

图表 6.2 　　　　　　　　CD 和欧洲美元 CD 利率的彭博屏幕

资料来源：彭博金融市场。

图表 6.3 　　　3 个月期 LIBOR 与 3 个月期 CD 利率之间价差的时间序列图

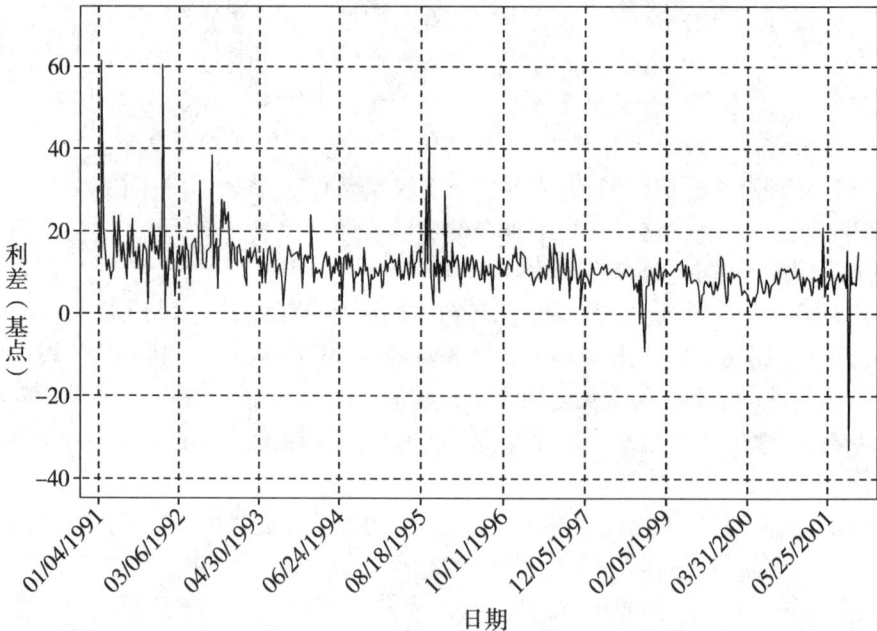

6.2　联邦基金

　　存款机构要求持有准备金以满足它们的法定存款准备金要求。存款机构必须持有的准备金水平基于其前 14 天平均日存款额。为满足要求，存款机构在它们本地的联邦储备银行持有准备金。这些准备金被称为联邦基金。

由于联邦基金不赚取利息，那些持有联邦基金超过要求的存款机构产生了因超额准备金而放弃利息的机会成本。与之相对，也有一些存款机构的联邦基金低于要求。联邦基金市场正是存款机构通过买卖联邦基金以解决这种不平衡的场所。通常，小型的存款机构（如小型商业银行、一些储蓄机构和信用社）总是有超额准备金，而货币中心银行通常准备金短缺，并且必须弥补赤字。美联储通过每日的公开市场业务控制联邦基金的供给。

大多数涉及联邦基金的交易仅持续一夜；也就是说，准备金不足而必须从其他金融机构借入超额准备金的存款机构通常的借款期限是一整天。因为这些准备金只贷出很短的时间，所以联邦基金通常被称为"隔夜资金"。

法定准备金不足的存款机构将准备金提高到要求水平的一个方法是与其他交易对手达成回购协议（见第 8 章）。回购协议（它包括有价证券的出售以及该银行承诺此后将其回购的协议）可以提供短期资金，此后银行按之前的协议回购有价证券。当然，回购协议是银行从持有超额准备金的存款机构借入联邦基金的一个选择。

因此，存款机构将回购市场和联邦基金市场视为近似的替代品。

6.2.1 联邦基金利率

需要资金的存款机构购买（借入）联邦基金以及持有超额准备金的存款机构出售（贷出）联邦基金时的利率叫做联邦基金利率。联邦基金利率是基准的短期利率。事实上，其他短期利率（如国库券）经常随着联邦基金利率的变化而同步变化。联邦基金市场最常用的利率就是有效联邦基金利率。

每日有效联邦基金利率是由主要的纽约经纪人安排的联邦基金交易的利率的加权平均值。为了说明这个均值是如何得到的，假设 10 月 1 日只有两笔交易发生，一笔 5 000 万美元，利率为 2.75%，另一笔 2 亿美元，利率为 2.875%。简单的算术平均值是 2.8125%，计算如下：

$(2.75 + 2.875) / 2$

相反，该日交易的加权平均值应该是 2.85%，计算如下：

$(50/250)(2.75) + (200/250)(02274.275257875 \backslash 5557 \backslash 0) \backslash 560$ [①]

加权平均值超过算术平均值是因为规模较大的交易利率较高。

图表 6.4 显示了 2000 年 10 月 31 日至 2001 年 10 月 31 日一年间每日有效联邦基金利率的彭博屏幕。

当美联储银行制定并执行货币政策时，联邦基金利率通常是一个重要的操作目标。联邦公开市场委员会（FOMC）为联邦基金利率设定一个目标水平。货币政策调整的通告说明 FOMC 对这一利率目标的调整。例如，由于 2000 年至 2001 年美国经济疲软以及 2001 年 9 月 11 日恐怖袭击，FOMC 从 2001 年 11 月 8 日将联邦基金

---

① 疑为原书误，应是（50/250）×2.75 +（200/250）×2.875——译者注。

目标降低 10 次，开始了充满引人注目的宽松的货币政策。图表 6.5 显示了 2000 年 12 月 31 日至 2001 年 11 月 8 日联邦基金利率目标的彭博屏幕。在这段时期，联邦基金利率目标水平从 6.2% 降到 2.0%。因为这个原因，联邦基金利率经常在短期内显示出较高的波动性。为了证明这一点，图表 6.6 显示了 2001 年 8 月 14 日至 2001 年 10 月 31 日期间每日有效联邦基金利率的彭博屏幕。屏幕还显示了联邦基金利率每日波动的范围。在每季度末金融机构忙于资产负债表的"门面"时，这种波动性就特别明显。

图表 6.4　　　　　一年的联邦基金利率时间序列图的彭博屏幕

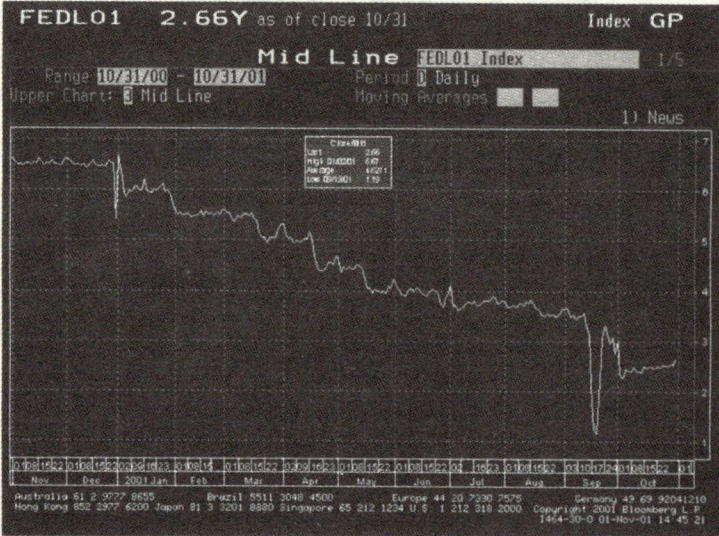

资料来源：彭博金融市场。

图表 6.5　　　　　联邦基金利率目标时间序列图的彭博屏幕

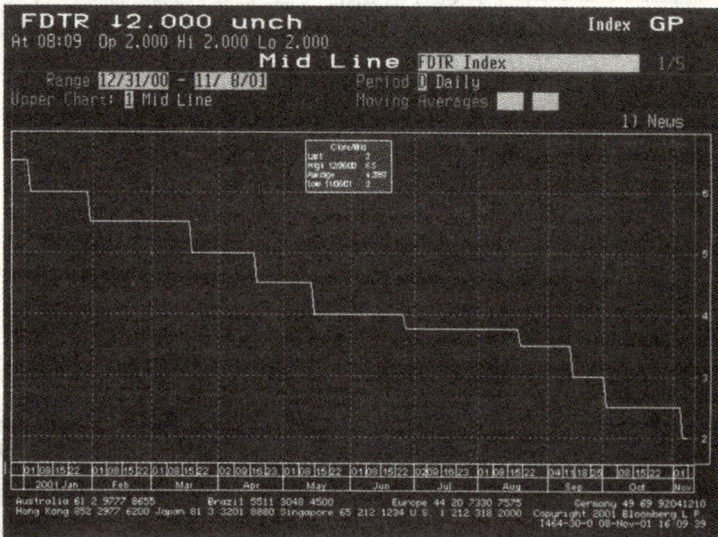

资料来源：彭博金融市场。

图表6.6　　日有效联邦基金利率的彭博屏幕

HELP for explanation, MENU for similar functions.　　DG15 M-Mkt FEDL

FEDERAL FUNDS EFFECTIVE RATE

11/ 1/01　Pricing Format 2 Decimal

Date	EFF	Trade Range	Date	EFF	Trade Range	Date	EFF	Trade Range
10/31/01	2.56	2.25-3.00	10/ 4/01	2.45	2.25-2.75	9/ 7/01	3.44	3.31-3.50
10/30/01	2.55	2.38-2.63	10/ 3/01	2.27	.50-2.75	9/ 6/01	3.52	3.25-3.56
10/29/01	2.55	2.50-2.63	10/ 2/01	2.35	.50-2.63	9/ 5/01	3.49	3.00-3.59
10/26/01	2.51	2.38-2.63	10/ 1/01	3.02	.13-3.75	9/ 4/01	3.67	3.25-3.81
10/25/01	2.54	2.50-2.56	9/28/01	2.75	.13-3.50	9/ 3/01	3.66	-
10/24/01	2.53	2.44-3.00	9/27/01	3.08	2.00-3.50	8/31/01	3.65	3.13 3.75
10/23/01	2.48	2.38-2.56	9/26/01	2.96	1.00-3.19	8/30/01	3.58	3.47-4.00
10/22/01	2.52	2.38-2.63	9/25/01	3.11	2.00-3.31	8/29/01	3.50	3.38-4.00
10/19/01	2.47	2.38-2.69	9/24/01	3.31	2.00-3.75	8/28/01	3.50	3.25-3.75
10/18/01	2.50	2.44-2.56	9/21/01	3.11	1.75-6.00	8/27/01	3.54	3.50-3.63
10/17/01	2.51	2.44-2.75	9/20/01	2.22	1.38-4.00	8/24/01	3.51	3.44-3.63
10/16/01	2.47	2.25-2.63	9/19/01	1.19	.25-7.00	8/23/01	3.55	3.50-3.63
10/15/01	2.51	2.00-2.63	9/18/01	1.25	.06-2.50	8/22/01	3.51	3.00-3.75
10/12/01	2.39	2.25-2.50	9/17/01	2.13	.06-3.50	8/21/01	3.53	3.50-3.63
10/11/01	2.43	2.13-2.50	9/14/01	3.13	.06-4.00	8/20/01	3.64	3.38-3.75
10/10/01	2.42	2.00-2.50	9/13/01	3.31	.50-4.50	8/17/01	3.66	3.38-3.75
10/ 9/01	2.50	2.00-2.75	9/12/01	3.56	3.50-3.50	8/16/01	3.75	3.56-3.81
10/ 8/01	2.42	-	9/11/01	3.50	3.50-3.50	8/15/01	3.83	3.50-3.94
10/ 5/01	2.42	2.25-2.75	9/10/01	3.50	3.38-3.56	8/14/01	3.76	3.50-3.81

Note: Federal Funds Effective Rate is one business day behind.

Australia 61 2 9777 8655　Brazil 5511 3048 4500　Europe 44 20 7330 7575　Germany 49 69 92041210
Hong Kong 852 2977 6200 Japan 81 3 3201 8880 Singapore 65 212 1234 U.S. 1 212 318 2000　Copyright 2001 Bloomberg L.P.
1464-30-0 01-Nov-01 14:59:23

资料来源：彭博金融市场。

6.2.2　联邦基金市场

虽然大多数联邦基金交易的期限是隔夜的，但也有从一周到一年的长期交易。图表6.7显示了2001年10月31日隔夜和长期的联邦基金利率的彭博屏幕。典型的交易直接发生在买卖双方之间，通常是在一家大银行与其代理行之间。有些联邦基金交易要求使用经纪人。经纪人持续与潜在的买卖双方接触并安排交易以收取佣金。经纪人还可以提供另一种服务。由于在该市场中（通常）是无担保贷款，如果贷款人之前与他们没有过任何交易的话，他们可以向贷款人提供借款人的信用分析。

图表6.7　　联邦基金隔夜和长期利率的彭博屏幕

Press 98<GO> to make a copy, 99<GO> to clear news alerts.　M-Mkt MMR

14:44　FED FUNDS OVERNIGHT & TERM　Page 1 / 2

94<GO> View News.

SECURITY	TIME	LAST	CHANGE	OPEN	HIGH	LOW	CLOSE
Fed Effective							
2)FEDL01	10/31	2.66	--	2.66	2.66	2.66	2.66
Fed Funds Target R							
4)FDTR	8:06	2.500	--	2.500	2.500	2.500	2.500
Fed Funds							
6)FDFD	14:30	2.6875	--	2.5625	2.6875	2.5625	2.6875
7)FFTD01W	10:49	2.2900	-.0700	2.2900	2.2900	2.2900	2.3600
8)FFTD02W	10:49	2.2600	-.0800	2.2600	2.2600	2.2600	2.3400
9)FFTD01M	10:49	2.2300	+.0100	2.2300	2.2300	2.2300	2.2200
10)FFTD02M	10:49	2.2000	-.0100	2.2000	2.2000	2.2000	2.2100
11)FFTD03M	10:49	2.1600	--	2.1600	2.1600	2.1600	2.1600
12)FFTD04M	10:49	2.1400	+.0400	2.1400	2.1400	2.1400	2.1000
13)FFTD05M	10:49	2.1300	+.0400	2.1300	2.1300	2.1300	2.0900
14)FFTD06M	10:49	2.1100	+.0300	2.1100	2.1100	2.1100	2.0800
15)FFTD07M	10:49	2.1200	+.0300	2.1200	2.1200	2.1200	2.0900
16)FFTD08M	10:49	2.1400	+.0400	2.1400	2.1400	2.1400	2.1000
17)FFTD09M	10:49	2.1600	+.0400	2.1600	2.1600	2.1600	2.1200
18)FFTD10M	10:49	2.1800	+.0400	2.1800	2.1800	2.1800	2.1400
19)FFTD11M	10:49	2.2100	+.0400	2.2100	2.2100	2.2100	2.1700
20)FFTD12M	10:49	2.2400	+.0200	2.2400	2.2400	2.2400	2.2200

Australia 61 2 9777 8655　Brazil 5511 3048 4500　Europe 44 20 7330 7575　Germany 49 69 92041210
Hong Kong 852 2977 6200 Japan 81 3 3201 8880 Singapore 65 212 1234 U.S. 1 212 318 2000　Copyright 2001 Bloomberg L.P.
1464-30-0 01-Nov-01 14:44:03

资料来源：彭博金融市场。

尽管联邦基金市场交易量非常大，但却无法获得准确的交易规模。在这个市场中，交易规模的一个指标是美联储的美国国内注册的银行的数据。这一系列数据记录了在美国的银行从其他银行借款的月度平均值。在2001年9月的美联储公报中，这一数据是3 623亿美元，和2001年6月份一样。其中较大比例的交易金额是由于联邦基金。这个数字的大小表明了为什么这个市场和这种借款安排是如此重要。

6.3　银行承兑汇票

银行承兑汇票（bankers acceptance）是借款人向银行承诺偿还所借款项的书面承诺。贷款银行贷出资金，并承担向汇票持有人还款的最终责任，因此称为银行承兑汇票。承兑汇票是可转让的，并可在二级市场上出售。购买承兑汇票的投资者可以在付款到期日收回贷款。如果借款人违约，投资者可以向做出第一承兑的银行行使追索权。银行承兑汇票也被称为汇票、银行汇票、贸易汇票或商业汇票。

实质上银行承兑汇票的产生是为了便于商业贸易交易。使用银行承兑汇票为商业交易融资被称为承兑融资。产生承兑汇票的交易包括货物进出口（进出口商都不在本国，而在两个海外国家之间的货物存储和装运）[1]，以及在本国的两个实体之间的货物存储和装运。

银行承兑汇票与国库券和商业票据一样，都是以贴现方式出售的。银行发行银行承兑汇票向客户收取的利率是银行认为它可以在二级市场上卖出该票据的利率的函数。佣金也加在这个利率上。银行承兑汇票的主要投资者是货币市场共同基金和地方政府实体。

近年来，由于其他形式的融资，银行承兑汇票的重要性有所下降。图表6.8显示了1980—2000年每年银行承兑汇票的余额（10亿美元）。这种下降有几个原因。一是金融脱媒的上升导致企业对融资的依赖下降，他们有更广泛的融资选择（如商业汇票）。二是低流动性导致发行量下降等的恶性循环。三是在1984年7月，美联储在执行公开市场业务时不再以银行承兑汇票作为回购协议的抵押品。[2]

6.3.1　银行承兑汇票的产生

大多数有效解释银行承兑产生的方式是通过举例。以下是虚构的参与者：

- PCs For Less plc，一家在伦敦出售各种信息设备的公司
- Kameto Ltd.，日本的一家个人电脑制造商
- ABC Bank plc，伦敦的一家清算银行
- Samurai Bank，日本的一家银行
- Palmerston Bank plc，伦敦的一家银行
- Adam Smith Investors plc，爱丁堡的一家货币市场基金

---

[1]　为这种交易融资而产生的银行承兑汇票被称为第三方承兑汇票。
[2]　在英国市场上，类似的情况导致了银行汇票市场的萎缩。

图表 6.8

银行承兑汇票余额

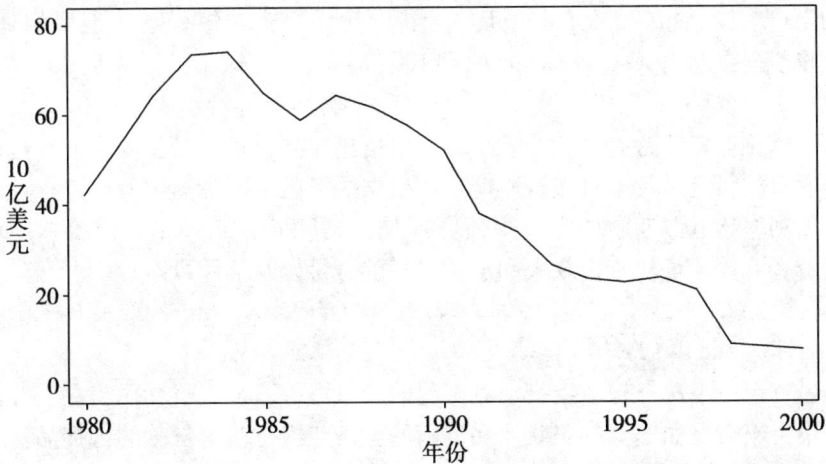

资料来源：债券市场协会。

PCs For Less 和 Kameto Ltd. 即将达成一笔交易，在这笔交易中 PCs For Less 会进口价值 100 万英镑的个人电脑。然而，Kameto Ltd. 关心在其交货后 PCs For Less 付款的能力。为了解决这种不确定性，双方决定使用银行承兑汇票融资为交易付款。该交易的条款是 PCs For Less plc 必须在个人电脑装运至英国的 60 天内支付货款。在决定是否愿意接受 100 万英镑时，Kameto Ltd 必须计算这笔金额的现值，因为在货物装运 60 天后才能收到这笔金额。因此双方达成以下协议：

■ PCs For Less plc 和它的银行 ABC Bank plc 协商，开出信用证（LOC，也称定期汇票）。信用证表明 ABC Bank plc 将保证 PCs For Less plc 在装运后 60 天向 Kameto 支付 100 万英镑。ABC Bank plc 把信用证发给 Kameto 的银行，即 Samurai Bank。一旦收到信用证，Samurai Bank 就会通知 Kameto，它随后发货。在个人电脑装运后，Kameto 向 Samurai Bank 提交运输单据，然后收到 100 万英镑的现值。Kameto Ltd 完成交易。

■ Samurai Bank 向 ABC Bank plc 提交信用证和运输单据。后者将在信用证上盖上已承兑字样，由此产生了银行承兑汇票。这意味着 ABC Bank plc 同意在银行承兑汇票到期日向银行承兑汇票的持有人付款。PCs For Less plc 只要与 ABC Bank plc 签署票据或其他一些融资协议后，就可以拿到运输单据并取走个人电脑。

在这一点上，银行承兑汇票的持有人是 Samurai Bank，它有如下两个选择：（1）银行可以在其贷款资产组合中保留银行承兑汇票；（2）它可以要求 ABC Bank plc 支付 100 万英镑的现值。我们假定 Samurai Bank 选择要求支付 100 万英镑的现值。那么现在银行承兑汇票的持有人就是 ABC Bank plc。它也有两个选择：（1）它可以将银行承兑汇票作为投资保留；（2）它可以出售给其他投资者。同样，假定它选择了后者，它的一个客户 Adam Smith Investors，这家公司对和银行承兑汇票有同样到期日的高质量有价证券感兴趣。因此，ABC Bank plc 把银行承兑汇票按该票据的到期期限和信用质量相关的贴现率计算出来的 100 万英镑的现值出售给

Adam Smith Investors。或者它也可以把银行承兑汇票出售给另一家也制作银行承兑汇票的银行，如 Palmerston Bank plc。无论哪种情况，在银行承兑汇票的到期日，持有人将票据提示给 ABC Bank plc 收到 100 万英镑，而该银行再从 PCs For Less plc 收回款项。

银行承兑汇票的持有人承受两个方面的信用风险：初始借款人不能支付银行承兑汇票面值的风险以及承兑银行不能赎回票据的风险。因为这个原因，银行承兑汇票支付的利率比近似期限的无风险债券（如美国国库券）高出一个价差。承兑汇票的投资者需要了解初始借款人和承兑银行的身份以及信用风险。

6.3.2　合格的银行承兑汇票

在投资组合中选择保留银行承兑汇票的承兑银行，可以将其作为在公开市场业务中从中央银行，如美国的美联储和英国的英格兰银行获得贷款的抵押品。并非所有的承兑汇票都有资格作为抵押品，它必须满足中央银行规定的一定标准。合格的主要要求是承兑汇票的期限不能超过一定期限（在美国最长是 6 个月，英国是 3 个月），并且必须是为一项自偿性的商业交易融资。在美国，由于美联储对由不合格的银行承兑汇票筹集的资金有准备金要求，因此合格性很重要。承兑银行出售的银行承兑汇票是银行潜在的负债，但准备金要求限制了银行可以发行合格的银行承兑汇票的金额。在中央银行对合格的承兑汇票的贴现率比不合格的要低，并且在二级市场上作为定价的基准。

6.4　融资协议

融资协议（funding agreements，FAs）是由保险公司发行的短期债务工具。具体来说，融资协议是由保险公司提供给保单持有人按约定时间获得息票支付和到期收回本金的权利的合约。这些合约是由保险人一般账户或独立账户担保的。FAs 不公开交易，因此比其他货币市场工具，如商业票据更缺乏流动性。近年来，中期票据（美国 MTN 和全球 MTN）越来越流行。由 FAs 的组合所支持的现金流可以证券化。2000 年穆迪估计，由 FAs 支持的证券余额约为 200 亿美元。①

息票利率可以是固定的也可以是浮动的。其参考利率包括美国国库券利率、LIBOR、商业票据利率、联邦基金利率和最优惠利率。FAs 独特的特点是，该债券的持有人拥有一个 7 天、30 天、90 天、180 天或一年到期的嵌入式看跌期权。因此，FAs 可按面值回售给发行人。FAs 的收益率取决于发行人的信用质量、嵌入式看跌期权的结构和到期期限。

和许多金融工具一样，FAs 也有自身的缺点。具体来说，由于信用风险和一次重大的违约导致投资者对该产品的关注度增加。1999 年 8 月，当投资者回售公司

---

① 穆迪的特别评论 "Institutional Investment Products: The Evolution of a Popular Product," April 2000, Moody's Investor Services. New York。

发行的 FAs 时，通用美国人寿保险公司未能满足其要求的利息和本金赎回。该期权在 7 天之内可以回售。投资者执行看跌期权，随后数家评级机构降低该保险公司评级。在大都会人寿保险公司收购通用美国人寿保险公司并偿还其债务时，投资者最终收到付款。由于这一事件，发行 FAs 的人寿保险公司做出各方面努力以吸引投资者对这一产品的关注。特别是，在 1999 年以前，大多数 FAs 在 7 天之内可以回售。现在这些合约往往在更长的时间内可以回售。此外，使用 FAs 支持没有看跌期权的中期票据的用法越来越多。

FAs 的主要投资者是货币市场共同基金——机构主导型基金和零售主导型基金。[①] 短期可回售 FAs 是按 2a－7 合格的货币市场共同基金投资分类构建的，因为正如我们之前提到的，它们不能公开交易，它们是非流动性投资。自 2001 年中期开始，7 家最大的机构主导性货币市场基金开始持有 FAs。向机构主导型货币市场基金发行 FAs 的前五名是：全美人寿、Monumental 人寿、纽约人寿、好事达人寿、杰信人寿。向零售型货币市场基金发行 FAs 的发行人主要有：Monumental Life、旅行者、大都会、通用人寿及年金保险有限公司和太平洋人寿。十大零售型的货币市场基金中有五个从 2001 年中期开始投资于 FAs。

穆迪在 2001 年 10 月的研究调查中表明了为何货币市场共同基金会投资 Fas。[②] 原因如下：

1. FAs 是有吸引力的短期投资。
2. FAs 的评级高并且是“价值稳定”型产品。
3. FAs 作为一种成熟的产品受到投资者的喜爱。

[①]　本段资料来源于 "Update on Short-Term Putable Funding Agreements," Moody's Investor Services, October 2001。

[②]　"Update on Short-Term Putable Funding Agreements," p. 9.

第 **7** 章　浮动利率债券

现金管理者不仅投资于短期固定利率债券，也投资于在利率变化时表现出较小价格波动的浮动利率债券。在这一章中，我们将讨论浮动利率债券（或简称为"浮动债券"）的一般特征，其价格波动的特点，以及市场参与者采用的"利差"量度。目前在机构信用债券和公司债券市场中都有浮动债券。另外在抵押贷款支持和资产支持证券市场也有浮动利率产品。这些证券连同在这些市场上产生的短期固定利率产品将一起在第 9 章和第 10 章进行讨论。

7.1　浮动债券的一般特征

浮动债券就是息票利率在指定日期根据指定的参考利率进行重置的债务。单纯浮动债券（没有嵌入式期权的浮动债券）的息票利率公式可以表示如下：

息票利率＝参考利率 ± 利差

利差是发行人同意在参考利率基础上所做的调整（以基点为单位）。例如，一个由安然公司发行的，于 2000 年 3 月 30 日到期的浮动利率债券。[①] 这个浮动债券按季度产生的现金流，其息票利率公式等于 3 个月期 LIBOR 加 45 个基点。

在浮动利率债券规则下，有几种不同类型的债券，其特点是息票利率在整个票据期限内是变化的。浮动债券的息票利率可以每半年、每季度、每月或每周重置一次。所谓"可调整利率"或"可变利率"通常是指那些息票利率不超过一年重置或基于更长期利率重置的债券。我们把浮动利率债券和可调整利率债券都看作浮动债券。

如前所述，参考利率是出现在浮动债券息票利率公式里的利率或指数，它用于每个重置日，在由嵌入式利率上限或下限规定的范围内，决定息票利息的支付。常见的参考利率有 LIBOR（包括不同的到期日）、国库券收益率、最优惠利率、联邦基金利率，以及本国 CD 利率。还有其他的参考利率被应用在更专业的应税固定收益市场，如抵押贷款支持债券和资产支持债券市场。例如，可调整利率抵押贷款（ARMs）或抵押贷款担保（CMO）浮动债券，最常用的参考利率包括：（1）1 年期固定期限国库券利率（1 年期 CMT）；（2）第十一区资金成本指数（COFI）；（3）6 个月期 LIBOR；（4）国家资金成本指数的月度中位数。

---

① 本例提醒投资者，必须始终保持信用风险的意识。

7.1.1 息票利率的限制

浮动债券常对息票利率的浮动范围加以限制。具体来说，一个浮动债券可能会对那些将在某一重置日支付的最高息票利率加以限制。这就是所谓的上限。假设一个浮动债券，其息票利率公式为 3 个月期 LIBOR 加 50 个基点，上限为 7.5%。如果 3 个月期 LIBOR 在息票利率重置日那天为 8%，那么新的息票利率为 8.5%。然而，上限限制了息票利率最高为 7.5%。显然，从投资者的观点来看，上限是一个没有吸引力的特征。

反过来，浮动债券也可以指定一个最低息票利率，称为下限。例如，芝加哥第一银行（现芝加哥第一国民银行公司）在 1993 年 7 月发行，于 2003 年 7 月到期的有下限浮动利率债券。这次发行按季度进行息票支付，息票利率是 3 个月期 LIBOR 加 12.5 个基点，下限为 4.25%。因此，如果 3 个月期 LIBOR 降至低于 4.125%，息票利率仍将维持在 4.25%。从投资者的角度看，下限是一个具有吸引力的特征。

当一个浮动债券同时具有上限和下限时，被称为双限（collar）。这样具有双限的浮动债券的息票利率有最高值和最低值。例如，经济发展公司在 1993 年 2 月发行的，双限浮动债券，每半年付息一次，并于 2003 年到期。其息票利率公式等于 6 个月期 LIBOR 平价，下限为 5%，上限为 8%。[①]

7.1.2 反向浮动利率债券

虽然浮动债券的息票利率通常和参考利率同向变动，但也有一些浮动债券是与参考利率反方向变动的。这种债券被称为反向浮动债券或逆向浮动债券。反向浮动债券的一般息票利率公式为：

  K − L × （参考利率）

从公式中可以很容易看出，随着参考利率的上升（下降），息票利率相应地下降（上升）。

例如，一家联邦住房贷款银行 1999 年 4 月发行，于 2002 年 4 月到期的反向浮动债券。该债券按季度根据以下利率进行息票支付：

  18% − 2.5 × （3 个月期的 LIBOR）

此外，这个反向浮动债券的下限为 3%，上限为 15.5%。注意，这个浮动债券息票重置公式中的 L 值（称为息票杠杆，coupon leverage）为 2.5。假设没有利率上限和下限的制约，意味着 3 个月期的 LIBOR 每变化一个基点，息票利率会以相反方向变动 2.5 个基点。当 L 值大于 1 时，此债券被称为杠杆反向浮动债券。

不幸的是，一些货币市场投资者购买反向浮动债券，是因为相信这些浮动利率产品在利率下降时可以进行套期保值。虽然参考利率下降时，息票利率确实上升，但反向浮动债券有一个不利的性质，即它们的久期通常会很高。也就是说，它们通

---

① 这里，术语平价表示没有利差，或利差为零。

常有一个很高的有效久期，这一特征并不被那些仍旧将"久期"视为短暂期限（一年）的管理者所理解。当然，反向浮动债券的这两个特征，即当利率下降时，息票利率会更高以及价格大幅上升缘于较高的有效久期，吸引了预期利率下降的管理者。但显然，这并不是那些寻求在利率变化时保持投资组合稳定价值的管理者所应该追求的方式。

7.1.3　其他类型的浮动债券

有很多种类的浮动债券具有独特的特点，使其可以吸引各种类型的投资者。例如，一些浮动债券在其有效期内的某些特定期间可以改变利差（在息票利率重置公式中加上或减去一个价差）。因为利差在该期间可以升至更高或降至更低的水平，因此这种债券被称为变动利差浮动债券（stepped spread floaters）。现在来看一个渣打银行发行的，于 2006 年 12 月到期的浮动债券。从其 1996 年 12 月发行，至 2001 年 12 月期间，息票利率公式为 3 个月期的 LIBOR 加上 40 个基点。然而，从 2001 年 12 月至到期日，其利差提高到了 90 个基点。

范围票据（range note）也是一种浮动债券，其息票利息支付由其约定的参考利率在预先设定的双限范围内保持不变的天数来决定。例如，Sallie Mae 在 1996 年 8 月发行的区间票据，于 2003 年 8 月到期，每季度支付息票利息。在一个季度中，3 个月期的 LIBOR 在 3% ~9% 之间的各天，投资者都按 3 个月期 LIBOR 加 155 个基点的利率收取利息；在 3 个月期的 LIBOR 超过这个双限的各天，按利率为 0 计息。

还有一些浮动债券，其息票利率公式包括不止一个参考利率。双指数浮动利率债券就是一个例子。其息票利率公式通常为一个固定的百分比加上两个参考利率之间的差价。如联邦住宅贷款银行系统 1993 年 7 月发行的浮动债券，于 1996 年 7 月到期，其息票利率为 10 年期固定期限政府债券利率与 3 个月期 LIBOR 之差再加上 160 个基点。

尽管对于大多数浮动债券，参考利率是一个利率或利率指数，但还是有很多种类的参考利率出现在息票利率公式中。对结构性债券来说更是这样。潜在的参考利率包括汇率的变动、商品价格（如黄金）、股票指数变动（如标准普尔 500 指数）及通货膨胀指数（如 CPI）。金融工程师们有能力用几乎任何一种参考利率构建浮动债券。例如，美林债券于 1983 年 4 月发行的，1999 年 12 月到期的股票市场重置定期票据。这些票据依据标准普尔 MidCap400 的年收益率乘以 0.65 的公式，每半年付息一次。其利率上限为 10%，下限为 3%。

当然，这些非传统的（非利率作为参考利率）浮动债券也使投资组合暴露出不同类型的风险。此外，它们中的一些不易于定价——对于现金投资组合这不是一个令人满意的特点。

7.1.4　可赎回和提前偿还条款

和固定利率债券一样，浮动债券也可以赎回。可赎回权赋予发行人在约定的到期日之前赎回债券的权利。可赎回权在未来可能会对发行者有利的原因有两个。首先，市场利率可能会下降，这样发行人就可以执行期权，结束浮动债券，并以固定利率债券作为替代。其次，当要求的利差下降时，发行人可以赎回债券，并以更低利差的浮动债券替代。① 由于收回的款项必须以更低的利率或更低的利差进行再投资，所以发行人的可赎回权对投资者来说是不利的。因此，那些在发行浮动债券时希望包含可赎回权的发行人，必须通过提供更高的利差来补偿投资者。

对于那些由按计划偿还本金的贷款支持的分期偿还债券（如抵押贷款支持债券和一些资产支持债券），个人借款人通常有权在规定日期之前选择全部或部分地偿还贷款。任何超出计划金额的本金偿还都被称为提前偿还。借款人可以提前偿还的权利被称作提前偿还权。基本来说，提前偿还权类似于可赎回权。但与可赎回权不同的是，没有可赎回价格，可赎回价格取决于借款人何时能清偿债务。通常提前偿还贷款的价格就是其面值。

7.1.5　回售条款

浮动债券还包括一种回售条款，它赋予债券持有者在指定日期按约定的价格将债券回售给发行人的权利。约定价格被称为回售价格。不同债券的可回售结构可以变化。一些债券允许持有者在任何息票支付日要求发行人赎回债券。而其他债券只允许在息票利率调整时可以执行回售的权利。

回售条款对于浮动债券的持有者来说，其优点在于债券发行后，按面值交易的浮动债券市场所要求的利差高于债券报出的利差，若没有回售权，浮动债券的价格将会下降。但如果有回售权，投资者可以强制发行人按回售价格购回债券，然后将该款项再投资于有更高利差的浮动债券。

7.2　浮动债券的价格波动特征

当市场利率变化时，固定利率债券价格的变化取决于债券的息票利率与现行市场利率的差额。因此，打个比方，一个投资者按面值购买了一个 10 年期息票利率为 7% 的债券，那么他将发现，如果市场要求的收益率大于 7%，则债券价格降至面值以下。相比之下，对浮动债券来说，息票利率会定期地重置，减少了其价格对利率变化的敏感度。正是由于这个原因，浮动债券被认为是更具"防御性"的债券。然而，这并不意味着浮动债券的价格不会改变。

① 要求的利差是市场为补偿存在于债券当中的风险而要求的价差（可以为正也可以为负）。如果要求的利差等于报出的利差，那么在息票利率重置日浮动债券的价格将会等于面值。

7.2.1　影响浮动债券价格的因素

浮动债券价格的变化取决于以下因素：

1. 到下一息票利率重置日剩余的时间；

2. 市场要求的利差是否变动；

3. 是否达到上限或下限。

下面，我们将讨论这些因素的影响。

到下一息票利率重置日剩余的时间

到下一息票利率重置日的时间越长，浮动债券潜在的价格波动越大。反过来，到下一息票重置日的时间越短，浮动债券潜在的价格波动越小。

为了理解其中的原因，考虑一个距到期日还有 5 年的浮动债券，其息票利率公式为 1 年期国库券利率加上 50 个基点，并且，当 1 年期国库券利率为 5.5% 时，息票利率会在当天重置，息票利率将被设置为 6%。从现在起 1 个月后，这种浮动债券的投资者将会有效地拥有一个 11 个月期、息票利率为 6% 的债券。假设在那时，市场要求同样还有 11 个月到期的债券的收益率为 6.2%。那么，我们的浮动债券的利率低于市场利率（6% 与 6.2% 相比）。浮动债券的价格必须降到面值以下，以此补偿低于市场的收益率。类似地，如果市场要求同样还有 11 个月到期的债券的收益率低于 6%，那么浮动债券将以高于面值的价格交易。对于没有达到上限或是市场要求的利差与报出的利差没有差别的浮动债券来说，每日重置的浮动债券将会以面值交易。

市场要求的利差是否变动

在浮动债券首次发行时，发行者将会根据市场条件设定利差，从而使债券以接近面值的价格交易。如果在首次发行之后，市场要求更高的利差，那么债券的价格将会下降以反映更高的利差。我们应该把市场要求的利差作为必要的利差。例如，一个息票利率公式为 1 个月期的 LOBOR 加上 40 个基点的浮动债券。如果市场条件改变导致要求的利差增加到 50 个基点，这个浮动债券报出的利差比市场要求的低，因此浮动债券的价格将会下降到面值以下。如果要求的利差比报出的利差低——在我们的例子中是要求的利差低于 40 个基点，那么交易价格高于面值。

对于一个具体的债券而言，其要求的利差取决于：（1）在具有竞争性的资金市场中适用的利差；（2）债券的信用质量；（3）存在嵌入式可赎回权或回售权；（4）债券的流动性。对于浮动债券，另一种可以选择的资金来源是银团贷款。因此，要求的利差将会受到银团贷款市场上使用的利差的影响。

源于信用质量的那部分要求的利差被称为信用利差。使市场要求的信用利差增加的风险被称为信用利差风险。信用利差风险不仅应是个别债券，也应是一个部门乃至整个经济关注的对象。例如，个别发行人的信用利差的变化，并不是因为该发行人，而是因为一个部门乃至整个经济。

要求的利差的一部分将会反映与浮动债券有关的可赎回风险。因为可赎回条款对投资者来说是不利的，感受到的可赎回风险越高，发行时的利差越高。发行后，感受到的可赎回风险和源于这种风险的利差将会相应地变动，这些取决于利率和利差在市场上如何变化。相较于这种源于可赎回条款的可赎回风险，回售条款对于投资者来说是有利的。如果一个浮动债券以面值回售，所有其他的因素不变，那么在接近回售日时，其价格应该按面值交易。

最后，发行时利差的一部分将会反映债券感受到的流动性。当市场参与者认为债券的流动性将会变差时，由于流动性而要求的利差增加的风险被称为流动性风险。那些非传统的浮动产品的投资者特别关注流动性风险。

是否达到上限或下限

对于一个有上限的浮动债券来说，一旦按照息票利率公式规定的息票利率上涨超过了上限，浮动债券便会提供一个低于市场的息票利率，并且其价格将会下降到面值以下。上限的利率低于现行的市场利率越多，浮动债券就会越像固定利率债券那样交易。由于达到上限而导致浮动债券价值下降的风险被称为上限风险。

另一方面，如果浮动债券有下限，一旦达到了下限，所有其他的因素不变，那么其将会按面值交易，或者如果息票利率高于具有可比性的债券的现行利率，浮动债券将会按溢价进行交易。

7.2.2 浮动债券的久期

我们只是描述了在其他所有因素不变的情况下，浮动债券的价格如何对要求的利差的变动做出反应。久期被管理者用来度量任何债券或投资组合的价格对利率变动的敏感程度。基本上，债券的久期是债券价格或投资组合价值对利率变动 100 个基点的近似百分比变动。

已经有两种方法可以用来估计浮动债券对息票利率公式中每个元素的敏感程度。指数久期是浮动债券的价格对利差不变时参考利率变动的敏感程度。利差久期是衡量浮动债券的价格对参考利率不变时利差或报出的利差（quoted margin）变动的敏感程度。

7.3 利差度量

浮动债券市场的参与者通常会参考多种利差的度量方法，也就是债券以高于其参考利率进行交易的那一部分。这些方法包括终身利差、调整后的简单利差、调整后的总利差、贴现利差以及期权调整利差。我们在解释这些度量方法的同时，还要说明其局限性来总结这一章。所有的这些利差度量方法都可以在彭博收益描述（YA）屏幕上获得。现在，我们从讨论当期收益率的概念以及如何比较不同重置日的浮动债券开始。

7.3.1　当期收益率

浮动债券的当期收益率是由债券的年美元现金流（假设参考利率在整个债券有效期内是不变的）除以市场价格计算得来的。当期收益率的公式为：

$$当期收益率 = \frac{年美元现金流}{价格} \tag{1}$$

为了说明这一计算公式，假设一个 6 年期，以 99.3098 美元出售的浮动债券的息票利率公式为 6 个月期的 LIBOR 加上 80 个基点（利差）。息票利率每 6 个月重置一次。假设当前的参考利率为 10%，其计算如下：

年美元现金流 = $100 × 0.1080 = $10.80

$$当期收益率 = \frac{\$10.80}{\$99.3098} = 0.10875 = 10.875\%$$

当期收益率作为一种潜在回报的度量方法，存在很多缺点。第一，这种方法假设参考利率在整个债券有效期内是不变的。第二，当期收益率只考虑息票利息，而没有考虑其他影响投资者收益的来源。简而言之，当期收益率假定浮动债券提供了一个永久年金。第三，当期收益率忽略了嵌入式期权的潜在影响。

比较具有不同重置日的浮动债券

为了比较两个具有不同重置日的浮动债券的当期收益率，利用一种被称为加权平均利率的调整。比较需要两个假设条件：（1）这两个浮动债券的息票支付都是使用相同的参考利率决定；（2）息票支付的重置频率相同（如每半年，每月等）。这就假定，如果两个债券都具有这些特征，那么无论它们各自的到期期限如何，都会有相同的当期收益率。

加权平均利率不过是某一预期持有期简单加权平均息票利率，其权重是在息票重置日之前的持有期和在息票重置日之后的持有期。（假设持有期只包含一个息票重置日，相应地，假定投资者正在考虑购买浮动债券作为货币市场工具的一种选择。）在重置日，假设新的息票率是经过利差调整的参考利率的当前值。加权平均利率公式如下：

$$加权平均利率 = \frac{（当前息票利率 × w）+ \left[假设的新息票利率 × （1-w）\right]}{持有期天数} \tag{2}$$

其中，w 是距息票重置日的天数除以预期持有期的天数。浮动债券的当期收益率则是由加权平均利率除以市场价格决定的。

为了说明该计算方法，假设一个投资者考虑购买预期持有期为 180 天的两个浮动债券中的一个。两个候选的债券具有完全相同的息票利率公式，均为 6 个月期 LIBOR 加上 90 个基点。当前债券 A 的息票利率为 6.8%，期限 3 年，交易价格 99.50 美元。当前债券 B 的息票利率为 7%，期限 5 年，交易价格 99.125 美元。这两个债券的息票重置日也有所不同：债券 A 在 30 天内重置，而债券 B 在 90 天内重置。假定当前的参考利率（6 个月期 LIBOR）为 6.20%。则债券 A 和债券 B 的新息票利率均为 7.10%，因为它们具有相同的利差。

债券 A 的加权平均利率以及利用加权平均利率得到的当期收益率计算如下：

$$加权平均利率 = \frac{6.8\% \times 30 + 7.10\% \times 150}{180} = 7.05\%$$

$$年美元现金流 = \$100 \times 0.0705 = \$7.05$$

$$利用加权平均利率得到的当期收益率 = \frac{\$7.05}{\$99.50} = 0.07085 = 7.085\%$$

债券 B 的加权平均利率以及利用加权平均利率得到的当期收益率计算如下：

$$加权平均利率 = \frac{7\% \times 90 + 7.10\% \times 90}{180} = 7.05\%$$

$$年美元现金流 = \$100 \times 0.0705 = \$7.05$$

$$利用加权平均利率得到的当期收益率 = \frac{\$7.05}{\$99.125} = 7.11\%$$

虽然债券 A 有一个较低的息票利率，但是它很快会重置为更高的利率。因此，这两个债券的当期收益率比投资者预期的更接近。

7.3.2　利差的度量方法

通常用来评估浮动债券的收益率利差或利差的度量方法有几种。四种常用的利差是终身利差、调整后的简单利差、调整后的总利差和贴现利差。我们将以安然公司发行的 2000 年 3 月 30 日到期的一个浮动利率债券（债券代码"ENE 03/00"）为例说明这些利差的计算方法。这个债券不包含嵌入式期权。其息票利率公式为 3 个月期 LIBOR 加上 45 个基点，并且每季度付息一次。彭博收益描述屏幕（YA）如图表 7.1 所示。我们将会逐一说明这四种利差的计算方法。

图表 7.1　　　　　彭博关于浮动债券的收益描述屏幕

```
2                                                              DG41 Corp    Y A
   ENTER ALL VALUES AND HIT <GO>.
   ENRON CORP              ENE Float 03/00   N O T   P R I C E D
                           F L O A T I N G   R A T E   N O T E S
   ┌───────────────────────┐ ┌──────────────────────────────────────────────┐
   │    I N P U T S        │ │ DATE   FIX RATE │ DATE  FIX RATE │ DATE  FIX RATE│
   │ SETTLE DATE   4/20/99 │ │ 3/30/99  5.45000│               │               │
   │ MATURITY      3/30/00 │ │ 6/30/99         │               │               │
   │ PREV PAY DATE 3/30/99 │ │                 │               │               │
   │ NEXT PAY DATE 6/30/99 │ │                 │               │               │
   │ REDEMPTION   100.0000 │ │                 │               │               │
   │ CPN FREQUENCY    4    │ │                 │               │               │
   │ REFIX FREQ       4    │ │                 │               │               │
   │ BENCHMARK  US00 -3 MNTH│ │                │               │               │
   │ ASSUMED INDEX  5.0000 │ │                 │               │               │
   │ QUOTED MARGIN  45.000 │ │                 │               │               │
   │ REPO TO  6/30/99 4.9755│ ┌──────────────────────┐ ┌─────────────────────┐
   │ INDEX TO 6/30/99 4.9755│ │ FACE AMOUNT(M)    1000│ │M/M EQUIV TO NEXT FIX │
   │    P R I C E S        │ │ PRINCIPAL   999900.00 │ │PRICE @ FIX = 99.991  │
   │ PRICE        99.99000 │ │ ACCRUED INTEREST 3179.17│ │ON 6/30/99   71 DAYS │
   │ NEUTRAL PRICE 99.99089│ │ TOTAL      1003079.17 │ │CD(ACT/360) = 5.438  │
   │ ADJUSTED PRICE 99.90031│ │                      │ │FIX PRICES? (Y/N) N  │
   └───────────────────────┘ └──────────────────────┘ └─────────────────────┘
   ADJUSTED SIMPLE MARGIN      55.458 BPS  ( 5.555) SPREAD FOR LIFE
   ADJUSTED TOTAL MARGIN       55.957 BPS  ( 5.560)    46.05 BPS
   DISCOUNT MARGIN             46.231 BPS  ( 5.462) VOLATILITY = 0.00

   Copyright 1999 BLOOMBERG L.P.  Frankfurt:69-920410  Hong Kong:2-977-6000  London:171-330-7500  New York:212-318-2000
   Princeton:609-279-3000  Singapore:226-3000  Sydney:2-9777-8686  Tokyo:3-3201-8900  Sao Paulo:11-3048-4500
                                                       G279-532-3 15-Apr-99 17:34:08
```

资料来源：彭博金融市场。

终身利差

当浮动债券溢价或者折价发行时，其潜在的购买者会把溢价或折价当做是一种美元收益的额外来源。终身利差（也称为简单利差，simple margin）是一种对考虑了折价（或溢价）的增值（或者摊销），以及在债券剩余期限中的固定指数利差的潜在回报的度量。终身利差计算公式如下：

$$终身利差 = \left[\frac{100\ (100 - P)}{到期期限} + 报出的利差 \right] \times \frac{100}{P} \tag{3}$$

其中，P是市场价格（面值为100美元），到期期限使用适当的日算规则，按年计算。报出的利差以基点度量。

为了说明这一计算过程，以安然公司发行的浮动债券为例分析。该债券当前息票利率为5.45，到期期限为345天，或按照实际天数/360的规则计算为0.9583年。尽管如屏幕中心上部的"无价格"字样所示，该浮动债券没有当前的市场报价，我们可以用99.99美元的彭博违约价格作为市场价格P值。该简单利差的计算公式如下：

$$终身利差 = \left[\frac{100 \times\ (100 - 99.99)}{0.9583} + 45 \right] \times \frac{100}{99.99} = 46.0481\ （基点）$$

如图表7.1所示，在收益描述屏幕的底部有一个标有"利差"字样的方框。安然浮动债券的终身利差是46.06。我们计算的结果和彭博的结果之间的细微差别可能是由于舍入误差造成的。另外，终身利差只考虑了在债券剩余期限的溢价或折价的增值或摊销，而没有考虑息票利率的水平以及货币的时间价值。

调整后的简单利差

调整后的简单利差（adjusted simple margin）（也称为有效利差，effective margin）是一种对终身利差的调整。如果浮动债券是通过借入资金购买的，这种调整考虑了一次性持有成本效应。假设一个投资者购买了1 000万美元的某种浮动债券。杠杆式的投资者有很多种可选择的方法来为此头寸进行融资，最常用的是通过回购协议。无论选择何种方式，考虑到从结算日至下一个息票重置日的持有成本，投资者都必须对该浮动债券的价格进行一次性调整。给定一个融资利率，就可以确定至下一个息票重置日的持有调整后的远期价格。一旦持有调整后的价格确定，浮动债券的调整后价格就是将持有调整后的价格以参考利率贴现至结算日。和前面一样，参考利率仍假定为直到到期日都不变。值得注意的是，持有成本的调整只是对浮动债券购买价格的简单调整。如果持有成本为正（或负），购买价格将向下（或向上）调整。浮动债券的调整价格计算如下：

$$调整后的价格 = P - \frac{[息票利率 \cdot 100 -\ (P + AI)\ \cdot rf] \cdot w}{1 + wrr_{avg}} \tag{4}$$

其中，息票利率 = 当前的浮动债券息票利率（以小数表示），P = 市场价格（面值为100美元），AI = 应计利息（面值为100美元），rf = 融资利率（如回购协议利率）（以小数表示），$w = \dfrac{结算日至下一个息票支付日之间的天数}{一年中按适当的日算规则计算的天数}$，$rr_{avg}$ = 假定的直至到期日的参考利率（平均）值（以小数表示）。

为了说明上述计算公式，我们再次以安然浮动债券为例。以下信息取自收益描述屏幕（YA），如图表 7.1 所示。从屏幕左侧的"价格"一栏中得到市场价格为 99.99。息票利率我们使用"固定利率"一栏中的 0.0545（小数表示）。应计利息为 0.3179（面值为 100 美元）。在"输入"栏中，我们能找到下一重置日期的回购利率（0.049755）。结算日（4/20/99）到下一次息票重置日（6/30/99）之间有 71 天，并且该天数的日算规则是实际天数/360。根据这些信息，可知，w = 71/360 或者 0.1972。最后，假定的直到到期日的参考利率值（rr_{avg}）就是当前的参考利率，其数值为 0.05（以小数表示），并且在"输入"部分标注为"假设的指数"。

$$调整后的价格 = 99.99 - \frac{[0.0545 \times 100 - (99.99 + 0.3179) \times 0.049755] \times 0.1972}{1 + 0.1972 \times 0.05}$$

$$= 99.90033 （基点）$$

彭博计算出来的调整后的价格为 99.90031，该数据可在"价格"一栏中查到。

一旦确定了调整后的价格，调整后的简单利差可按下列公式计算得到。

$$调整后的简单利差 = \left[\frac{100 \times (100 - P_A)}{到期期限} + 报出的利差\right] \times \frac{100}{P_A} \qquad (5)$$

其中，P_A 是调整后的价格，到期日为在一年中按照适用的日算规则确定的天数。报出的利率是以基点来度量的。

为了计算安然浮动债券的调整后的简单利差，我们在图表 7.1 中收集了以下信息。我们用调整后的价格 99.90031 表示 P_A。从结算日（4/20/99）至到期日（3/30/00）之间有 345 天。因为日算规则是实际天数/360，则到期期限为 345/360 或者 0.9583。在"输入"一栏中可得到报出的利差为 45 个基点。把这些信息带入公式（5），我们可得调整后的简单利差。

$$调整后的简单利差 = \left[\frac{100 \times (100 - 99.90031)}{0.9583} + 45\right] \times \frac{100}{99.90031} = 55.458 （基点） \qquad (6)$$

通过彭博得到的调整后的简单利差为 55.458，该数据也位于图表 7.1 底部的"利差"一栏中。

调整后的总利差

调整后的总利差（adjusted total margin）（也称为总调整后的利差，total adjusted margin）就是把附加的改进值加到调整后的简单利差上。具体地说，调整后的总利差等于调整后的简单利差加上将浮动利率债券的面值与用持有成本调整后的价格之间的差额进行投资而赚得的利息。假设参考汇率的当前价值（假定的指数）为投资利率。调整后的总利差可通过如下表达式计算：

$$调整后的总利差 = \left[\frac{100 \times (100 - P_A)}{到期期限} + 报出的利差 + 100 \times (100 - P_A) \times rr_{avg}\right] \times \frac{100}{P_A} \qquad (7)$$

这里使用的符号和前面的一样。

我们使用前面用过的安然浮动债券的例子，调整总利差为：

$$调整后的总利差 = \left[\frac{100 \times (100 - 99.90031)}{0.9583} + 45 + 100 \times (100 - 99.90031) \times 0.05\right] \times \frac{100}{99.90031}$$

$$= 55.957 （基点）$$

图表7.1中，彭博的调整后的总利差为55.957，可在"利差"一栏中看到。

贴现利差

度量使用贴现现金流量的潜在收益的一个常用方法是贴现利差（discount margin）。该方法在对参考利率假定一条特定的路径的前提下，表明了投资者预期在债券存续期内可能赚得的超出参考利率的平均利差或差额。假定参考利率的未来值等于它的当前值已成为目前的市场惯例。计算贴现利差的步骤如下：

第1步，假定参考利率在整个债券存续期内不变，确定现金流。

第2步，选择一个利差。

第3步，用参考利率的当前值加上步骤2中选定的利差对步骤1中获得的现金流贴现。

第4步，将步骤3中计算得到的现金流现值与债券价格进行比较。如果现值等于债券的价格，那么贴现利差就是步骤2选定的利差。否则返回步骤2，再重新选择一个不同的利差。

对于一个以面值出售的浮动利率债券，贴现利差简单地来说就是该债券报出的利差。

例如，假设一个售价为99.3098美元的6年期浮动债券，其息票利率为参考利率加上80个基点的利差。息票每6个月重置一次。假定参考利率的当前值是10%。

图表7.2表明了债券贴现利差的计算过程。债券存续期的每一期都在第（1）列中列举出来，第（2）列显示的是参考利率的当前值。第（3）列是债券的现金流。在前11期，现金流等于参考利率（10%）加上80个基点的利差乘以100，再除以2。在最后6个月，现金流为105.40美元——最后一次的息票支付额为5.40美元加上到期值100美元。在最后5列的上方，出现的是不同的假设的利差。在假设的利差下面的几列表示的是假设的利差为特定值时，每一期现金流的现值。最后一行给出了每个假定的利差下现金流的现值总额。

图表7.2　　　　　　　　**浮动债券贴现利差的计算**

浮动债券：到期期限＝6年

息票率＝参考利率＋80个基点　每6个月重置一次

到期价值＝100美元

(1)	(2)	(3)	(4)	(5)	(6)	(7)	(8)
期限	利率	现金流（美元）*	假设的利差				
			80	84	88	96	100
1	10	5.40	\$5.1233	\$5.1224	\$5.1214	\$5.1195	\$5.1185
2	10	5.40	4.8609	4.8590	4.8572	4.8535	4.8516
3	10	5.40	4.6118	4.6092	4.6066	4.6013	4.5987
4	10	5.40	4.3755	4.3722	4.3689	4.3623	4.3590

续表

5	10	5.40	4.1514	4.1474	4.1435	4.1356	4.1317
6	10	5.40	3.9387	3.9342	3.9297	3.9208	3.9163
7	10	5.40	3.7369	3.7319	3.7270	3.7171	3.7122
8	10	5.40	3.5454	3.5401	3.5347	3.5240	3.5186
9	10	5.40	3.3638	3.3580	3.3523	3.3409	3.3352
10	10	5.40	3.1914	3.1854	3.1794	3.1673	3.1613
11	10	5.40	3.0279	3.0216	3.0153	3.0028	2.9965
12	10	105.40	56.0729	55.9454	55.8182	55.5647	55.4385
现值 =			$100.00	$99.8269	$99.6541	$99.3098	$99.1381

＊第1–11期：现金流=100（参考利率+80个基点）（0.5）

第12期：现金流=100（参考利率+80个基点）（0.5）+100

对5个假定的利差来说，当假定利差为96个基点时，现金流的现值等于浮动债券的价格（$99.3098）。因此，贴现利差在半年的基础上是48个基点，相应地，在一年的基础上为96个基点。注意当浮动债券以面值出售时，贴现利差为80个基点（报出的利差）。

贴现利差作为一种度量持有债券的潜在收益的方法有几个缺陷。第一点，也是最明显的一点，这种方法假定参考利率在整个债券存续期内是不变的。第二，除了贴现利差等于报出的利差这种特殊情况外，给定贴现利差的浮动债券的价格对未来采用的参考利率很敏感。

7.3.3　期权调整利差

到目前为止，我们所讨论的利差度量方式，都没有识别出浮动债券中可能存在的任何嵌入期权。考虑到嵌入期权的利差度量方法叫做期权调整利差，有关这种利差度量方法如何计算的讨论不在本章研究的范围之内。① 基本上，它是一个适用于为包含嵌入期权的债券定价的模型的副产品。该利差之所以被称为"期权调整"，是因为该定价模型考虑了嵌入期权，根据参考利率的变化是如何改变债券的现金流来对现金流进行调整。

尽管应用广泛，但期权调整利差有很多局限性。确切地说，期权调整利差是基于模型的。一旦定价模型的假设条件改变了，在计算期权调整利差时会产生巨大的差异。

---

① See Chapter 4 in Frank J. Fabozzi and Steven V. Mann, *Floating-Rate Securities* (New Hope, PA: Frank J. Fabozzi Associates, 2000).

第 **8** 章 回购与逆回购协议

回购协议市场是全球货币市场中最大的组成部分之一。回购交易为债券融资提供了一个最有效的机制，使做市商可以根据客户的需求，在资本相对较少的基础上，灵活地持有多头或空头，进行买入或卖出。对于短期投资者来说，回购协议是相对灵活且安全的投资方式。对于可能无法获得存款基础的欠发达国家的企业来说，执行回购协议的能力尤为重要。此外，在没有回购市场的国家，融资的形式主要是从银行系统获得的无担保信用额度，这就制约了一些市场交易者。具有高流动性的回购市场通常被认为具有高流动性的债券市场的关键因素。在美国，回购协议是货币市场上较为完善的金融工具，在欧洲及亚洲也发展良好。

回购协议是指在出售债券的同时，约定在将来设定的日期，以规定的价格，由出售者从购买者手中购回债券。例如，一个交易商（卖方）将其持有的 10 年期美国政府债券出售给共同基金（买方）以获得现金，并承诺在未来某一特定日期（某些情况下根据需要），按预先商定的价格将其购回。卖方购回债券时的价格即为回购价格（repurchase price），购回债券的日期即为回购日期（repurchase date）。[①] 简单来说，回购协议是一种抵押贷款，其抵押品就是先出售再购回的债券。交易的一方（卖方）借入资金并为贷款提供抵押品；交易的另一方（买方）贷出资金并接受债券作为贷款的抵押品。对借款者来说，回购协议的好处在于其短期借款利率低于银行贷款的成本，这点我们稍后提到。对贷款者来说，回购市场为其提供了一次流动性较高的短期担保交易，使其获得较高的收益。后一方面将是本章介绍的重点。

8.1 基础知识

假设一个政府债券交易商购买息票率为 5% 的政府债券，到期日为 2011 年 8 月 15 日，结算日为 2001 年 11 月 15 日。该债券的面值为 1 000 000 美元，全价（平价加上应计利息）为 1 044 843.75 美元。另外，假设该交易商想要持有该头寸直至下一交易日，即 2001 年 11 月 16 日，星期五。那么交易商如何为其头寸筹措资金呢？

当然，交易商可以使用其自有资金，或者从银行借款。但是通常，交易商会利用回购协议市场获得融资。在回购市场中，交易商可以用已购买的政府债券作为贷款的抵押品。贷款期限和交易商同意支付的利率是事先确定的。该利率称为回购利

---

① 如前所述，回购协议可根据需要随时终止交易。

率（repo rate）。当回购期限仅为一天时，称为隔夜回购（overnight repo）。相反，期限超过一天的贷款称为定期回购（term repo）。该交易之所以称为回购协议，是因为它要求出售债券，并在未来的某一日期重新将其购回。购买（回购）价格与出售价格都是事先在协议中确定好的。两者之间的差额就是贷款的美元利息成本。

现在让我们回到刚才提到的交易商，他需要为其购买并计划隔夜持有的政府债券进行融资。在图表 8.1 中，我们将使用彭博回购/逆回购描述（RRRA）屏幕，对该交易进行说明。结算日是必须交付抵押品及贷出资金开始交易的日期。同样，回购协议的终止日期为 2001 年 11 月 16 日，显示在左下角。这时，我们要问，谁是交易商的对手方（资金的贷出者）。假设该交易商的一位客户拥有 1 044 843.75 美元的盈余资金，在图表 8.1 中的"结算资金"一栏标出，它是回购协议中的贷款金额。[①] 2001 年 11 月 15 日，交易商会同意把价值 1 044 843.75 美元的政府债券交付（卖出）给客户，并于第二天，即 2001 年 11 月 16 日按照由回购利率决定的金额购回原来的政府债券。[②]

假设该交易中的回购利率为 1.83%，显示在图的右上角。然后，正如我们将要解释的，交易商同意交付价值 1 044 843.75 美元的政府债券，并于第二天以 1 044 896.86美元的价格购回原来的债券。出售价格 1 044 843.75 美元与回购价格 1 044 896.86美元之间的 53.11 美元差额即为融资的美元利息。

8.1.1　回购利率

下面的公式可以用来计算回购协议中的美元利息：

美元利息 = 美元本金 × 回购利率 × （回购期限/360）

图表 8.1　　　　　　　　　　**彭博回购/逆回购描述屏幕**

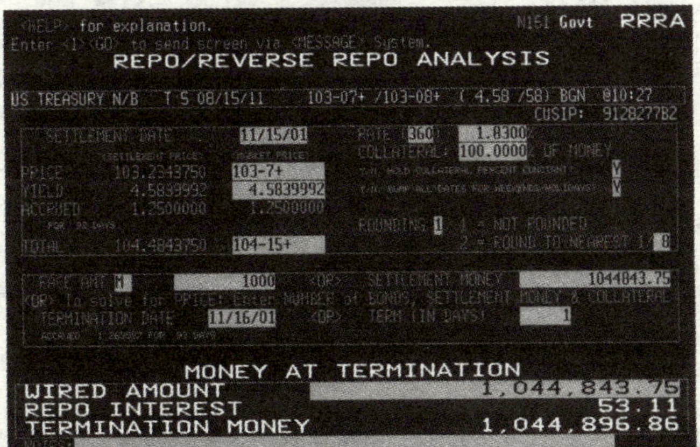

资料来源：彭博金融市场。

---

① 例如，该客户可能是地方政府，刚刚把税款收齐，并且不需要立即支付任何款项。
② 我们假设在这个例子中借款人提供的抵押品等于贷款金额。实际上，贷款人要求借款人提供的抵押品价值要高于贷出的资金价值。当我们讨论回购保证金时将会说明这是如何实现的。

　　注意，利息的计算与大部分货币市场工具一样，是使用实际天数/360 的日算规则计算的。在我们的例子中，回购利率为 1.83%，回购期限为 1 天，美元利息为 53.11 美元，如下所示：

$1 044 843.75 × 0.0183 × (1/360) = $53.11

　　该计算结果与图表 8.1 右下角回购利息的计算结果相同。

　　交易商通过回购协议市场进行短期融资的好处在于，其利率低于银行融资的成本，原因我们随后予以解释。从客户的角度看（贷款人），回购市场提供了一笔具有较强流动性的短期债券担保交易，使其获得很有吸引力的收益。

8.1.2　逆回购与市场术语

　　上述例子说明了交易商利用回购市场进行多头融资的情况。交易商同样可以利用回购市场轧平空头。例如，假设一个政府交易商一星期前做空 30 年期的政府债券，现在必须补齐空头——交付证券。该交易商可以做一个逆回购。在逆回购协议中，交易商按特定的价格购买债券，并承诺日后按另一确定价格将其卖回。① 在这种情况下，是交易商向其客户提供抵押贷款。该客户在抵押贷款中贷出债券，借入资金来建立杠杆。

　　有很多描绘回购交易的华尔街专用术语。为了能更好地理解这些术语，我们必须记住交易的一方贷出资金，并接受作为贷款抵押品的债券；交易的另一方借入资金并为此提供抵押品。按照惯例，一项交易被称为回购还是逆回购，是从交易商的角度来决定的。如果交易商向客户借入资金并提供债券作为抵押品，该项交易即为回购。如果交易商借入债券（作为抵押品）并向客户贷出资金，该项交易即为逆回购。

　　当某人贷出债券以获得现金（借入资金）时，他被称为"转出"（reversing out）债券。与其相对应，贷出资金并以债券作为贷款抵押品的一方则被称为"转入"（reversing in）债券。

　　比较常用的短语还有"回购债券"（to repo securities）和"执行回购"（to do repo）。前者是指当事人以债券作抵押品为购买债券融资，后者是指当事人将回购作为货币市场工具进行投资。

　　最后，"卖出抵押品"（selling collateral）和"买入抵押品"（buying collateral）用以描述交易者中的一方利用回购协议为债券融资，另一方以抵押品为基础贷出资金。

　　投资指南应该明确规定投资组合经理应该做什么，而不是只依赖于行业术语。例如，客户可能不会反对其投资组合经理利用回购协议来进行短期投资（按回购利率放贷）。投资指南应明确规定如何构建贷款安排以防范信用风险。我们将在下一节讨论这些程序。相反，如果客户不想让投资组合经理将回购协议作为借入资金

---

　　① 当然，交易商最终需要在市场上买入 30 年期债券以轧平空头。

的工具（从而建立杠杆），也应明确说明。

8.1.3　抵押品的种类

在我们的例子中，是以政府债券作为抵押品，而回购协议中的抵押品并不仅限于政府债券。货币市场工具、联邦机构债券和抵押贷款支持证券都可以作为抵押品。在一些专业化的市场，甚至以全部贷款作为抵押品。

8.1.4　文件

在美国，大多数回购市场参与者使用由全美债券市场协会公布的回购交易主协议。本章附录将介绍该主协议的第 1 段（适用范围）、第 2 段（释义）、第 4 段（保证金维持）、第 8 段（所购证券的隔离）、第 11 段（违约事件）以及第 19 段（意向）。在欧洲，市场广泛接受的是由债券市场协会（前身是公募证券协会）和国际证券市场协会所联合发布的全球回购交易主协议。主协议全文可以从 www. isma. org 下载。

8.2　信用风险

和其他借贷协议相同，回购协议的双方都要面临信用风险。即使对品质较高的抵押品回购协议来说也不例外。在图表 8.1 的例子中，交易商以美国政府债券作为抵押品借入资金。我们来检查一下交易双方所承担的信用风险。

假设交易商（借款人）违约，无法在回购日将债券购回。投资者获得对抵押品的控制权，并留下应属于借款者的收入。此时风险表现为，如果政府债券的收益率上升，则抵押品的市场价值下降，低于未支付的回购价格。相反，假设投资者（贷款人）违约，在回购日无法交付政府债券。此时风险表现为，政府债券的收益率在回购期内下降，使得交易商所持有的资金价值低于抵押品的市场价值。在这种情况下，交易商为交换债券所支付超出回购价格的部分，由投资者承担。[①]

8.2.1　回购保证金

尽管回购交易的双方都要面临信用风险，但通常贷款人处于更不利的位置。因此，回购协议的构建更要注重降低贷款人的信用风险。具体来说，贷款金额应低于作为抵押品的债券的市场价值，这样，当抵押品的市场价值下跌时，可以为贷款人提供一些保护。作为抵押品的债券的市场价值超过贷款价值的那部分被称为回购保证金（repo margin）。不同的交易中回购保证金也不同，通常由交易双方进行协商，一般需考虑如下因素：回购协议的期限、抵押品的质量、交易对手方的信用等级以

---

① 见本章附录回购交易主协议第 11 款"违约事件"。

及抵押品的可用性。不同企业的最低回购保证金也不相同，通常根据信贷部门的模型和（或）准则确立。回购保证金率一般为1%~3%之间。若借款人的信用等级较低，或证券的流动性较差，回购保证金率可达到10%或更高。

在撰写本文时，巴塞尔银行监管委员会提出了资本市场驱动的交易（回购/逆回购，证券借贷，衍生工具交易和保证金贷款）的回购保证金标准。[①] 这些标准只适用于银行。

为了说明回购协议中保证金的作用，让我们再次回到上例中，一个购买息票利率为5%、10年期政府债券的交易商，需要隔夜融资。回想一下，该债券的面值为1 000 000美元，全价（平价加应计利息）为1 044 843.75美元。和之前一样，我们使用图表8.2中的彭博回购/逆回购描述屏幕来说明该交易。

图表8.2　　　　　　　　彭博回购/逆回购描述屏幕

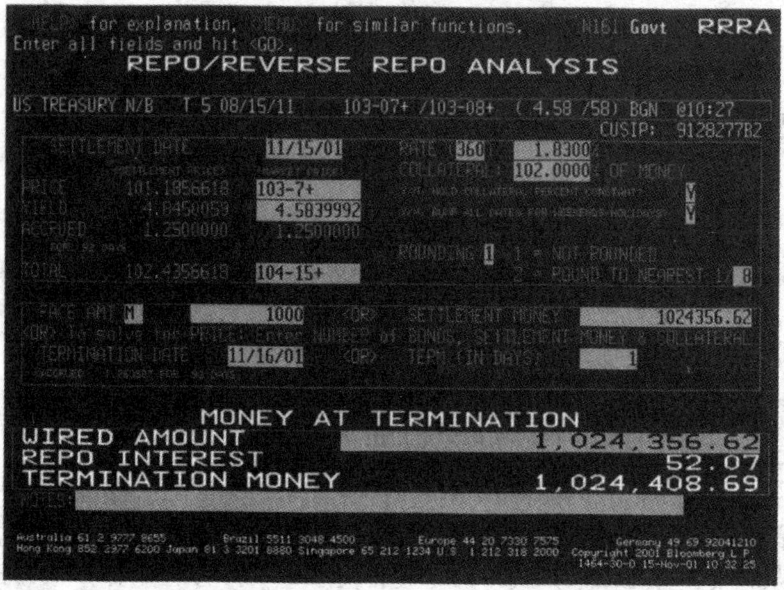

资料来源：彭博金融市场。

当保证金包含在内时，客户愿意贷出的金额减少债券市场价值的一定比例。在该例中，抵押品的价值是贷出金额的102%。在屏幕右上角"抵押品"一栏中可看到该百分比。因此，要确定贷出金额，用债券的全价1 044 843.75美元除以1.02，得到1 024 356.62美元，显示在屏幕右边"结算金额"一栏。假设该交易中回购利率为1.83%。交易商将以1 024 356.62美元的价格卖出债券，并于第二天以1 024 408.69美元的价格将其购回。出售价格1 024 356.62美元与回购价格1 024 408.69美元之间的52.07美元差额即为融资利息。当回购利率为1.83%，回购期限为1天时，美元利息的计算如下所示：

$$\$1\ 024\ 356.62 \times 0.0183 \times (1/360) = \$52.07$$

[①]　修订后的巴塞尔协议草稿在2001年5月31日公布，终稿将于2002年6月30日前出版。

该计算结果与图表 8.2 右下角回购利息的计算结果一致。

8.2.2 抵押品逐日盯市制度

控制信用风险的另一个做法是日常对抵押品逐日盯市。对头寸逐日盯市就是按市场价值简单地记录头寸的价值。当市场价值变动一定的比例时，回购头寸也相应地进行调整。当市场价值下跌到一定金额时，将会导致保证金不足。（回购交易主协议（见附录）的第 4（a）段规定，卖方（我们例子中的交易商或借款人）可以自主选择补充保证金的方法，或者提供现金，或者向买方转让合理的可接受的证券。买方即为例子中的投资者或贷款人。）反过来，假设市场价值上升，超过了要求的保证金。这种情况会导致保证金超额。如果出现这种情况，第 4（b）段规定，买方应向卖方退还与超出部分等额的现金，或退还一定比例的抵押品（所购证券）。

由于回购交易主协议中涉及了一个当事人处于交易一方的所有交易行为，第 4 段中关于保证金维持的讨论按照"作为买方的当事人所购证券的总市值"和"所有此类交易的买方保证金总账户"进行表述。因此，保证金维持不是从单个交易和证券的角度来考虑。但是，第 4（f）段允许买方和卖方协商拒绝该项条款，从而使保证金维持要求适用于单一交易。

用于盯市的价格在第 2（j）段——"市场价值"的定义中给出了相关定义。该价格或者来自于交易双方都能接受的一个普遍认可的来源，或者来自于该来源最近收盘的投标报价。对于不常进行交易的复杂证券来说，获得盯市的价格相当困难。

8.2.3 抵押品交割

建立回购协议时，需要注意的一个问题是向贷款人交割抵押品。对借款人来说，最显而易见的程序就是将抵押品实际交付给贷款人或者现金贷款人的清算代理机构。这一过程结束即认为抵押品已被"交割"。在回购期限结束时，贷款人按回购价格（借款金额加上利息）将抵押品交还给借款人。

这一过程的缺点是，它可能成本过高，尤其是短期回购协议（如隔夜），因为要涉及交割抵押品的成本。事实上，在回购利率中通常要考虑交割的成本，如果要求交割，这意味着借款人支付的回购利率更低。如果不要求交割抵押品，则需支付较高的回购利率。对于贷款人来说，不实际占有抵押品的风险是借款人有可能将证券出售，或将其用于另一项回购协议作为抵押品。

作为交割抵押品的一个替代的选择是贷款人可以允许借款人在一个单独的账户中持有作为抵押品的证券。此时贷款人仍须为借款人可能将该抵押品用于另一项回购交易的欺诈行为承担风险。如果现金借款人不交割抵押品，而是持有它，该项交易称为托管持有回购（hold-in-custody repo，HIC 回购）。尽管 HIC 回购存在信用风险，但是当抵押品很难进行交割（如完全贷款），或者交易总额相对较小并且贷款人对借款人的信誉很满意时，就会使用 HIC 回购。

投资者在参与 HIC 回购协议时必须确保：（1）由于 HIC 回购被认为是无担保交易，因此只和信誉较好的交易商进行交易；（2）为弥补较高的信用风险，投资者（现金贷款人）可获得较高的利率。在美国市场上，有一些濒临破产并出现贷款违约的企业，被发现曾将同一个抵押品用于多项 HIC 交易中。

对借款人来说，处理抵押品的另一种方法是将抵押品交割到贷款人在借款人清算银行的托管账户中。托管人则代表贷款人持有抵押品。这种方法降低了交割成本，因为它仅仅是在借款人的清算银行内部转账。例如，如果一个交易商与客户 A 签订隔夜回购协议，第二天抵押品就要交还给交易商。那么该交易商可以再与客户 B 签订回购协议，如期限 5 天，则无需再次交割抵押品。清算银行只需为客户 B 建立一个托管账户，并在该账户内保管抵押品。在此类回购交易中，清算银行是双方的代理人。这种特殊类型的回购交易称为三方回购（tri-party repo）。对一些受到监管的金融机构（如联邦特许的信用社）来说，只允许进行这种类型的回购交易。

回购交易主协议的第 8 段（"所购证券的隔离"）包含了有关抵押品拥有权的内容。该条款还包括当"卖方"保留对抵押品的拥有权时的特别披露规定。

第 11 段（"违约事件"）详细说明了可能引起一方当事人违约的事件，以及非违约方可做的选择。如果借款人申请破产，美国破产法会为合法的回购交易中的贷款人提供一个特殊位置，这要通过将某些类型的回购协议从现行破产法中豁免来完成。这意味着贷款人可立即变现抵押品来获得现金。第 19 段（"意向书"）就是为此目的而设立。

8.3　回购利率的决定因素

正如没有统一的利率一样，回购利率也是不统一的。不同交易的回购利率的变化取决于很多因素：抵押品的质量、回购期限、交割要求、抵押品的可用性以及当时的联邦基金利率。图表 8.3 的 A 图显示的彭博屏幕（MMR）包含了 2001 年 11 月 15 日，以美国政府债券作为抵押品的期限分别为 1 天、1 周、2 周、3 周、1 个月、2 个月、3 个月的回购与逆回购利率。B 图则显示了以机构证券作为抵押品的回购和逆回购利率。注意利率是如何因期限和抵押品的不同而不同的。例如，与政府债券相比，以机构债券作为抵押品时的回购利率要高于以政府债券作为抵押品。此外，利率随着到期日逐渐下降，反映了该日倒置的政府债券收益率曲线。

这些数据还显示了另一个明显的问题，当抵押品的类型与期限相同时，回购利率低于逆回购利率。另外，回购（逆回购）利率可以视为交易商借入（贷出）资金的利率。或者说，回购（逆回购）利率是交易商愿意购买（出售）抵押品的价格。虽然交易商公司主要利用回购市场作为其为存货融资或者轧平短期头寸的工具，但它也可以利用回购市场实现“对等账户”（matched book）。交易商以相同的抵押品和相同的期限同时进行回购与逆回购交易，以此来实现对等账户。交易商通过这样做来获取回购协议（借入资金的协议）与逆回购协议（贷出资金的协议）之间的差价。

图表 8.3　　显示不同的抵押品和期限的回购与逆回购利率的彭博屏幕

A 图：美国政府债券

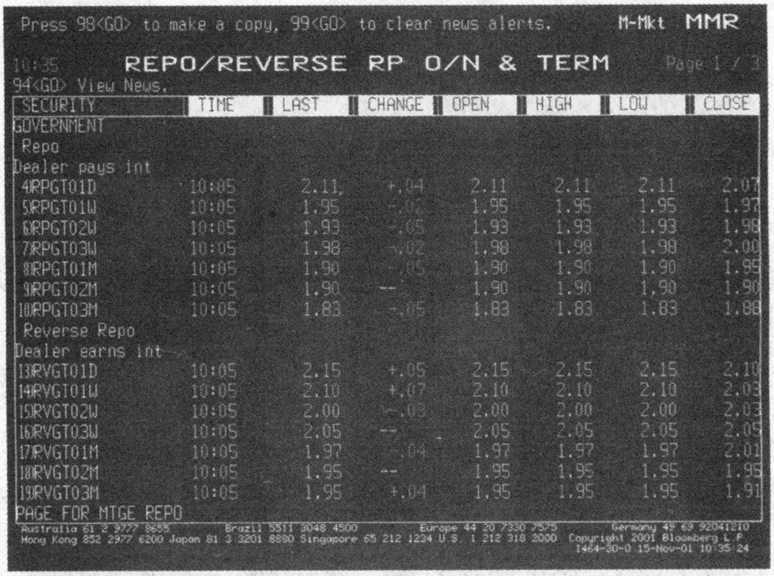

Press 98<GO> to make a copy, 99<GO> to clear news alerts.　M-Mkt MMR

10:35　REPO/REVERSE RP O/N & TERM　Page 1 / 3

94<GO> View News.

SECURITY	TIME	LAST	CHANGE	OPEN	HIGH	LOW	CLOSE
GOVERNMENT							
Repo							
Dealer pays int							
4)RPGT01D	10:05	2.11	+.04	2.11	2.11	2.11	2.07
5)RPGT01W	10:05	1.95	-.02	1.95	1.95	1.95	1.97
6)RPGT02W	10:05	1.93	-.05	1.93	1.93	1.93	1.98
7)RPGT03W	10:05	1.98	-.02	1.98	1.98	1.98	2.00
8)RPGT01M	10:05	1.90	-.05	1.90	1.90	1.90	1.95
9)RPGT02M	10:05	1.90	--	1.90	1.90	1.90	1.90
10)RPGT03M	10:05	1.83	-.05	1.83	1.83	1.83	1.88
Reverse Repo							
Dealer earns int							
13)RVGT01D	10:05	2.15	+.05	2.15	2.15	2.15	2.10
14)RVGT01W	10:05	2.10	+.07	2.10	2.10	2.10	2.03
15)RVGT02W	10:05	2.00	-.03	2.00	2.00	2.00	2.03
16)RVGT03W	10:05	2.05	--	2.05	2.05	2.05	2.05
17)RVGT01M	10:05	1.97	-.04	1.97	1.97	1.97	2.01
18)RVGT02M	10:05	1.95	--	1.95	1.95	1.95	1.95
19)RVGT03M	10:05	1.95	+.04	1.95	1.95	1.95	1.91

PAGE FOR MTGE REPO

Australia 61 2 9777 8655　Brazil 5511 3048 4500　Europe 44 20 7330 7575　Germany 49 69 92041210
Hong Kong 852 2977 6200 Japan 81 3 3201 8880 Singapore 65 212 1234 U.S. 1 212 318 2000　Copyright 2001 Bloomberg L.P.
1464-30-0 15-Nov-01 10:35:24

B 图：机构证券

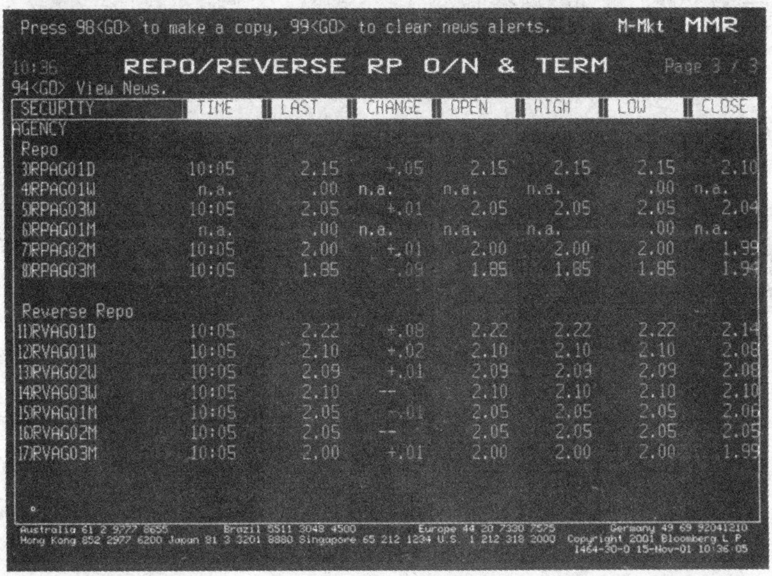

Press 98<GO> to make a copy, 99<GO> to clear news alerts.　M-Mkt MMR

10:36　REPO/REVERSE RP O/N & TERM　Page 3 / 3

94<GO> View News.

SECURITY	TIME	LAST	CHANGE	OPEN	HIGH	LOW	CLOSE
AGENCY							
Repo							
3)RPAG01D	10:05	2.15	+.05	2.15	2.15	2.15	2.10
4)RPAG01W	n.a.	.00	n.a.	n.a.	n.a.	.00	n.a.
5)RPAG03W	10:05	2.05	+.01	2.05	2.05	2.05	2.04
6)RPAG01M	n.a.	.00	n.a.	n.a.	n.a.	.00	n.a.
7)RPAG02M	10:05	2.00	+.01	2.00	2.00	2.00	1.99
8)RPAG03M	10:05	1.85	-.09	1.85	1.85	1.85	1.94
Reverse Repo							
11)RVAG01D	10:05	2.22	+.08	2.22	2.22	2.22	2.14
12)RVAG01W	10:05	2.10	+.02	2.10	2.10	2.10	2.08
13)RVAG02W	10:05	2.09	+.01	2.09	2.09	2.09	2.08
14)RVAG03W	10:05	2.10	--	2.10	2.10	2.10	2.10
15)RVAG01M	10:05	2.05	-.01	2.05	2.05	2.05	2.06
16)RVAG02M	10:05	2.05	--	2.05	2.05	2.05	2.05
17)RVAG03M	10:05	2.00	+.01	2.00	2.00	2.00	1.99

Australia 61 2 9777 8655　Brazil 5511 3048 4500　Europe 44 20 7330 7575　Germany 49 69 92041210
Hong Kong 852 2977 6200 Japan 81 3 3201 8880 Singapore 65 212 1234 U.S. 1 212 318 2000　Copyright 2001 Bloomberg L.P.
1464-30-0 15-Nov-01 10:36:05

资料来源：彭博金融市场。

例如，假设一个交易商与货币市场共同基金进行期限为一个月的定期回购交易，并与一个企业信用社进行期限为一个月的逆回购交易，两项交易的抵押品相同。在这种安排下，交易商从货币市场共同基金中借入资金，并将资金贷给企业信用社。从图表 8.3 的 A 图中，我们发现一个月期的回购利率为1.90%，而一个月期的逆回购利率为 1.97%。如果这两个头寸同时建立，则交易商以 1.90% 的利率借入资金，并以 1.97% 的利率贷出资金，这样就锁定了 7 个基点的利差。

然而，在实际操作中，交易商故意使其账户不对等，利用他们对短期收益率曲线形状和水平的预期来获利。由于这个原因，很多对等账户被故意做成不对等，因此对等账户只是一个误称。交易商制造头寸来获得以下的好处：（1）短期利率的变动；（2）基础债券的预期需求和供应。

抵押品的交割要求也会影响回购利率的水平。如果要求向贷款人交割抵押品，则回购利率会相对较低。反之，如果抵押品可托管在借款人的清算银行，则回购利率较高。例如，2001 年 11 月 15 日，彭博社报道如果要求交割抵押品，则一般抵押利率（非特定抵押品作为抵押的回购交易）为 2.10%。对于之前讨论过的三方回购，一般抵押利率为 2.13%。

获得抵押品越困难，则回购利率越低。为理解这一点，请记住，借款人（或抵押品的卖方）拥有现金贷款人出于某种原因所想要的证券。① 这样的抵押品被称为"特殊抵押品"。不具备这一特点的抵押品被称为"一般抵押品"。需要特殊抵押品的一方，会愿意以较低的回购利率贷出资金，以获得抵押品。例如，2001 年11 月 14 日，彭博社报道的正在发行的 5 年期国债（息票率为 3.5%，到期日为2006 年 11 月 15 日）为特殊抵押品，以该债券为抵押品的隔夜回购利率为 0.65%。而同期的一般抵押品的回购利率为 2.13%。

对特殊抵押品的需求受到几个因素的影响，它们包括：

■ 政府债券拍卖——将要发行的债券被预期有新的供给并且由于客户需求的交易商做空；

■ 彻底卖空，可能是由于交易员的预期而故意持有头寸，也可能是交易商为满足其客户的要求而将其卖空；

■ 对冲交易，包括公司债券承销商卖空与公司债券定价时所依赖的相近到期日的基准政府债券；

■ 衍生金融工具交易，例如形成对某一特定债券需求的基础交易；

■ 在短期内购回或取消债务。

金融危机也将影响证券的"特殊性"。特殊性是指一般抵押品回购利率与特殊证券回购利率之间的利差。Michael Fleming 发现，在 1998 年亚洲金融危机期间，2年期、5 年期和 30 年期债券交易的利率不断上升。换言之，一般抵押品回购利率与这些债券的回购利率之间的利差不断增加。此外，在危机结束以后，这些利差又

---

① 也许是满足借款的巨大需求。

恢复到正常水平。[①]

虽然这些因素会影响某一特定交易的回购利率,但回购利率的总体水平是由联邦基金利率(在第 6 章中讨论的)决定的。回购利率一般要低于联邦基金利率,因为回购交易中有抵押品,而联邦基金是无担保借贷。图表 8.4 显示的是从 2000 年 10 月 2 日至 2001 年 4 月 6 日(129 个观察值),联邦基金利率与隔夜回购利率的每日时间序列图。隔夜回购利率平均低于联邦基金利率8.17 个基点。[②]

图表 8.4　　　　　**联邦基金利率与隔夜回购利率的时间序列图**

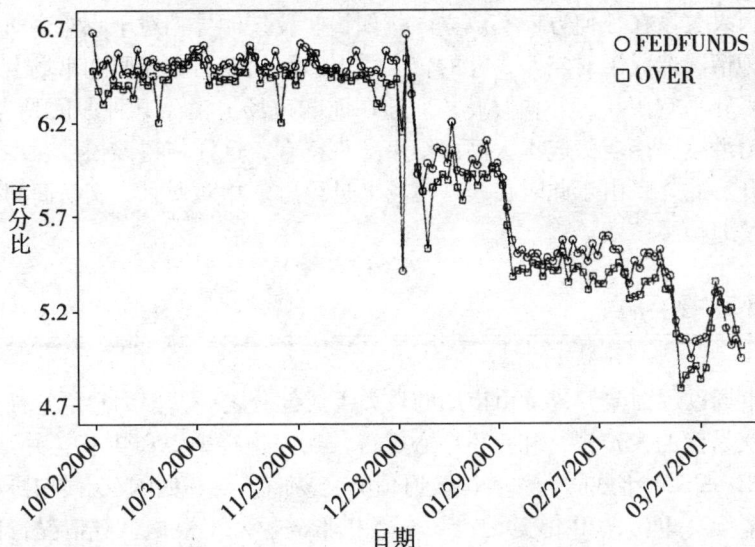

资料来源:彭博金融市场。

8.4　特殊抵押品和套利

正如本章前面提到的,有许多投资策略是投资者借入资金购买证券。投资者的期望是,用借入资金所购买的证券的收益能超过借款成本。通过借入资金来获得相对于仅用现金而言更多的资产头寸,被称为杠杆化(leveraging)。在某些情况下,借款人可通过回购交易获得套利的机会。当借入资金的利率低于将这些资金再投资所获得的收益率时,即可套利。

当投资组合包括"特殊"证券,并且管理者可以以高于回购利率的利率进行再投资时,即存在套利机会。例如,假设一个管理者在其投资组合中拥有"特殊"证券,债券 X,贷款人愿意接受其作为回购协议的抵押品,回购期限为两周,回购利率为 3%。进一步假设管理者可以将资金投资于期限为两周的国库券(到期日与

---

① Michael J. Fleming, "The Benchmark U. S. Treasury Market: Recent Performance and Possible Alternatives," *FRBNY Economic Policy Review* (April 2000), pp. 129-145.
② 资料来源:彭博社。

回购期限相同），并赚取 4% 的利润。假设该回购协议结构合理，不存在信用风险，那么管理者则在两周内锁定了 100 个基点的利差。这是一个纯粹的套利，管理者不承担任何风险。当然，管理者要面临债券 X 可能贬值的风险，但是只要管理者想要持有该债券，无论如何都要承担该风险。

英格兰银行已进行了一项研究，检验特殊交易的债券的现金价格与回购利率之间的关系。[1] 研究结果表明，成交的债券相对于收益率曲线高估的变化，与其交易特殊证券的程度变化之间存在正相关的关系。这个结果并不意外。只有当预期的债券融资成本下降至足以产生利润时，交易者才会空仓持有具有相关融资成本的债券。这种因果关系在任何方向都成立。例如，假设某债券相对于收益率曲线来说被高估。这种情况造成了对空头头寸的较大需求，因此该债券在回购市场上的需求增大，以用来轧平空头。另外，假设某证券在回购市场上由于某种原因具有特殊性。交易商认为继续保持空头成本太高而结束空头持有，这样使得该债券在现货市场上的价格上升。此外，由于此时在回购市场上进行融资相对便宜，交易商和投资者将试图无保留地购买该债券。

8.5　市场参与者

回购市场已逐渐演变成货币市场的最大组成部分之一，因为它经常被交易商公司（作为交易商的投资银行和货币中心银行）用来进行融资和轧平空头。图表 8.5 给出了 1981—2000 年期间，由美国政府债券交易商参与的回购/逆回购协议的平均每日未偿余额（单位：10 亿美元）。[2] 金融和非金融公司根据自身情况，作为抵押品的买方或卖方积极参与市场交易。存款机构通常是抵押品的净卖方（基金的净借款人）；货币市场共同基金、银行信托部门、地方政府、和企业通常是抵押品的净买方（基金的净贷款人）。

回购市场的另一个参与者是回购经纪人。为理解回购经纪人的作用，假设一个交易商已将价值 5 000 万美元、10 年期的美国政府债券现货卖空。然后向其常规的客户查询，以确定是否能通过回购协议买入其卖空的 10 年期政府债券。假设他无法找到愿意参与该回购交易的客户（从客户的角度来说是回购，从交易商的角度来说是逆回购）。这时，交易商将利用回购经纪人的服务，回购经纪人收取一定费用后为其找到合适的抵押品并安排交易。

图表 8.5	逆回购/回购协议的平均每日未偿余额		单位：10 亿美元
年份	逆回购	回购	总额
1981	46.7	65.4	112.1

---

[1]　见 1997 年 2 月和 1997 年 8 月出版的 *Bank of England's Quarterly Bulletin* 的市场部分。
[2]　这些协议的基础抵押品是美国政府债券、机构信用证券或机构抵押贷款支持证券。

年份	逆回购	回购	总额
1982	75.1	95.2	170.3
1983	81.7	102.4	184.1
1984	112.4	132.6	245.0
1985	147.9	172.9	320.8
1986	207.7	244.5	452.2
1987	275.0	292.0	567.0
1988	313.6	309.7	623.3
1989	383.2	398.2	781.4
1990	377.1	413.5	790.5
1991	417.0	496.6	913.6
1992	511.1	628.2	1 139.3
1993	594.1	765.6	1 359.7
1994	651.2	825.9	1 477.1
1995	618.8	821.5	1 440.3
1996	718.1	973.7	1 691.8
1997	883.0	1 159.0	2 042.0
1998	1 111.4	1 414.0	2 525.5
1999	1 070.1	1 361.0	2 431.1
2000	1 093.3	1 439.6	2 532.9

资料来源：纽约联邦储备银行。

8.6　回购市场结构

结构性回购工具近年来的发展主要集中在美国市场。在美国市场上，回购协议作为货币市场工具被广泛接受。随着新型回购的推出，现在也可以在其他流动性市场上进行回购交易。

8.6.1　跨货币回购

跨货币回购协议是指贷出的资金与作为抵押品的证券是以不同的货币标价的。例如，用英国金边债券作为抵押品借入美元。当然，外汇汇率的波动意味着该交易需要逐日盯市，以确保现金或证券可以保证足额抵押。

8.6.2　可赎回回购

在可赎回回购协议中，定期固定利率回购协议中的现金贷款人有权提前终止回购交易。换句话说，就是回购协议中嵌入了利率期权，如果利率在回购期内上升，现金贷款人将会受益。如果利率上升，贷款人可行使期权收回资金，并以更高的利率进行再投资。基于这个原因，可赎回回购协议比其他类似的常规回购协议的利率要低。

8.6.3　完全贷款回购

在美国市场上发展的完全贷款回购，是为了满足在利率下降的环境中投资者对较高收益率的需求。完全贷款回购交易的回购利率要高于常规的回购利率，因为其使用的抵押品的质量相对低一些。通常有两种类型：完全抵押贷款和完全消费贷款。二者都是非证券化的贷款或应收利息。这些贷款也可以是信用卡贷款或其他类型的消费贷款。完全贷款回购交易中的贷款人不仅要面临信用风险，还要面临提前偿还的风险。这种风险是指打包的贷款会在到期日之前偿还，这种情况常见于消费贷款。基于这些原因，完全贷款回购的收益率要比美国政府债券等作抵押品的常规回购协议的收益率要高，大约高于 LIBOR 20～30 个基点。

8.6.4　总收益互换

总收益互换，也称为总收益率互换，在经济意义上与回购相同。互换将在第 12 章讨论。总收益率互换与回购的主要区别在于，前者相对于回购协议来说，受国际互换交易商协会（ISDA）管制。这种差异主要是由于交易在资产负债表上的记录方式不同，总收益互换被记录为表外交易。这也是参与此类型交易的主要动机之一。该交易的运作如下：

1. 机构以市场价格出售证券；
2. 该机构执行固定期限的互换交易，以证券的总收益交换相应金额的协议利率；
3. 在互换的到期日，该机构以市场价格回购证券。

从理论上讲，交易的每一步都可以与不同的交易对象单独执行；在实践中，这个交易是捆绑在一起的，因此从经济意义上说和回购交易是相同的。

8.7　英国金边回购市场

英国金边回购市场的交易开始于 1996 年 1 月 2 日。在此之前，金边市场上贷出的证券只提供给金边市场的做市商（GEMMs），并只能通过获得批准的中介——证券市场货币经纪人（SEMBs）进行交易。① 金边回购的引进使所有市场参与者都可以进行金边债券的借贷。市场改革解除了对金边证券借贷的参与者的限制，使金边证券的借贷更加自由化，从而确保两种类型交易之间的"公平竞争"。

在最初的两个月，该市场上的回购协议和贷出的证券余额已增长到大约 500 亿英镑，并于 1997 年 2 月进一步增长到 950 亿英镑，其中有 700 亿英镑是回购协议。该数字在 1998 年 11 月时下降到大约 750 亿英镑，而英镑定期存单（CDs）则达到了 1 000 亿英镑。市场上收集的数据表明，在 1999 年，金边回购平均每日成交额大约为 160 亿英镑。

金边回购在现有的无担保货币市场上也有了相应的发展。短期货币市场交易模式已经从无担保明显地转变为有担保。据英格兰银行称，市场参与者估计，在英镑货币市场上，大约有一半的隔夜交易为金边回购。一般抵押品（GC）的回购利率往往低于银行同业拆借利率平均 10～15 个基点，这反映了政府信用的地位。由于这种信贷在短期内价值较低，使得这个差距在很短的期限内并不显著，同时这也反映了无法获得无担保资金的证券公司，对通过回购获得短期资金的需求较高。

英镑 CD 市场的大幅增长，部分是由于金边回购和证券借贷市场的增长，增加了对可以用于抵押的 CD 的需求。金边回购的一个作用是减小了货币市场上的隔夜无担保利率的波动。自建立开放性回购市场以来，虽没有确凿的证据，但是隔夜无担保市场的波动明显减小。这可能是由于回购协议为市场参与者提供了一个融资的替代方法，因此减小了无担保市场对隔夜资金的压力。同时也增强了金融中介分配流动性的能力。

为说明金边回购协议，我们假设一个购买了息票利率为 7.5% 的金边股票（在英国债券也称为股票）的交易商需要隔夜融资。图表 8.6 是此类证券的彭博证券描述屏幕。与之前一样，我们将用图表 8.7 中的彭博 RRRA 屏幕来说明该交易。假设该债券的面值为 1 000 000 英镑，全价（平价加上应计利息）为 1 163 491.80 英镑。假设折扣为 2%。因此，抵押品的价值是贷出总额的 102%。屏幕右上角的"抵押品"一栏中显示了该比例。我们用证券的全价 1 163 491.80 英镑除以 1.02 得到 1 140 678.24 英镑，即为贷出金额，显示在屏幕右边"结算金额"一栏。假设本次交易的回购利率为 3.9063%。那么，交易商将愿意提供价值 1 140 678.04 英镑的金边债券，并于第二天以 1 140 800.32 英镑的价格买回相同的证券。1 140 678.24 英镑与 1 140 800.32 英镑之间相差的 122.08 英镑，即为融资的利息。当回购利率为 3.9063%，回购期限为 1 天时，英镑利息的计算方法如下：

---

① 证券借贷是指为换取抵押品而进行的证券暂时性转让。它并不是回购，不存在证券的出售与购回。对某资产有需求的一方需要支付一定费用以暂时获取该资产。

122.08 ＝ ￡ 1 140 678.24 × 0.039063 × （1/365）

图表8.6　　　　　　　　彭博关于英国金边债券的证券描述屏幕

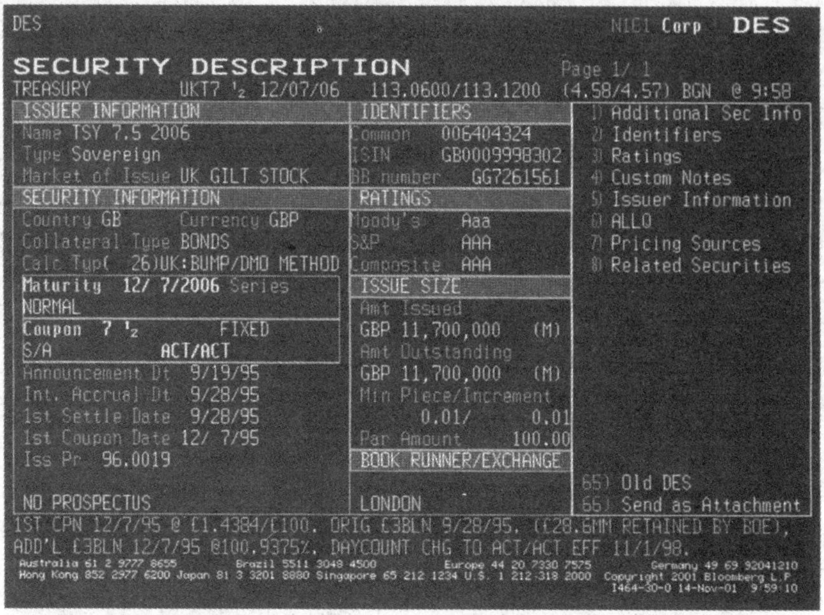

资料来源：彭博金融市场。

图表8.7　　　　　　　彭博关于英国金边回购的回购/逆回购描述屏幕

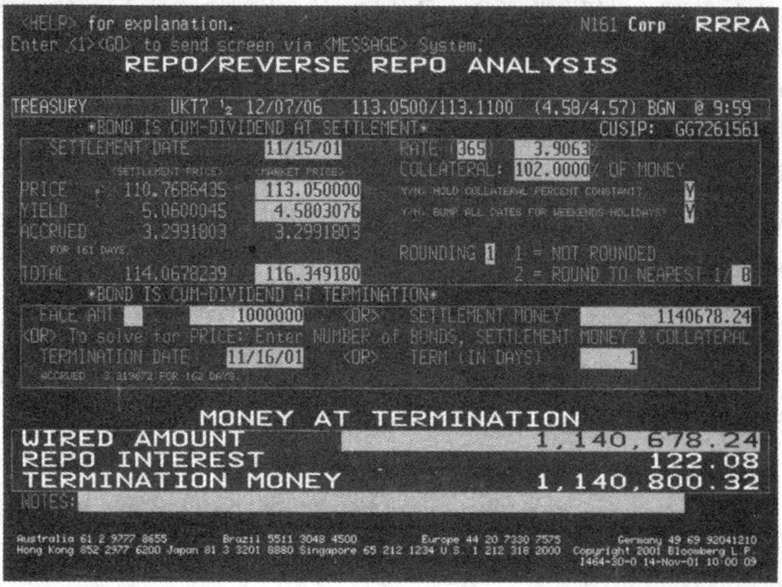

资料来源：彭博金融市场。

该计算结果与屏幕右上角的回购利息计算一致。需要要注意的是英国货币市场的日算惯例是实际天数/365。

8.7.1　市场结构

英国的市场结构包括金边回购和金边证券借贷。有些机构只参与其中的一项交易，当然，也有很多机构会同时参与这两种交易。例如，一个持有特殊金边证券空头的机构可以通过金边回购或证券借贷市场来轧平其空头头寸（可能是由于直接卖出或回购导致）。某些机构更愿意使用回购，因为它们认为，与证券借贷市场相比，回购市场能更迅速、准确地反映某一特定债券的价值。

某些企业则愿意使用证券借贷，因为与回购相比，它们现有制度和控制程序能更快地适应证券借贷。例如，某个企业可能不具备现金再投资的便利或是管理利率风险的经验。这样的企业更愿意接受抵押品发放贷款收取费用，而不是回购的利息。它们可能还会认为，它们的业务无需也无法证明建立回购交易的费用是否合理。

此外，证券借贷还获益于参与证券借贷和回购的证券公司及银行。例如，在借贷市场上借入债券，以此来进行回购交易，再将借入的现金投资于如 CD 市场。其他企业也逐渐接受回购交易，因为在回购市场上要比在证券市场上更容易稳定地获得某一特殊债券的价值。

8.7.2　市场参与者

几乎从市场建立初期，一些企业就已在金边回购中起到了做市商的作用。这些企业中比较典型的有从前的证券市场货币经纪人和大型银行。据英格兰银行统计，1999 年间，大约有 20 家企业，主要是银行和证券公司，对 3 个月期以内的一般抵押品、特殊抵押品的回购利率询价进行双向报价。更长期限的也使用双向报价。做市的企业包括 Lazards（拉扎兹）、Cater Allen（阿比国民银行集团的一部分）、Rowe & Pitman（瑞银集团的一部分）等从前的 SEMBs，以及苏格兰皇家银行金融市场、汇丰银行、德意志银行和巴克莱资本等银行。一些公司只向自己的客户报价。很多做市商企业在路透社或彭博社的屏幕服务上报出指示性回购利率。图表 8.8 列出了 2001 年 11 月 13 日英国市场上，一年以内不同期限的回购利率。

许多英镑经纪公司都活跃在金边回购的市场上。交易双方在进行交易前仍然需要签署法律文件以确立信用额度，这点与银行同业经纪市场不同。金边回购不需要经纪人，尽管企业会与它们签订交易协定。提供经纪服务的企业中比较典型的有 Garban ICAP，Tullet & Tokyo，以及 King & Shaxson 债券经纪有限公司（Old Mutual plc 公司的一部分）。经纪商往往专注于金边回购市场的不同方面。例如，有的集中在一般抵押品回购，有的则集中在特殊抵押品回购；有的主要进行短期交易，有的则主要进行长期交易。一般抵押品回购中通常收取债券名义金额的 1 个基点作为经纪费用，而特殊抵押品回购则收取 2 个基点。金边回购交易双方都需要支付经纪费用。

图表8.8　　　　　　　　　彭博关于英国回购利率的屏幕

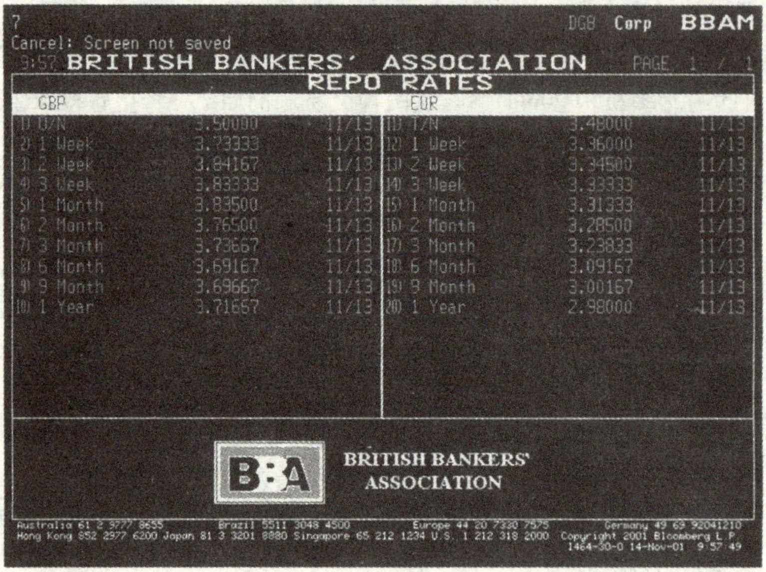

资料来源：彭博金融市场。

随着市场的发展，参与者的范围也不断扩大。现在总客户群包括银行、建房互助协会、海外银行和证券公司、对冲基金、基金管理公司（如标准人寿、苏格兰互助保险公司以及其他）、保险公司以及外国中央银行。一些公司也开始进行金边回购交易。英国市场上逐渐使用三方回购，可能限制了一些公司和小型金融机构进入市场。由于具有较低的外部托管人的管理负担，三方回购对此类机构具有一定的吸引力。金边回购的最大参与者仍然是银行和建筑协会，他们需要持有金边证券满足英格兰银行的流动性需求。

8.7.3　英格兰银行的公开市场操作

英格兰银行于1997年4月开始在其公开市场操作中使用金边回购。其目的是通过公开市场操作，满足银行体系每天所需的流动性。市场总是处于缺乏流动性的状态，而中央银行一般以一个固定的官方利率进行公开市场操作来进行缓解。中央银行在这种情况下的回购操作实际上是逆回购。通常逆回购的是金边债券和其他合格票据。中央银行之所以选择回购作为货币市场工具来缓解流动性短缺，是因为它为大规模交易提供了一种安全性（以政府债务作为担保）和流动性的组合。

附录：债券市场协会回购协议主协议节选

1. 适用性

本协议双方可能基于本协议不时地进行交易，在这些交易中，一方（"卖方"）同意向另一方（"买方"）转让有价证券或其他资产（有价证券和其他资产统称为

"有价证券"），而买方须向卖方支付购买价格，且买方同时同意于某个特定日期或应要求向卖方出售等同于该证券的证券，而卖方须向买方支付回购价格。每项此类交易在本协议中均称为一项"交易"，除非另有书面约定，每项交易受本协议（包括本协议附件 I 所载的任何补充条款或附录中的补充协议）的约束。

2. 定义

（a）"资不抵债行为"是关于下列主体：

（i）破产、资不抵债、重组、清算、暂停、解散、拖欠或类似法律案件或诉讼程序的债务人，或该主体正在任命或选拔对其涉诉全部或部分财产委任任何受托人、管理人、接管人、清算人或类似人员；或正在召开债权人会议为了着手开始此类案件或诉讼程序或寻求任命或选拔；

（ii）针对一方主体开始此类案件或诉讼程序，或另一方寻求此类任命或选举，或根据《1970 年证券投资者保护法》规定呈请对一方的保护令，其中，（A）保护令获同意或未被对方及时质疑，（B）导致救济、此类任命及选举或保护令生效或类似结果生效，或（C）15 天内未被驳回；

（iii）该方为了债权人的利益而进行的一般任命；

（iv）书面承认其无力偿还到期债务；

（b）"额外所购证券"，基于本协议第 4（a）段的规定，由卖方向买方提供的证券；

（c）"买方的保证金金额"，就任何日期的任何交易，根据该日该笔交易买方的保证金比例对回购价格所计算的金额；

（d）"买方的保证金比例"，就任何日期的任何交易，由买方和卖方商定的比例（可等于卖方的保证金比例），如果没有任何此类协议的情况下，由在回购日期回购证券的市场价值除以回购日期的回购价格所得到的比例；

（e）"确认书"，具体含义见第 3（b）段中的规定；

（f）"收入"，在任意时候的任意证券的本金及其所有利息、股息或其他可分配收入；

（g）"保证金不足"，具体含义见第 3（b）段中的规定；

（h）"保证金盈余"，具体含义见第 3（b）段中的规定；

（i）"保证金通知最后期限"，根据相关确认书、附录 I 及其他文件，由有关各方确认并商定的时间，这个时间是按第 4 段规定满足当日保证金维持义务发出通知的最后期限（或者如果没有此类协议，则根据市场惯例确定此类最后期限）；

（j）"市值"，就任何日期任何时间的任何证券而言，该证券在该日期的价格来源于双方约定的普遍认可的价格，或来自近期收盘的报价，加上应计收入，其中不包括任何其他贷记收入或转让收入，或应用于第 5 段规定的卖方的义务（除非此类证券违背市场惯例）。

（k）"价格级差"，就任何日期的任何交易而言，指自（及包括）该交易的购买日期起（并包括）至计算日期或回购日期为止（但不包括）的期间的实际天数中，按一年 360 天计算，将该交易的定价比率每日应用于该交易的购买价格所获得的金额的总额（该交易的价差由卖方向买方事先支付。）

（l）"定价利率"，确定价格级差的年百分比；

（m）"优惠利率"，美国商业银行在《华尔街日报》上公布的优惠利率（或者，如公布了多个利率，则为这些利率的平均值）；

（n）"购买日期"，卖方将就该交易向买方交付所购证券的日期；

（o）"购买价格"，（i）到购买日期时，卖方将证券交付给买方的证券价格，以及（ii）此后，除非买方和卖方均同意，根据第 4（b）段该价格应加上买方向卖方转移资金的数量，或根据第 4（a）段减去卖方向买方转移资金的数量，或应用于第 5 段第 ii 条中减少卖方的义务；

（p）"所购证券"，在某交易项下，由卖方向买方转移的证券，以及第 9 段规定的任何替代证券。对于任何时间的任何交易，"所购证券"根据第 4（a）段应包括交付的额外购买证券，并根据第 4（b）段排除返还证券；

（q）"回购日期"，卖方将其售出的证券从买方手中买回的日期，包括第 3（c）段或第 11 段中规定的任意一天；

（r）"回购价格"，交易终止时，卖方将其出售的证券从买方手中买回时的价格，该价格是各交易的（包括交易按要求终止时）该日购买价格及价格级差之和；

（s）"卖方保证金金额"，对于任何时间的任何交易来说，等于该交易在确定日期的回购价格乘以卖方保证金比率；

（t）"卖方保证金比例"，对于任何时间的任何交易来说，由买方和卖方商定比率（可能与买方的保证金比例相同），若无此类协定，则由购买日期时所购买证券的市场价值除以购买日期时的购买价格得到。

4. 保证金维持

（a）如果在任何时间，对于买方来说所有交易中的全部买卖证券的市场总价值低于该交易的买方保证金总额（保证金不足），则买方向卖方发出通知，卖方可选择向买方支付现金或买方可合理接受的额外证券（"额外所购证券"），以使现金总额或买卖证券的总值（包括额外所购证券）等于或超出买方保证金总额（在买方作为卖方时减去保证金不足的部分）。

（b）如果在任何时间，对于卖方来说所有交易中的全部买卖证券的市场总价值超过该交易的卖方保证金总额（保证金盈余），则卖方向买方发出通知，买方可选择向卖方支付现金或证券，使得买卖证券的市场总价值，在扣除转移的现金或证券之后，不高于卖方的保证金总额（在卖方作为买方时加上保证金盈余的部分）。

（c）如果买方或卖方在保证金的通知截止日期之前的任一交易日根据本段中的（a）和（b）发出通知，接到通知的一方应根据条款中的规定在当日相关市场交易结束前支付现金或证券。若在保证金的通知截止日期后发出通知，接到通知的一方应在接到通知后的第二个交易日交易结束前支付现金或证券。

（d）依照本段规定的现金转移需得到买方和卖方的共同同意。

（e）对于任一或全部交易，买方和卖方可同意，仅在保证金不足或盈余的数额超过特定的金额或特定的该交易回购价格的百分比时（该数额或百分比应在交易进行前由买卖双方共同确定），买方或卖方（或双方）才能行使其在（a）和（b）项下的权利。

（f）对于任一或全部交易，买方和卖方可同意，每当任一单笔交易中出现保证金不足或保证金盈余的情况时，可行使（a）和（b）项下规定的权利以消除保证金不足或盈余的状况（不考虑其他任何不在本协定下的交易）。

8. 所购证券的隔离（在法律上一般称为"独立性"）

在适用法律规定的范围内和本协议的确认下，卖方所拥有的所有买入证券应与其拥有的其他证券分离。隔离可通过持有人的账面或记录进行适当的确认来完成，通常包括金融或证券中介公司，或结算公司。在购买日时，卖方应将买卖证券的全部利息转移给买方，除非买方和卖方有约定，否则买方可将买入债券用于其他回购交易，或将其出售、转让、抵押或质押，但是即使进行了这些交易，买方仍有义务根据第 3、4 或 11 段向卖方支付证券，或根据第 5 段进行信贷或支付收入。

卖方保留所购证券交易的信息披露

卖方不得用其他证券来替代与交易相关的证券，必须始终保持买方证券的隔离，除非在协议中买方准许卖方用其他证券进行替代。如果买方同意替代，这意味着在交易期间买方的证券可能会与卖方自己持有的证券相混合。当买方的证券与卖方自己持有的证券混合时，卖方［会］*［可能］**将其留置在［结算银行］*［第三方］**，或将其用于其他证券交易的支付。当证券混合时，卖方将替代证券进行再隔离时，需要满足［结算］*［任何］**留置权或获得替代证券。

* 如果卖方是政府证券经纪商或交易商而非金融机构，则在 17 C. F. R. β403.4（e）使用该词；

** 如果卖方是金融机构，则在 17 C. F. R. β403.5（d）中使用该词。

11. 违约事件

发生如下事件时可以称为"违约事件"：

（i）卖方未能于约定的购买日期出让证券或买方未能于约定的购买日期购买交易证券；

（ii）卖方未能于约定的回购日期购回或买方未能出让交易证券；

（iii）买方或卖方未能履行本协议的第 4 段规定；

（iv）在交易日通知后，买方未能履行本协议的第 5 段规定；

（v）买方或卖方发生的破产行为；

（vi）买方或卖方在已经做出或重复的或被认为是做出或重复的材料中，所做的表述不正确或不真实；

或者（vii）买方或卖方无法或不打算履行义务时须向对方说明（每一个"违约事件"）

如发生违约事件，使用下列条款：

（a）非违约方有权选择在违约事件已经发生时，声明发生了"违约事件"（该选择应被认为是在破产行为发生时就可以立即行使），如果还未发生，每项交易的回购利率应被视为立即生效（除非在执行或被认为执行时交易的购买利率尚未生效，则该交易应视为立即取消）。非违约方应（除了在破产行为发生时）及时可行地通知违约方其将行使选择权。

（b）在卖方违约的交易中，如果非违约方根据本段的第（a）项执行或被认为执行选择权时，（i）在此类交易中违约方应依据本段的第（a）项的规定立即履行其义务，在回购日按回购价格将全部买卖证券（purchased securities）购回，（ii）在执行或被认为执行选择权后，所有支付的收入应归非违约方所有，并将其计入全部未支付回购价格或违约方拖欠的其他款项，（iii）违约方应将其拥有或控制的与本交易有关的证券立即支付给非违约方。

（c）在买方违约的交易中，当非违约方提出支付全部回购价格时，与此交易相关的全部证券的权利和利益应转移给非违约方，同时违约方应将全部买卖证券支付给非违约方。

（d）如果非违约方根据本段的第（a）项执行或被认为已执行选择权时，非违约方在通知违约方之前时，可以：

（i）卖方违约的交易中，（A）应在一个公认的市场上（或通过合理的商业方式），以非违约方认为合理并满意的价格立即出售与交易相关的所有证券，并将其计入全部未支付回购价格或其他违约方拖欠的款项，或者（B）为替代出售全部或部分买卖证券，可自行选择向违约方提供与买卖证券价格相等的信贷，由普遍公认的来源处获得，或该来源最近刚结束的报价，以抵消全部未支付回购价格或违约方所拖欠的其他款项。

（ii）卖方违约的交易中，（A）应在一个公认的市场上（或通过合理的商业方式），以非违约方认为合理并满意的价格立即购买与违约方未能向非违约方支付的证券等级和数量相同的证券（"替换证券"），（B）除了购买替换证券，可自行选择方式获得替换证券，价格由普遍公认的来源处获得，或根据该来源最近刚结束的报价。

除非附录 I 另有规定，交易双方承认并同意：（1）与交易相关的证券是公开市场上的可交易工具，（2）当不存在价格或报价的普遍公认来源时，非违约方可自行选择确定信息来源，（3）决定所有价格或报价时应考虑应计收入（除了相关证券违背市场实际的做法）。

（e）在买方违约的交易中，非违约方未购买替代证券所支付的超出回购价格的部分，以及根据第 5 段规定的违约方应支付的款项，违约方应负责向非违约方进行支付。

（f）为施行本段，在买方违约的交易中，非违约方根据本段的第（a）项执行或被认为执行其权利时，该交易的回购价格不会上升。

（g）违约方应负责向非违约方支付：（i）由违约行为导致或与之相关的，非违约方需要支付的所有合理的法律或其他支出，（ii）与由违约行为导致或与之相关的替代交易或终止对冲交易所产生的成本相等值的损失赔偿（包括所有费用、支出或佣金），（iii）由于交易中的违约行为所直接或间接导致的所有其他损失、损害、成本或费用。

（h）在适用法律允许的范围内，违约方应向非违约方支付由于违约方行为所产生的利息，自其负责支付该数额起直至该数额：（i）由违约方全额支付，或（ii）充分满足了非违约方权利的执行。根据第 11（h）项，违约方向非违约方支付的利息额，其利率应高于相关交易的定价利率或基础利率。

（i）非违约方除了拥有在此规定的权利外，也享有其他协议或使用的法律所规定的权利。

19．意向

（a）交易双方明确每一项交易均为经修正后的美国法典第 11 个标题下 101 部分所定义的"回购协议"（除非在此范围内该定义不适用于与交易相关的证券类型或交易的定义），以及美国法典第 11 个标题下 741 部分所定义的"证券合同"（除非在此范围内该定义不适用于与交易相关的资产类型）。

（b）根据修正后的美国法典的第 11 个标题下的第 555 项和 559 项下的描述，交易双方清算与交易相关的证券的权利以及执行第 11 段相关的任何其他手段的权利，是一种契约性的权利。

（c）交易双方同意并承认如果交易中的一方是"保险的存款机构"，该定义在联邦存款保险法中有规定，简称"FDIA"，则每项交易均成为"合格的金融合同"，该定义在 FDIA 以及其他规则、命令或政策声明中有规定（除非在此范围内该定义不适用于与交易相关的资产类型）。

（d）据了解，根据 1991 年美国联邦存款保险公司改进法（"FDICIA"）第四段的定义，该协议构成了一个"净额结算合同"，而交易下的每项付款权利或义务都构成了一个"覆盖合同付款权利"或"覆盖合同付款义务"（除非交易中的一方或双方不是 FDICIA 中定义的金融机构）。

第 **9** 章　短期抵押贷款支持证券

资产支持证券（ABS）是一种由贷款或应收账款组合支持的证券，其向证券持有者支付的现金流来自于基础贷款或应收账款产生的现金流。抵押贷款支持证券（MBS）主要指由不动产抵押贷款组合支持的资产支持证券部分。虽然从技术上看，MBS 市场是 ABS 市场的一部分，但在美国，这两个市场被视为是独立的。在这个市场中有很多短期固定利率产品和浮动利率产品，它们都属于货币市场的范畴。本章我们主要讨论抵押贷款支持证券，下一章讨论资产支持证券。

9.1　抵押贷款

虽然任何类型的抵押贷款，无论是住房或商业，都可以作为 MBS 的抵押品，但是大部分是由住房抵押贷款支持的。在讨论 MBS 产品的范围之前，我们首先描述一下 MBS 的初级产品——抵押贷款。

9.1.1　抵押设计

抵押设计有很多种类型，我们所说的抵押设计主要指利率的规定（固定或浮动利率等）、抵押期限、偿还方式等，其中最重要的是偿还方式。下面，我们总结一下主要的抵押设计。

完全分期等额偿付固定利率抵押贷款

完全分期等额偿付固定利率抵押贷款设计的基本理念是在抵押贷款的约定期限即贷款偿还期内，借款人以等额每期摊付款来支付利息和偿还本金。付款的频率通常是一个月。这种抵押贷款的月偿还额在各月的第一天支付，它主要由两部分组成：

1. 利息额为上月月初未偿还抵押贷款余额乘以固定年利率的1/12。
2. 未偿还抵押贷款余额（本金部分）的一部分。

月抵押贷款偿还额与利息偿还额的差额等于用于减少未偿抵押贷款余额的金额。月抵押贷款偿还额中用于利息支付的部分逐月减少，而用于减少抵押贷款余额的部分逐月增加。其原因在于，抵押贷款余额随着每月抵押贷款的偿还而减少，因此，抵押贷款余额所产生的利息也将下降。由于月抵押贷款偿还额是固定的，因此，在之后各月中，月偿还额中用于偿还本金的部分将不断增大。这样设计月抵押贷款偿还的目的在于，使最后一个月的抵押贷款偿还额支付后，未偿还贷款余额为零（贷款被全部偿还）。

这个抵押贷款的现金流以及所有的抵押贷款设计，不仅是简单的利息支付和本金偿还计划。还包括两个额外的因素，服务费和提前支付。

影响现金流的第一个因素是，所有的抵押贷款都需要服务。服务费是抵押利率的一部分。如果抵押利率是 8.125％，服务费是 50 个基点，则投资者收到的利息为贷款额的 7.625％。投资者收到的利率被称为净利率或者净息票利率。服务费通常被称为服务价差（servicing spread）。随着抵押贷款的分期偿付，服务费的美元金额不断下降。这一点不仅适用于我们描述过的抵押贷款设计，也适用于所有的抵押贷款设计。

影响现金流的第二个因素是，借款者通常拥有在计划的贷款期限内提前偿还未偿余额任意比例金额的权利，而不必支付罚金。超出计划本金偿付额的支付被称为提前偿付（prepayments）。

如果 1 个月内的提前偿付额少于全部未偿抵押贷款余额，则这种类型的提前偿付被称作部分提前偿还（curtailment），因为它缩短了抵押贷款的期限。提前偿付对抵押贷款现金流的影响是其金额和时间安排的不确定性。这种风险被称为提前偿付风险（prepayment risk），它适用于所有的抵押贷款，不仅仅是等额偿付固定利率抵押贷款。

9.1.2　气球型抵押贷款

在气球型抵押贷款中，贷款人向借款人提供长期资金，但是在规定的未来日期，合同利率水平需要重新协商。因此，贷款人是以短期借款的形式提供长期资金的。期限短到何种程度取决于重新协商的频率。如果某些条件得到满足，这是一种贷款人为抵押贷款剩余期限提供融资的短期气球型抵押贷款。气球型抵押贷款的偿付额等于原始借款额减去分期偿还后的余额。因此，在气球型抵押贷款中，其实际期限短于规定的期限。

9.1.3　可调整利率抵押贷款

顾名思义，可调整利率抵押贷款（ARM）是一种合同利率可以调整或浮动而非固定的贷款。其合同利率定期调整，一般是每月、每半年或者每年调整一次。有些可调整利率抵押贷款的合同利率甚至可以 3 年或者 5 年调整一次。可调整利率抵押贷款的合同利率一般是依据参考利率加上一个利差计算的。

发起时，抵押贷款在期初（引导期）的初始合同利率通常略低于市场上现行的抵押贷款利率。我们称之为"引导利率"，它使初次借款人可以更容易地获得该抵押贷款的资格。在引导期期末，抵押贷款利率会根据市场利率重新设定。一旦引导期结束，根据市场利率重新设定贷款利率，这被称作抵押贷款利率的完全指数化。

为了保护房屋所有人免受利率冲击，利率调整水平是有上限的。可以分为阶段性利率上限和整个贷款期的利率上限。阶段性利率上限（the periodic cap）限制了息票金额在两个重新设定日内的上升幅度。整个贷款期限的利率上限（the lifetime cap）限定了整个贷款存续期内息票利率重新设定的最大绝对水平。

可调整利率抵押贷款采用的参考利率有两种类型：（1）市场决定的利率，（2）根据储蓄机构的资金成本计算的利率。最常用的市场决定的利率是1年期、3年期和5年期的固定到期日国债利率（CMT）以及3个月和6个月的伦敦银行间同业拆借利率（LIBOR）。最常用的储蓄机构资金成本指数是联邦住房贷款银行委员会第十一区的资金成本指数（COFI）。

9.2　抵押转手证券

抵押转手证券是指将抵押贷款组合的现金流按一定比例分配给证券持有人的抵押贷款支持证券。换种说法，如果针对一个抵押贷款组合发行了X个证券份额，那么一个证券份额持有人就有权享有这个抵押贷款组合中现金流的1/X份。证券持有人的现金流取决于基础抵押贷款的现金流：月抵押贷款偿还额，包括利息、计划的本金偿还额以及提前偿付额等。

证券持有人按月获得偿付。但是，在金额和时间安排方面，由抵押贷款组合产生的现金流与转递给投资者的现金流不同。转手证券的月现金流量要少于基础抵押贷款的现金流量，其差额等于服务费和其他费用。其他费用是指转手证券的发行人或担保人为该发行提供担保而收取的费用。转手证券的息票利率被称为转手息票利率，该利率低于基础抵押贷款组合的利率，其差额等于服务费和担保费。

包含在一个证券化抵押贷款组合中的所有抵押贷款的抵押利率和期限不一定相同。因此，在描述转手证券时，需要确定其加权平均息票利率（a weighted average coupon rate，WAC）和加权平均期限（weighted average maturity，WAM）。加权平均息票利率，或称WAC是以未清偿抵押贷款金额占抵押贷款组合总金额的比例为权数，将组合中每笔抵押贷款的利率加权平均来计算。加权平均期限，或称WAM是以未清偿抵押贷款的金额占抵押贷款组合总金额的比例为权数，将组合中每笔抵押贷款距离到期日的剩余月份数加权平均来计算。

9.2.1　机构抵押转手证券

发行转手证券的政府机构有三家，即：政府国民抵押贷款协会、联邦国民抵押贷款协会以及联邦住房抵押贷款公司。其中第一个是联邦的政府机构，后两个是政府资助性质的企业。另外还有一些非专业行政机构也发行抵押支持证券。我们将在本章后面的非机构抵押贷款支持证券中进行讨论。

政府国民抵押贷款协会（GNMA）（别名"Ginnie Mae"）发行的转手证券由美国政府提供信用担保。因此，政府国民抵押贷款协会转手证券被认为类似于国债，无违约风险。这种由政府国民抵押贷款协会提供担保的证券被称为抵押贷款支持证券（MBS）。所有政府国民抵押贷款协会的MBS都具有按时支付利息和本金的保证，也就是即使借款人没有按时支付月抵押贷款偿还额，也不影响到期时本金和利息的支付。

只有那些联邦住房管理局（FHA）、退伍军人管理局（VA）或农村住房服务公司（RHS）保险或担保的抵押贷款，才能包含在由政府国民抵押贷款协会担保的抵押贷款组合中。最大贷款金额是由国会以 FHA、VA 或 RHS 可以保证的最大数额为基础来确定的。最高贷款额会随着不同地域和住宅物业类型的不同而变化。

联邦国民抵押贷款协会（FNMA）（别名"房利美 Fannie Mae"）发行的转手证券被称作抵押贷款支持证券（mortgage-backed securities，MBSs）。虽然 Fannie Mae 的转手证券不是由美国政府担保的，但大多数市场参与者认为 Fannie Mae 的 MBSs 与政府国民抵押贷款协会转手证券具有类似的信用，尽管并不完全等同。所有 Fannie Mae 的抵押贷款支持证券（MBSs）都具有及时支付本金和利息的保证。

联邦住宅贷款抵押公司（FHLMC）（别名"房地美 Freddie Mac"）是一个政府资助性的企业，其发行的转手证券被称作参与证书（participation certificate，PC）。和 Fannie Mae 的 MBS 一样，Freddie Mac 也不具有美国政府的担保，但大多数市场参与者认为它与政府国民抵押贷款协会转手证券具有类似的信用，尽管并不完全等同。Freddie Mac 发行了不同担保类型的参与证书。由 Freddie Mac 发行的比较早的参与证书具有按时支付利息的保证；计划的本金偿付在收付后就被转手，正如 Freddie Mac 只保证到期后计划偿付额的支付不迟于一年。如今，Freddie Mac 在其"黄金计划"，即保证利息和本金的按时支付下，来发行参与证书。

9.2.2　报价和交易程序

转手证券的报价方式与美国财政部息票证券一样。例如，一个 94 – 05 的报价表示面值的 94% 加上面值的 5/32，或面值的 94.15625%。买方支付给卖方的价格是双方协定价格加上应计利息。在给定面值的前提下，其美元价格（扣除应计利息）受抵押贷款组合未偿余额的影响。抵押贷款组合因子表明了原始贷款中未清偿余额所占的百分比。所以，抵押贷款组合因子为 90 意味着有 90% 的原始抵押贷款尚未清偿。抵押贷款组合因子由该机构每月发布一次。

若给出协定价格、面值以及该机构提供每月抵押贷款组合因子，则本金的美元支付价格如下式所示：

价格 = 面值 × 抵押贷款组合因子

例如，如果双方协定面值为 100 万美元的转手证券的价格为面值的 92%，其抵押贷款组合因子为 85，则除去应计利息外买方支付的美元价格为：

$0.92 \times \$1\,000\,000 \times 0.85 = \$782\,000$

很多交易在抵押贷款组合尚未具体指定时就发生了，因此，人们在交易时对抵押贷款组合的信息可能一无所知。这类交易被称为"TBA"（消息尚未公布的）交易。在一个固定利率转手证券的 TBA 交易中，双方须在机构类型、机构计划、息票利率、面值、价格及结算日上达成一致。在 TBA 交易中，作为机构转手证券基础的实际资产组合是未指定的。然而这一信息是由卖方于交割前向买方提供的。与TBA 交易相反，指定组合交易是交割时的实际组合的数量。

9.2.3 提前偿付惯例和现金流

为了对转手证券估价，我们需要预计它的现金流。其困难在于，由于提前偿付使得现金流是未知的。而预计现金流量的唯一方法是对基础抵押贷款资产组合存续期间内的提前偿付率做出一些假定。假定的提前偿付率被称为提前偿付速度（prepayment speed）或者简称速度（speed）。下面的两种惯例通常被用来作为提前偿付率的基准：（1）有条件的提前偿付率，（2）公共证券协会（PSA）的提前偿付基准。

有条件的提前偿付率

一种预计转手证券提前偿付和现金流量的方法要求：假定在抵押贷款的剩余期限内，抵押贷款组合中的一部分剩余本金每月都提前偿付。该抵押贷款组合假定的提前偿付率被称为有条件的提前偿付率（conditional prepayment rate，CPR），它以抵押贷款组合的特征（包括证券提前偿付的历史经验）和当前可预期的未来经济环境为基础。

有条件的提前偿付率是年度提前偿付率，为了估计每月的提前偿付，有条件的提前偿付率必须转换为月提前偿付率（single-monthly mortality rate，SMM）。对于给定的有条件的提前偿付率，下面的公式可以计算出 SMM：

$$SMM = 1 - (1 - CPR)^{1/12}$$

假设用来估计提前偿付的 CPR 是 6%，则相应的 SMM 等于：

$$SMM = 1 - (1 - 0.06)^{1/12} = 1 - 0.94^{0.08333} = 0.005143$$

w% 的 SMM 意味着：月初未清偿抵押贷款余额（减去计划的本金偿付额）的 w% 将会在那个月提前支付。也就是：t 月的提前偿付额 = SMM × （t 月初的抵押贷款余额 − t 月的计划本金偿付额）。

例如，假设某投资者拥有一份转手证券，在某月月初未清偿抵押贷款余额为2.9 亿美元。假设 SMM 为 0.5143%，计划的本金偿付额为 300 万美元，则该月的提前偿付额大约为：

$$0.005143 \times (\$290\,000\,000 - \$3\,000\,000) = \$1\,476\,041$$

PSA 提前偿付基准

公共证券协会（PSA）提前偿付基准用每月计算的一系列年提前偿付率表示。PSA 基准假定新发起抵押贷款的提前偿付率比较低，然后随着抵押贷款到期日的临近而不断提高。

PSA 基准对 30 年期抵押贷款的 CPRs 假定如下：

（1）第一个月的 CPRs 为 0.2%，在随后的 30 个月中 CPR 每月上升 0.2%，CPR 在 30 个月后上升到每年 6% 的水平；

（2）在剩余的期限内，CPR 一直保持为 6%。该基准被称为"100% PSA"，或

简称为 "100PSA"。比如，50PSA 表示 PSA 基准提前偿付率的 CPR 的一半；150PSA 表示 PSA 基准提前偿付率的 CPR 的 1.5 倍；300PSA 表示 PSA 基准提前偿付率的 CPR 的 3 倍；提前偿付率为 0PSA，则表示不存在提前偿付的假定。

　　PSA 通常被称为提前偿付模型，它可以用来预计提前偿付额，理解这一点是非常重要的。但把该基准描绘成一个提前偿付模型是不恰当的，因为它只是提前偿付行为的一种市场惯例。

　　在给定的 PSA 假定下，关注转手证券每月的现金流是必要的，因为我们在下一章节的担保抵押债券讨论中，将会用到这些信息。图表 9.1 给出了 165PSA 假设下被选定月份的现金流，该转手证券的基础抵押贷款是完全分期的等额偿付的固定利率贷款，其加权平均息票率（WAC）为 8.125%。假定转手利率为 7.5%，加权平均期限（WAM）为 357 个月。图表 9.1 的现金流量可以分解为三个组成部分：（1）利息（以转手利率为基础），（2）定期的计划本金偿付，（3）根据 165PSA 计算的提前偿付额。

图表 9.1　　　165PSA 假设下，加权平均偿还期（WAM）为 357 个月，

加权平均息票率 WAC 为 8.125%，转手利率为 7.5%，

4 亿美元抵押转手证券的月现金流　　　　　　　　单位：美元

(1)	(2)	(3)	(4)	(5)	(6)	(7)	(8)	(9)
月份	未偿余额	SMM	抵押贷款偿付额	净利息	计划的本金偿付额	提前偿付额	本金总额	现金流量
1	400 000 000	0.00111	2 975 868	2 500 000	267 535	442 389	709 923	3 209 923
2	399 290 077	0.00139	2 972 575	2 495 563	269 048	552 847	821 896	3 317 459
3	398 468 181	0.00167	2 968 456	2 490 426	270 495	663 065	933 560	3 423 986
4	397 534 621	0.00195	2 963 513	2 484 591	271 873	772 949	1 044 822	3 529 413
5	396 489 799	0.00223	2 957 747	2 478 061	273 181	882 405	1 155 586	3 633 647
6	395 334 213	0.00251	2 951 160	2 470 839	274 418	991 341	1 265 759	3 736 598
7	394 068 454	0.00279	2 943 755	2 462 928	275 583	1 099 664	1 375 246	3 838 174
8	392 693 208	0.00308	2 935 534	2 454 333	276 674	1 207 280	1 483 954	3 938 287
9	391 209 254	0.00336	2 926 503	2 445 058	277 690	1 314 099	1 591 789	4 036 847
10	389 617 464	0.00365	2 916 666	2 435 109	278 631	1 420 029	1 698 659	4 133 769
11	387 918 805	0.00393	2 906 028	2 424 493	279 494	1 524 979	1 804 473	4 228 965
24	356 711 789	0.00775	2 698 575	2 229 449	283 338	2 761 139	3 044 477	5 273 926
25	353 667 312	0.00805	2 677 670	2 210 421	283 047	2 843 593	3 126 640	5 337 061
26	350 540 672	0.00835	2 656 123	2 190 879	282 671	2 923 885	3 206 556	5 397 435
27	347 334 116	0.00865	2 633 950	2 170 838	282 209	3 001 955	3 284 164	5 455 002

续表

(1)	(2)	(3)	(4)	(5)	(6)	(7)	(8)	(9)
月份	未偿余额	SMM	抵押贷款偿付额	净利息	计划的本金偿付额	提前偿付额	本金总额	现金流量
28	344 049 952	0.00865	2 611 167	2 150 312	281 662	2 973 553	3 255 215	5 405 527
29	340 794 737	0.00865	2 588 581	2 129 967	281 116	2 945 400	3 226 516	5 356 483
30	337 568 221	0.00865	2 566 190	2 109 801	280 572	2 917 496	3 198 067	5 307 869
100	170 142 350	0.00865	1 396 958	1 063 390	244 953	1 469 591	1 714 544	2 777 933
101	168 427 806	0.00865	1 384 875	1 052 674	244 478	1 454 765	1 699 243	2 751 916
102	166 728 563	0.00865	1 372 896	1 042 054	244 004	1 440 071	1 684 075	2 726 128
103	165 044 489	0.00865	1 361 020	1 031 528	243 531	1 425 508	1 669 039	2 700 567
200	56 746 664	0.00865	585 990	354 667	201 767	489 106	690 874	1 045 540
201	56 055 790	0.00865	580 921	350 349	201 377	483 134	684 510	1 034 859
202	55 371 280	0.00865	575 898	346 070	200 986	477 216	678 202	1 024 273
203	54 693 077	0.00865	570 915	341 832	200 597	471 353	671 950	1 013 782
300	11 758 141	0.00865	245 808	73 488	166 196	100 269	266 465	339 953
301	11 491 677	0.00865	243 682	71 823	165 874	97 967	263 841	335 664
302	11 227 836	0.00865	241 574	70 174	165 552	95 678	261 240	331 414
303	10 966 596	0.00865	239 485	68 541	165 232	93 430	258 662	327 203
353	760 027	0.00865	155 107	4 750	149 961	5 277	155 238	159 988
354	604 789	0.00865	153 765	3 780	149 670	3 937	153 607	157 387
355	451 182	0.00865	152 435	2 820	149 380	2 611	151 991	154 811
356	299 191	0.00865	151 117	1 870	149 091	1 298	150 389	152 259
357	148 802	0.00865	149 809	930	148 802	0	148 802	149 732

注：由于加权平均期限（WAM）是357个月，基础抵押贷款组合的季节性平均期限是3个月。因此，第27个月的CPR是6%的1.65倍。

由于加权平均期限（WAM）是357个月，基础抵押贷款组合的季节性平均期限是3个月。因此，第27个月的CPR是6%的1.65倍。

9.2.4 平均存续期测量

因为抵押贷款支持证券是一种分期偿还证券，市场参与者不关心到期期限，但他们会计算抵押贷款支持证券的平均存续期。抵押贷款支持证券的平均存续期

（average life）是收到本金偿付（计划的本金偿付和预计的提前偿付）的平均时间。
计算平均存续期限须要先计算：

1 ×（第 1 个月预计收到的本金金额）

2 ×（第 2 个月预计收到的本金金额）

3 ×（第 3 个月预计收到的本金金额）

…

$$\frac{+ T ×（第\ T\ 个月预计收到的本金金额）}{月加权平均收到的本金}$$

其中，T 表示预计收到本金的最后一个月，则平均存续期的表达式如下：

平均存续期 = 月加权平均收到的本金 ÷ 12（收到的本金总额）

转手证券的平均存续期取决于 PSA 提前偿付假定。为了说明这一点，下面的表给出了我们曾在图表 9.1 中用来举例说明 165PSA 条件下的现金流量在不同提前偿付速度下的转手证券的平均存续期。

PSA 速度	50	100	165	200	300	400	500	600	700
平均存续期（年）	15.11	11.66	8.76	7.68	5.63	4.44	3.68	3.16	2.78

9.2.5　进一步讨论提前偿付风险：紧缩风险和扩张风险

和其他附有期权的证券所有者一样，由于提前偿付行为，也就是借款人的选择，将改变抵押贷款的现金流，因而，持有转手证券的投资者并不确知未来的现金流状况。如前所述，这种风险被称作提前偿付风险。为了理解提前偿付风险的重要性，假设某投资者在抵押贷款利率为 8.5% 时购买了息票利率为 8.5% 的政府国民抵押贷款协会转手证券。如果抵押贷款利率下降，例如下降到 6.5%，那么会发生什么提前偿付情况呢？将会产生两种不利的后果。第一种不利后果是，根据固定收益证券的基本特征，我们知道未附期权的债券价格随着利率的下降将会加速上升。但是，对于附有提前偿付期权的转手证券而言，其价格上升的幅度没有未附期权的债券价格上升幅度高。这是因为利率下降增强了借款人提前偿付和以较低利率再融资的动机。换句话说，当提前偿付行为可以增加借款人的经济价值时，借款人将会改变抵押贷款的现金流（执行提前偿付的选择权）。这样，由于这种类似于可赎回债券方式的提前偿付行为，减弱了转手证券价格上涨的可能性。第二种不利后果是必须将现金流按较低的利率进行再投资。抵押贷款利率下降所导致的这两种不利后果被称为紧缩风险（contraction risk）。从本质上讲，紧缩风险是借款人以比预期更快的速度提前偿付所导致的所有后果。

现在再来看抵押贷款利率上升到 10.5% 时的情况。与其他债券的价格一样，转手证券的价格也将下跌，但是下跌的幅度会更大。因为高利率倾向于减缓提前偿付速度，从而在实际上增加了按息票利率进行投资的金额，而息票利率低于市场利率。当抵押贷款的利率高于 8.5% 的合同利率时，房主不会对其抵押贷款进行再融资或者部分地提前偿付，因此，提前偿付速度会减慢。当然，此时也恰好是投资者希望提前偿付加速，以便他们能够以较高的利率对提前偿付额进行再投资的时刻。这种由于抵押贷款利率上升，且借款人以比预期更慢的速度提前偿付所导致的不利后果被称为扩张风险（extension risk）。

　　因此，提前偿付风险包括紧缩风险和扩张风险。由于提前偿付风险的存在，持有转手证券对那些为了完成其投资目标的个人和金融机构投资者缺乏吸引力。在购买转手证券时，作为现金管理者和短期证券投资组合管理者的个人和机构投资者关注扩张风险，而另外一些个人和机构关注紧缩风险。能否通过改变转手证券的现金流量来降低投资者的紧缩风险和扩张风险呢？这是可以做到的，我们将在下一章阐述这种做法。

9.3　担保抵押债券

　　现在我们要讨论的是，拥有较长加权平均期限的固定利率抵押贷款支持的抵押贷款转手证券是如何被用来创建结构化产品担保抵押债券（collateralized mortgage obligation（CMO））的。两种类型的债券类别可以在这种结构里被创建，拥有较短平均存续期的浮动利率债券和固定利率债券。

　　接下来我们讨论发行抵押贷款转手证券的三家机构发行的 CMOs 和私人企业发行的 CMOs。CMOs 也被称为"转付债券"或者"多类别转手债券"。这样创建它们是为了符合被称作不动产抵押贷款投资渠道（REMIC）的税法的规定，它们也被称作 REMICs。本章中，我们将这些结构类产品简称为 CMOs。在下一章涉及其他资产支持证券时，我们将会看到类似的转付结构或者多类别转手结构。

9.3.1　CMO 的基本原理

　　投资抵押转手证券，投资者会面临提前偿付风险。而且，如前所释，提前偿付风险可以分为扩张风险和紧缩风险。当投资者投资转手债券时，一些投资者关注扩张风险，而另外一些投资者则关注紧缩风险。投资者可能愿意接受一种类型的提前偿付风险，而去努力避免另外一种类型的风险。例如，寻求短期债券的现金管理者关注扩张风险，寻求长期债券并希望避免再投资风险的证券组合管理者则关注紧缩风险，希望避免由于利率下降，抵押贷款再融资将会导致不可预期的本金提前偿付。

　　通过重新分配被创立的不同债券类别的转手证券的现金流，可以创立具有不同提前偿付风险水平的债券。当相关的抵押贷款产品的现金流被重新分配到不同的债券类别，由此产生的债券被称为 CMOs。简单地说，CMOs 提出了现金流在不同债券类别中的分配规则。

　　担保抵押债券的基本原理是，通过重新分配被称为组别（tranches）的不同债券类别的现金流（利息和本金）来减少不同形式的提前偿付风险。完全消除提前偿付风险是不可能的。如果 CMO 结构中的一个组别比为该结构提供担保的抵押贷款转手证券拥有更小的提前偿付风险，则此结构中的另一组别就会比该抵押贷款转手证券的风险更大。

9.3.2 联邦机构担保抵押债券

CMOs 的发行者是和发行联邦机构转手证券相同的三家机构：国民政府抵押贷款协会、联邦住房抵押贷款公司、联邦国民抵押贷款协会。然而，联邦住房抵押贷款公司和联邦国民抵押贷款协会曾使用国民政府抵押贷款协会发行的转手证券作为担保品来发行 CMOs。上述任何一家机构发行的 CMOs 都被称为联邦机构 CMOs（agency CMOs）。

联邦机构担保抵押债券被创立时，构建了这样一种结构，即使在最坏的提前偿付情况下，来自担保品的利息和本金偿付也能足够满足每个组别的利息债务和清偿每个组别的面值。违约可以被忽略，因为，联邦机构被认为会使用已发行转手证券作担保来弥补不足金额部分。因此，联邦机构 CMOs 的信用风险极小。然而，政府赞助企业的担保并不能代表美国政府的信用。由国民政府抵押贷款协会发行的转手证券作为担保品来发行的联邦住房抵押贷款公司和联邦国民抵押贷款协会 CMOs 实际上代表美国政府的信用。

9.3.3 债券类别的类型

在 CMO 市场上，创立了大量的可以被短期投资者接受的投资产品。除此之外，为了避免典型利率风险的短期投资者，也大有人在。

顺序偿付组别

第一只担保抵押债券（CMO）是一种结构化产品，该结构使每种类别的债券按顺序依次偿付。这种结构被称为顺序偿付担保抵押债券（sequential-pay CMOs）。为了说明顺序偿付担保抵押债券，我们假设一个交易为交易1。交易1假定担保抵押债券的担保品是面值总额为4亿美元的转手债券，该转手证券具有如下特征：（1）转手息票利率为 7.5%，（2）加权平均息票利率（WAC）为 8.125%，（3）加权平均期限（WAM）为 357 个月。这与我们在图表 9.1 中描述 165PSA 假定下转手证券的现金流量所采用的转手证券相同。

这 4 亿美元的担保品一共创造出四个债券组别，它们的特征被归纳在图表 9.2中。这四个组别的面值总额等于担保品（转手证券）的面值。在这种简单的结构中，每个组别的息票利率相同，并等于担保品的息票利率。这样安排没什么特别原因，实际上不同组别一般具有不同的息票利率。特别的，如果到期收益率曲线向上倾斜，每组类别的息票利率将会随着平均存续期限的上升而上升。

现在需要记住的是，CMO 是根据一套偿付规则将现金流量（利息和本金）重新分配到各个组别而设立的。图表 9.2 下方的偿付规则说明了如何将转手证券（担保品）的现金流量分配到四个组别。本金的偿还和息票利息的支付具有不同的规则，其中的本金包括定期的计划本金偿付额和所有的提前偿付额。

图表9.2   交易1：假设的四个组别的顺序偿付结构

组　别	面值（美元）	息票利率（%）
A	194 500 000	7.5
B	36 000 000	7.5
C	96 500 000	7.5
D	73 000 000	7.5
合计	400 000 000	

偿付规则：

1. 定期息票利息支付：依据期初未偿余额计算每个组别的定期息票利息支付。

2. 本金偿付：首先对组别A进行本金偿付，并且全部清偿；组别A的本金全部清偿后，接着对组别B进行本金偿付；组别B的本金全部清偿后，再对组别C进行本金偿付；待C的本金全部清偿后，最后对组别D进行本金偿付。

在交易1中，每个组别依据月初未偿余额来获得定期的息票利息支付。但是，本金的偿付则采用一种特殊的方式进行。每个组别都必须在前一组别的本金完全偿付后，才有权得到本金偿付。具体说就是，组别A先获得本金偿付，直到194 500 000美元的应偿付金额偿付完毕；然后偿付组别B的36 000 000美元应偿付金额；紧接着，再依次偿还组别C和D。

尽管本金偿付时的优先规则是已知的，但是，每个时期确切的本金偿付额却是未知的，这将取决于担保品的现金流，因此，最终取决于担保品的本金偿付；而担保品的本金偿付则取决于担保品的实际提前偿付率。我们可以依据假定的PSA速度来估计现金流量。图表9.1给出了在165PSA假定下的现金流情况（利息、定期的计划本金偿付额及提前偿付额）。假设担保品的确在165PSA下提前偿付，那么，在交易1中四个组别的准确现金流量就是图表9.1所示的现金流量。

为了说明交易1中的优先偿付规则是如何运作的，图表9.3给出了在165PSA假定下担保品提前偿付时所选取月份的现金流量。针对每个组别，图表9.3都给出了：（1）月末余额，（2）首期本金偿付额（定期计划本金偿付额及提前偿付额），（3）利息。在第1个月，担保品的现金流量包括709 923美元的本金偿付和250万美元的利息支付（0.075乘以4亿美元再除以12）。利息支付额根据未清偿的面值余额被分配给四个组别，如此一来，组别A会得到250万美元中的1 215 625美元（0.075乘以194 500 000美元再除以12）。但是，本金全部分配给组别A。所以，组别A在第一个月的现金流量为1 925 548美元。第1个月月末，组别A的本金余额为193 790 076美元（初始本金额194 500 000美元减去本金偿付额709 923美元）。由于组别A还有未清偿的余额，因此，另外三个组别均未获得本金偿付，这种情况从第2个月持续到第80个月。

第81个月后，组别A的本金余额将变为零。担保品在第81个月的现金流量为3 318 521美元，包括2 032 196美元的本金偿付和1 286 325美元的利息支付。在第81个月月初（第80个月月末），组别A的本金余额为311 926美元。因此，来自担保品的本金偿付额2 032 196美元中的311 926美元将支付给组别A。在该支付完成后，就不必再向组别A进行本金偿付，因为其本金余额为零。来自担保品的剩余本金偿付额1 720 271美元将支付给组别B。根据假定的165PSA提前偿付速度，组别B将从第81个月开始获得本金的偿付。

图表9.3　　　　　　　165PSA假定下交易1选定月份的月现金流量　　　　金额单位：美元

月份	组别A			组别B		
	余额	本金	利息	余额	本金	利息
1	194 500 000	709 923	1 215 625	36 000 000	0	225 000
2	193 790 077	821 896	1 211 188	36 000 000	0	225 000
3	192 968 181	933 560	1 206 051	36 000 000	0	225 000
4	192 034 621	1 044 822	1 200 216	36 000 000	0	225 000
5	190 989 799	1 155 586	1 193 686	36 000 000	0	225 000
6	189 834 213	1 265 759	1 186 464	36 000 000	0	225 000
7	188 568 454	1 375 246	1 178 553	36 000 000	0	225 000
8	187 193 208	1 483 954	1 169 958	36 000 000	0	225 000
9	185 709 254	1 591 789	1 160 683	36 000 000	0	225 000
10	184 117 464	1 698 659	1 150 734	36 000 000	0	225 000
11	182 418 805	1 804 473	1 140 118	36 000 000	0	225 000
12	180 614 332	1 909 139	1 128 840	36 000 000	0	225 000
…						
75	12 893 479	2 143 974	80 584	36 000 000	0	225 000
76	10 749 504	2 124 935	67 184	36 000 000	0	225 000
77	8 624 569	2 106 062	53 904	36 000 000	0	225 000
78	6 518 507	2 087 353	40 741	36 000 000	0	225 000
79	4 431 154	2 068 807	27 695	36 000 000	0	225 000
80	2 362 347	2 050 422	14 765	36 000 000	0	225 000
81	311 926	311 926	1 950	36 000 000	1 720 271	225 000
82	0	0	0	34 279 729	2 014 130	214 248
83	0	0	0	32 265 599	1 996 221	201 660
84	0	0	0	30 269 378	1 978 468	189 184
85	0	0	0	28 290 911	1 960 869	176 818
…						
95	0	0	0	9 449 331	1 793 089	59 058
96	0	0	0	7 656 242	1 777 104	47 852
97	0	0	0	5 879 138	1 761 258	36 745
98	0	0	0	4 117 880	1 745 550	25 737
99	0	0	0	2 372 329	1 729 979	14 827
100	0	0	0	642 350	642 350	4 015
101	0	0	0	0	0	0
102	0	0	0	0	0	0
103	0	0	0	0	0	0
104	0	0	0	0	0	0
105	0	0	0	0	0	0

图表9.3（续）   金额单位：美元

月份	组别 C			组别 D		
	余额	本金	利息	余额	本金	利息
1	96 500 000	0	603 125	73 000 000	0	456 250
2	96 500 000	0	603 125	73 000 000	0	456 250
3	96 500 000	0	603 125	73 000 000	0	456 250
4	96 500 000	0	603 125	73 000 000	0	456 250
5	96 500 000	0	603 125	73 000 000	0	456 250
6	96 500 000	0	603 125	73 000 000	0	456 250
7	96 500 000	0	603 125	73 000 000	0	456 250
8	96 500 000	0	603 125	73 000 000	0	456 250
9	96 500 000	0	603 125	73 000 000	0	456 250
10	96 500 000	0	603 125	73 000 000	0	456 250
11	96 500 000	0	603 125	73 000 000	0	456 250
12	96 500 000	0	603 125	73 000 000	0	456 250
…						
95	96 500 000	0	603 125	73 000 000	0	456 250
96	96 500 000	0	603 125	73 000 000	0	456 250
97	96 500 000	0	603 125	73 000 000	0	456 250
98	96 500 000	0	603 125	73 000 000	0	456 250
99	96 500 000	0	603 125	73 000 000	0	456 250
100	96 500 000	1 072 194	603 125	73 000 000	0	456 250
101	95 427 806	1 699 243	596 124	73 000 000	0	456 250
102	93 728 563	1 684 075	585 804	73 000 000	0	456 250
103	92 044 489	1 669 039	575 278	73 000 000	0	456 250
104	90 375 450	1 654 134	564 847	73 000 000	0	456 250
105	88 721 315	1 639 359	554 508	73 000 000	0	456 250
…						
175	3 260 287	869 602	20 377	73 000 000	0	456 250
176	2 390 685	861 673	14 942	73 000 000	0	456 250
177	1 529 013	853 813	9 556	73 000 000	0	456 250
178	675 199	675 199	4 220	73 000 000	170 824	456 250

续表

月份	组别 C			组别 D		
	余额	本金	利息	余额	本金	利息
179	0	0	0	72 829 176	838 300	455 182
180	0	0	0	71 990 876	830 646	449 943
181	0	0	0	71 160 230	823 058	444 751
182	0	0	0	70 337 173	815 536	439 607
183	0	0	0	69 521 637	808 081	434 510
184	0	0	0	68 713 556	800 690	429 460
185	0	0	0	67 912 866	793 365	424 455
...						
350	0	0	0	1 235 674	160 220	7 723
351	0	0	0	1 075 454	158 544	6 722
352	0	0	0	916 910	156 883	5 731
353	0	0	0	760 027	155 238	4 750
354	0	0	0	604 789	153 607	3 780
355	0	0	0	451 182	151 991	2 820
356	0	0	0	299 191	150 389	1 870
357	0	0	0	148 802	148 802	930

图表9.3 显示，组别 B 在第 100 个月时将清偿完毕，然后组别 C 开始获得本金偿付。组别 C 将在第 178 个月时将清偿完毕；从第 178 个月开始，组别 D 将获得剩余本金偿付。在 165PSA 假定下，这四个组别的期限（本金被完全偿付所需的时间）分别是：组别 A 81 个月，组别 B 100 个月，组别 C 178 个月，组别 D 357 个月。

每个组别的本金清偿窗口（principal pay down window）是指该组别本金偿付的起始日与结束日之间的时期。比如，在 165PSA 假定下，组别 A 的本金清偿窗口为第 1 个月到第 81 个月；组别 B 为从第 81 个月到第 100 个月。在 CMOs 的交易合约中，本金清偿窗口可以定义为根据假定的 PSA 速度，预期收到本金的首月至末月之间的时期。

现在我们考察创立 CMO 所带来的变化。首先，之前我们曾指出在 165PSA 的提前偿付速度假定下，转手证券的平均存续期为 8.76 年。图表9.4 给出了在不同的提前偿付速度假定下担保品和四个组别的平均存续期。注意，这四个组别的平均存续期有的比担保品的期限长，有的则较短；因此，这吸引了那些对存续期的偏好与担保品的平均存续期不同的投资者。

图表9.4　　　　　交易 1 中的担保品和四个组别的平均存续期　　　　时间单位：年

提前偿付速度 (PSA)	平均存续期限				
	担保品	组别 A	组别 B	组别 C	组别 D
50	15. 11	7. 48	15. 98	21. 02	27. 24
100	11. 66	4. 90	10. 86	15. 78	24. 58
165	8. 76	3. 48	7. 49	11. 19	20. 27
200	7. 68	3. 05	6. 42	9. 60	18. 11
300	5. 63	2. 32	4. 64	6. 81	13. 36
400	4. 44	1. 94	3. 70	5. 31	10. 34
500	3. 68	1. 69	3. 12	4. 38	8. 35
600	3. 16	1. 51	2. 74	3. 75	6. 69
700	2. 78	1. 38	2. 47	3. 30	5. 95

另外一个重要的问题是：各个组别的平均存续期有很大的变动性。我们后面会研究这种情况的弊端。但是，每个组别还是具有一些防范提前偿付风险的保护措施。这是因为本金分配的优先规则（建立本金偿付规则）使这种结构中期限较短的组别 A 有效的防范了扩张风险。这种保护实际上来自于另外三个组别。类似地，组别 C 和 D 给组别 A 和 B 提供了防范扩张风险的措施。同时，组别 A 和组别 B 又给组别 C 和组别 D 提供了防范紧缩风险的措施，所以，组别 C 和 D 也会受益。

应计利息组别

在交易 1 中，利息支付规则规定对所有组别每月都要支付利息。在许多顺序偿付 CMO 结构中，至少有一个组别不获得当期利息。相反，该组别的利息被累积起来并加到本金额中，这种债券类别通常被称为应计利息债券组别（accrual tranche）或 Z 债券（Z bond）（因为这类债券类似于零息票债券）。本来应该支付给应计利息债券的利息被用来加速前面债券组别的本金余额的首期偿付。

为了说明这些，假设一个虚构的 CMO 结构，交易 2，它具有与交易 1 相同的担保品，并且包括四个组别，每个组别的息票利率为 7.5%。它与交易 1 的区别在于最后一个组别 Z，Z 组别属于应计利息债券。交易 2 的结构如图表 9.5 所示。

图表9.5　**交易2：假设的具有应计利息债券组别的四个组别的顺序偿付结构**

组别	面值（美元）	息票利率（%）
A	194 500 000	7.5
B	36 000 000	7.5
C	96 500 000	7.5
Z（应计利息）	73 000 000	7.5
合计	400 000 000	

支付规则：

1. 定期息票利息支付：依据期初未清偿余额支付组别 A、组别 B、组别 C 的定期息票利息。组别 Z 的利息等于本金加上前期累计利息。组别 Z 的利息作为本金的首期偿付额而被支付给前面的组别。

2. 本金偿付：首先对组别 A 进行本金偿付，并全部清偿；待组别 A 的本金全部清偿后，才对组别 B 的本金进行偿付；待组别 B 的本金全部清偿后，再对组别 C 进行本金偿付；等组别 C 的本金全部清偿后，最后才对组别 Z 进行清偿，直到初始本金余额加上累计利息被全部清偿为止。

可以看出，由于组别 Z 的存在，组别 A、B、C 的预期到期日被缩短了。组别 A 最终被清偿的时间是第 64 个月，而非第 81 个月；组别 B 最终被清偿的时间是第 77 个月，而非第 100 个月；组别 C 最终被清偿的时间是第 112 个月，而非第 178 个月。由于应计利息债券的存在，与交易 1 相比，组别 A、B、C 在交易 2 中的平均存续期缩短了。例如，在 165PSA 假定下，平均存续期如下所示：

结构	组别 A	组别 B	组别 C
交易 1	3.48	7.49	11.19
交易 2	2.90	5.86	7.87

非应计利息债券组别的平均存续期缩短的原因在于，本应支付给应计利息债券的利息被分配给其他组别。交易 2 中的组别 Z 的平均存续期要长于交易 1 中组别 D 的平均存续期。对于现金管理者而言，平均存续期限较短的组别比没有应计利息债券组别的交易更具有吸引力。

浮动利率组别

现在我们讨论如何由固定利率组别创立浮动利率组别。这是通过创立浮动利率债券和反向浮动利率债券来实现的。我们将说明如何运用交易 2 中假定的 CMO 结构（具有应计利息债券的四个组别顺序偿付结构）来创立浮动利率债券和反向浮动利率债券类别。我们从中任意选择一个组别来创建浮动利率债券和反向浮动利率债券组别。事实上，我们可以对四个组别中的多个组别或仅对某个组别中的一部分来创建这两种证券。

在本例中，我们通过组别 C 来创建一个浮动利率债券组别和一个反向浮动利率债券组别。组别 C 的面值为 9 650 万美元，我们将创建两个组别，其面值合计约为 9 650 万美元。我们将具有浮动利率债券组别的 CMO 结构称为交易 3，它由五个组别组成，分别是 A、B、FL、IFL 和 Z；其中，FL 是浮动利率债券组别，IFL 是反向浮动利率债券组别。图表 9.6 描述了交易 3。任何一种参考利率都可以用来构造浮动利率债券和反向浮动利率债券组别。在交易 3 中，用来确定 FL 和 IFL 组别息票利率的参照利率是 1 个月期的 LIBOR。浮动利率和反向浮动利率债券的本金偿付是和组别 C 的本金偿付成比例的。

图表 9.6　交易 3：假设的包括有浮动利率债券组别、反向浮动利率债券组别
和应计利息债券组别的五个组别顺序偿付结构

组别	票面金额（美元）	票面利率（%）
A	194 500 000	7.5
B	36 000 000	7.5
FL	72 375 000	1 个月期 LIBOR + 0.50
IFL	24 125 000	28.50% − 3 × （1 个月期 LIBOR）
Z（应计利息）	73 000 000	7.5
合计	400 000 000	

支付规则：

1. 定期息票利息支付：依据期初未清偿余额支付组别 A、B、FL、IFL 的定期息票利息。组别 Z 的利息等于本金加上前期累计利息。组别 Z 的利息作为本金的首期偿付额而被支付给前面的组别。FL 的最高息票利率为 10%；IFL 的最低票面利率为 0%。

2. 本金偿付：首先对组别 A 进行本金偿付，并全部清偿；待组别 A 的本金全部清偿后，才对组别 B 的本金进行偿付；待组别 B 的本金全部清偿后，再对 FL 和 IFL 进行本金偿付，直至全部偿还。组别 FL 和 IFL 间的本金偿付以下列方式进行：75% 交付给 FL，25% 交付给 IFL。等组别 FL 和 IFL 的本金全部清偿后，最后才对组别 Z 进行清偿，直到初始本金余额加上累计利息被全部清偿为止。

浮动利率债券组别的面值金额为 9 650 万美元中的一定比例。有无数种方法可以将这 9 650 万美元在浮动利率债券和反向浮动利率债券组别之间分配，最终的分配结果取决于投资者的需求。在交易 3 结构中，我们用 9 650 万美元的 75%，即 7 237.5 万美元来构造浮动利率债券组别。这样，每月收到的 100 美元本金中，浮动利率债券组别收到 75 美元，反向浮动利率债券组别收到 25 美元。浮动利率债券组别的息票利率被设定为 1 个月期的 LIBOR 加上 50 个基点。所以，如果利率重新设定日的 LIBOR 为 3.75%，那么浮动利率债券组别的息票利率为 3.75% + 0.5%，即 4.25%。浮动利率债券组别的息票利率具有一个利率上限（稍后将讨论）。

与第 7 章中所讨论的本金在存续期间保持不变的浮动利率债券不同，浮动利率债券组别的本金余额将随着本金偿付的进行而逐渐减少。浮动利率债券组别的本金偿付取决于创立该浮动利率债券组别的基础组别的本金偿付情况。在交易 3 中，这个组别是组别 C。

由于浮动利率债券组别的面值为 9 650 万美元中的 7 237.5 万美元，因此，剩余的部分就是反向浮动利率债券组别。假定以 1 个月期 LIBOR 为参照利率，那么反向浮动利率债券组别的息票利率的计算过程如下：

$K - L \times 1$ 个月期 LIBOR

在交易 3 中，K 为 28.50%，L 设定为 3；若 1 个月期的 LIBOR 为 3.75，则，该月的息票利率为：

$28.50\% - 3 \times 3.75\% = 17.25\%$

K 是反向浮动利率债券组别的利率上限。在交易 3 中，反向浮动利率债券组别的利率上限为 28.50%。

公式中用来确定反向浮动债券组别息票利率的 L 被称为息票杠杆率（coupon leverage）。息票杠杆率越大，1 个月期的 LIBOR 变动所带来的反向浮动利率债券组别的利率变动也越大。例如，息票杠杆率为 3 意味着 1 个月期 LIBOR 的 1 个基点的变动将导致反向浮动利率债券组别的利率变动 3 个基点。

由于 1 个月期的 LIBOR 总是正值，所以，支付给浮动利率债券组别的息票利息不可能是负值。然而，如果对反向浮动利率债券组别的息票利率不加以任何限制，那么，这类债券的息票利率就可能为负值。为了避免这种情况的发生，可以对息票利率设定一个下限或者最小值。在许多结构中，这一下限被设定为零。一旦对反向浮动利率债券设定了下限，那么也就对浮动利率债券设定了一个上限或最大值。在交易 3 中，反向浮动利率债券的下限为 0，这导致浮动利率债券的上限为 10%。

正如第 7 章所指出的，反向浮动利率债券的价格会大幅波动，那些预期利率下降的现金或者短期证券投资组合的管理者若是没有认识到这一点，将会是很不幸的。

按计划分期偿付类组别

按计划分期偿付债券（Planned Amortization Class，PAC）是指本金的偿付计划在募集说明书中是事先规定的债券。与 CMO 结构中其他债券类别的持有者相比，PAC 债券持有人在获取基础担保品的本金偿付方面具有优先权。虽然实现本金偿付计划的本金偿付并没有保证，但只要提前偿付速度保持在一定范围内，抵押品就能产生充足的本金以满足 PAC 债券本金偿付计划[①]。

PAC 债券现金流量的较高确定性是以非 PAC 债券类别为代价而得到的；这些非 PAC 债券类别被称为支持债券或伴侣债券（support or companion tranches）。正是这些债券承担了提前偿付的风险。由于 PAC 债券能够防范扩张风险和紧缩风险，因而被称为提供双向提前偿付保护（two-sided prepayment protection）。

图表 9.7 给出了一种 CMO 结构，交易 4，它是以息票利率为 7.5%、WAC 为 8.125%、WAM 为 357 个月的 4 亿美元转手证券为基础构建的。该 CMO 结构中仅包含两个债券类别：90PSA 到 300PSA 假定下创立的面值为 2.438 亿美元、息票利率为 7.5% 的 PAC 债券；面值为 1.562 亿美元的支持债券（support bond）。用来创立 PAC 债券的两个提前偿付速度被称为初始 PAC 双限（initial PAC collars），或初始 PAC 边界（initial PAC bands）。在交易 4 中，90PSA 是下限，300PSA 是上限。

① 为了解释 PAC 计划是如何建立的，请参见第 6 章的 Frank J. Fabozzi 和 Chuck Ramsey, *Collateralized Mortgage Obligations: Structures and Analysis*（New Hope, PA: Frank J. Fabozzi Associates, 1999）。

图表 9.7   交易 4：具有一种 PAC 债券和一种支持债券的 CMO 结构

组别	面值（美元）	息票利率（%）
P（PAC 债券）	243 800 000	7.5
S（支持债券）	156 200 000	7.5
合计	400 000 000	

支付规则：

1. 定期息票利息支付：依据期初未清偿余额支付各个组别的定期息票利息。

2. 本金偿付：根据组别 P 的本金提前偿付时间表对组别 P 进行本金偿还。对于满足时间表要求的当前和未来的本金偿付，组别 P 具有优先偿付权。每个月的本金偿付额中超过时间表要求的金额将支付给组别 S。在组别 S 被全部清偿之后，无论时间表如何规定，所有的本金偿付都支付给组别 P。

图表 9.8 给出了各种实际提前偿付速度假定下，交易 4 中 PAC 债券和支持债券的平均存续期。注意，在 90PSA 和 300PSA 的提前偿付速度假定之间，PAC 债券的平均存续期稳定在 7.26 年。但是，如果 PSA 速度较慢或较快，那么这将不符合计划的安排，平均存续期也会发生变化。当提前偿付速度低于 90PSA 时，平均存续期会变长；当提前偿付速度高于 300PSA 时，平均持续期就会缩短。即便如此，支持债券的平均存续期仍然具有较高的变动性。

大多数 CMO 的 PAC 结构都具有多个 PAC 债券类别。从交易 4 中可以创立出六种 PAC 债券，我们称之为交易 5。图表 9.9 给出了这种 CMO 结构的相关信息。这六种 PAC 债券的面值总额为 2.438 亿美元，相当于交易 4 中单只 PAC 债券的金额。

图表 9.8   各种提前偿付速度假定下交易 4 中 PAC 债券的平均存续期   时间单位：年

提前支付率（PSA）	PAC 债券（P）	支持债券（S）
0	15.97	27.26
50	9.44	24.00
90	7.26	18.56
100	7.26	18.26
150	7.26	12.57
165	7.26	11.16
200	7.26	8.38
250	7.26	5.37
300	7.26	3.13
350	6.56	2.51
400	5.92	2.17
450	5.38	1.94
500	4.93	1.77
700	3.70	1.37

图表 9.9　　　交易 5：具有六种 PAC 债券和一种支持债券的 CMO 结构

组别	面值（美元）	息票利率（%）
P－A	85 000 000	7.5
P－B	8 000 000	7.5
P－C	35 000 000	7.5
P－D	45 000 000	7.5
P－E	40 000 000	7.5
P－F	30 800 000	7.5
S	156 200 000	7.5
合计	400 000 000	

支付规则：

1. 定期息票利息支付：依据期初未清偿余额支付各个组别的定期息票利息。

2. 本金偿付：根据各自的本金偿付时间表，对组别 P－A 至组别 P－F 进行本金偿还。对于满足时间表要求的当前和未来的本金偿付，组别 P－A 具有优先偿付权。每个月的本金偿付额中超过 P－A 时间表要求的金额将支付给组别 S。当组别 P－A 被全部清偿之后，组别 P－B 将具有优先偿付权；然后是组别 P－C，以此类推。在组别 S 被全部清偿后，无论时间表如何规定，所有的本金偿付将按照优先权的顺序偿付给剩余的 PAC 组别。

图表 9.10 给出了不同提前偿付速度假定下交易 4 中六种 PAC 债券和一种支持债券的平均存续期。如果提前偿付速度稳定在 90PSA 与 300PSA 之间，我们已经以交易 4 中平均存续期为 7.26 年的 PAC 债券为基础，创立出平均存续期短至 2.58 年长达 16.92 年的六种 PAC 债券。

图表 9.10　在各种提前偿付速度假定下交易 5 中六种 PAC 债券的平均存续期 时间单位：年

提前偿付速度	PAC 债券					
（PSA）	P－A	P－B	P－C	P－D	P－F	P－E
0	8.46	14.61	16.49	19.41	21.91	23.76
50	3.58	6.82	8.36	11.30	14.50	18.20
90	2.58	4.72	5.78	7.89	10.83	16.92
100	2.58	4.72	5.78	7.89	10.83	16.92
150	2.58	4.72	5.78	7.89	10.83	16.92
165	2.58	4.72	5.78	7.89	10.83	16.92
200	2.58	4.72	5.78	7.89	10.83	16.92
250	2.58	4.72	5.78	7.89	10.83	16.92
300	2.58	4.72	5.78	7.89	10.83	16.92
350	2.58	4.72	5.49	6.95	9.24	14.91
400	2.57	4.37	4.91	6.17	8.33	13.21
450	2.50	3.97	4.44	5.56	7.45	11.81
500	2.40	3.65	4.07	5.06	6.74	10.65
700	2.06	2.82	3.10	3.75	4.88	7.51

如果提前偿付速度在 90PSA 到 300PSA 之间，平均存续期将是稳定的。即使提前偿付速度超出这一范围，平均存续期较短的 PAC 债券的平均存续期仍然是稳定的。例如，即使提前偿付速度高达 400PSA，PAC 债券的 P－A 组别的平均存续期也依然很稳定；对于 PAC 债券的 P－B 组别来说，如果提前偿付速度位于初始 PAC 双限内，或者只要不超过 350PSA，PAC 债券的平均存续期将保持不变。为什么 PAC 债券的平均存续期越短，防范快速提前偿付的保护措施就越多呢？

现在解释其中的原因，我们已经指出有 1.562 亿美元的支持债券对 8 500 万美元的 PAC 债券的 P－A 组别进行保护。因此，即使提前偿付速度超过了初始 PAC 双限的上限，支持债券依然足以满足偿还时间表的要求。事实上，正如我们在图表 9.10 中所看到的，即使在担保品的整个存续期内提前偿付速度达到了 400PSA，平均存续期也会保持不变。

再来考察 PAC 债券的 P－B 组别的情况。支持债券同时对 8 500 万美元的 PAC 债券的 P－A 组别和 9 300 万美元的 PAC 债券的 P－B 组别提供保护。从表 9.10 中可以看出，提前偿付速度为 350PSA，但平均存续期仍保持不变。从表 9.10 还可以看出，PAC 债券的平均存续期越短，对扩张风险的防范程度就越强。所以，即使初始 PAC 双限可能在 90PSA 到 300PSA 之间，但是，平均存续期较短的 PAC 组别的有效双限（effective collar）会较大。

9.3.4　PAC 浮动利率债券

给定的一系列 PAC 债券中，任一组别都可以被分割，并构建为一组浮动利率债券和反向浮动利率债券。和顺序偿付浮动利率债券相比，PAC 浮动利率债券的优势在于其拥有双重提前偿付保护，因此其平均存续期限的不确定性也较小。这项提前偿付保护的协定并不是免费的。假定其他所有因素都不变，在相同的参考利率下，PAC 浮动利率债券的保证金比顺序偿付浮动利率债券的较少，或者说保证金的上限较低。

9.3.5　有效双限和实际提前偿付

我们已经多次强调过，抵押贷款支持证券的产生并不能消除提前偿付风险。转手证券和 CMO 也是如此。所以，PAC 所带来的提前偿付风险（扩张风险和紧缩风险）降低必然源于其他某处。

提前偿付风险的保护来自支持债券。如果担保品的提前偿付速度放慢，那么，这正是由于支持债券放弃了本金偿付；直到 PAC 债券获得了计划的本金偿还之后，支持债券才获得本金偿付。这种做法降低了 PAC 债券所面临的扩张风险。类似地，支持债券吸纳了所有超过计划本金偿付额的超额本金偿付。这种做法又降低了 PAC 债券所面临的紧缩风险。因此，PAC 债券所提供的提前偿还保护的关键在于未清偿的支持债券余额。如果快于预期的提前偿付行为促使支持债券被迅速清偿，那么，PAC 债券所提供的保护将不复存在。实际上，在交易 5 中，如果支持债券被全部清偿，那么这一结构将蜕变成顺序偿付 CMO 结构。这样，偿付计划无法再被履行，这一结构被称为失败的 PAC。

支持债券可以被视作 PAC 债券持有人的"保镖"（bodyguards）。当子弹飞来时（提前偿付行为发生时），首先中弹身亡的是保镖。在这里，保镖是用来挡子弹的。当所有的保镖都中弹身亡后（快于预期的提前偿付行为促使支持债券被迅速清偿），PAC 债券必须自我保护，因为它们也将暴露在枪林弹雨之中。

记住我们对支持债券所作的保镖的比喻，现在考虑 CMO 购买者所提出的两个问题：

1. 如果提前偿付速度快于初始 PAC 上限，那么，本金偿付的计划能否被履行？

2. 是否只要提前偿付速度维持在初始 PAC 双限内，本金偿付的计划就能够被履行？

首先解答第一个问题。交易 5 的初始 PAC 上限为 300PSA。假设实际的提前偿付速度连续 7 个月保持为 500PSA，这是否会破坏本金偿付的计划呢？答案是：视情况而定！

为了回答这一问题，我们需要两条信息：第一，500PSA 何时发生？第二，在提前偿付速度达到 500PSA 之前，实际发生的提前偿付情况如何？例如，假设从现在开始的 6 年后提前偿付速度达到 500PSA；同时，假设此前的 6 年内每个月的提前偿付速度为 90PSA。这意味着按照初始双限构建 PAC 时，PAC 债券持有人的周围将存在更多的保镖（支持债券）。在确定提前偿付计划时，假定在 300PSA 的提前偿付速度下保镖将中弹身亡；但是，对于实际发生的提前偿付行为来说，在 90PSA 的提前偿付速度下保镖就会中弹身亡。因此，从现在开始的 6 年后提前偿付速度达到 500PSA 时，保镖的数量将会超过预期。所以，连续 7 个月的 500PSA 可能不会对满足本金偿付计划的能力产生影响。

相反，假定头 6 年的实际提前偿付速度为 300PSA（初始 PAC 双限的上限）。在这种情形下，PAC 债券持有人的周围不会存在额外的保镖。结果，任何快于 300PSA 的提前偿付速度，如本例中的 500PSA，都将破坏本金偿付计划的履行，并增加紧缩风险。这意味着提前偿付的保护被削弱了。

这些观察明确说明，在评估趋于稳定提前偿付阶段的 PAC 债券的提前偿付保护时，初始 PAC 双限的作用是有限的。弄清楚这一点非常重要。因为 CMO 的买方习惯于比较各种 CMO 结构中 PACs 所提供的提前偿付保护，并且认为 PAC 所具有的双限越宽，PACs 提供的保护程度就越大。这种分析方法是不恰当的，因为担保品的提前偿付保护程度以及预期提前偿付情况由实际的提前偿付发生情况决定。

确定这种提前偿付保护程度的方法是计算 PAC 债券的有效双限。PAC 债券的有效双限是未来可能发生，并仍能确保维持本金偿付时间表的 PSA 上限和下限。

有效双限每个月都会发生变动。如果实际提前偿付的期限扩展速度低于初始 PAC 双限的上限，那么，这将提高有效双限的上限。这是因为 PAC 债券持有人的周围将会存在比预期更多的"保镖"。如果提前偿付的期限扩展速度慢于初始 PAC

双限的下限，那么，这会提高有效双限的下限。这是因为，这种方式可以通过较快地提前偿付来弥补计划的本金偿付缺口，不过无法同时弥补计划的未来本金偿付。

即使实际的提前偿付速度从未超出初始双限，PAC 的本金偿付时间表也可能无法被满足。这似乎有些出乎预料，因为我们以前的分析表明，如果提前偿付速度为初始双限的上限或下限，平均存续期将保持不变。但是，我们前面所有的分析都是以该种债券结构的存续期具有单一 PSA 速度为基础。如果我们随着时间改变 PSA 速度，而不是在 CMO 债券的存续期内保持 PSA 速度不变，如果某几个月内提前偿付速度位于初始双限的上限，我们可以看到有效双限发生了什么变化。例如，在头 24 个月的提前偿付速度为 300PSA 的条件下，计算交易 4 中 PAC 债券从现在开始两年后的平均存续期。如果随后几个月份的提前偿付速度位于 115PSA 和 300PSA 水平之间，那么，平均存续期将稳定在 6 年。也就是说，有效 PAC 双限已经不再是初始双限。相反，下限已经向上平移。这意味着，即使以前的提前偿付速度没有超出初始双限的上限，从第二年开始针对 115PSA 到 300PSA 所提供的提前偿付保护的范围已经比起初始范围缩小了。

支持债券

支持债券是为 PAC 组别提供提前偿付保护的债券。因此，这类债券面临的提前偿付风险最大。基于这个原因，投资者必须非常谨慎地估算支持债券的现金流量特征，以便降低提前偿付行为对投资组合产生不利影响的可能性。

考虑一只短期、息票利率为 7% 的支持债券，该债券是 2001 年 1 月由 Freddie Mac 发行的（BA 类别，2279 系列）。图表 9.11 显示了该债券证券描述的彭博屏幕。这只支持债券在每个月的第十五天支付票面利息。让我们用图表 9.12 中彭博的 PT（价格表格）功能来分析该债券面临的提前偿付风险。假设在当前的利率水平，基础抵押担保品在 210PSA 的提前偿付条件下，当前该债券的价格为 100 - 07。注意屏幕的底部，在给定的 210PSA 提前偿付速度下，其平均存续期是 0.22 年。如果我们把当前的国库券收益曲线分别移动 ±100、±200 和 ±300 个基点，并把这些移动放进提前偿付模型，这只支持债券的平均存续期限和担保品的提前偿付速度会如何变化？从价格表格中我们可以看到，如果利率上升，提前偿付速度将会下降，而收益曲线每向上平行移动 100 个基点，该债券的平均存续期限将从 0.22 年延长至 7.17 年。当然，这是那些购买货币市场类型工具的投资者所关注的。相反，如果利率下降，提前偿付速度将会上升，债券的平均存续期限将会缩短。

支持债券被分为不同的组别。我们前面所讨论的所有组别都包括在内，包括顺序偿付支持债券组别、浮动利率支持债券组别和反向浮动利率支持债券组别。支持债券甚至可以被分成若干部分，以便创立具有本金偿还时间表的支持债券组别。也就是说，可以创立等同于 PAC 债券的支持债券组别。在一个包含 PAC 债券和具有本金偿付 PAC 时间表的支持债券的结构中，前者被称为 PAC I 债券或 I 级 PAC 债券，后者被称为 PAC II 债券或 II 级 PAC 债券。与没有本金偿付时间表的支持债券相比，PAC II 债券具有更有效的提前偿付保护，但是，其提前偿付保护程度要低于

PAC I 债券。

图表 9.11　　　　　　彭博关于 Freddie Mac 支持债券证券描述屏幕

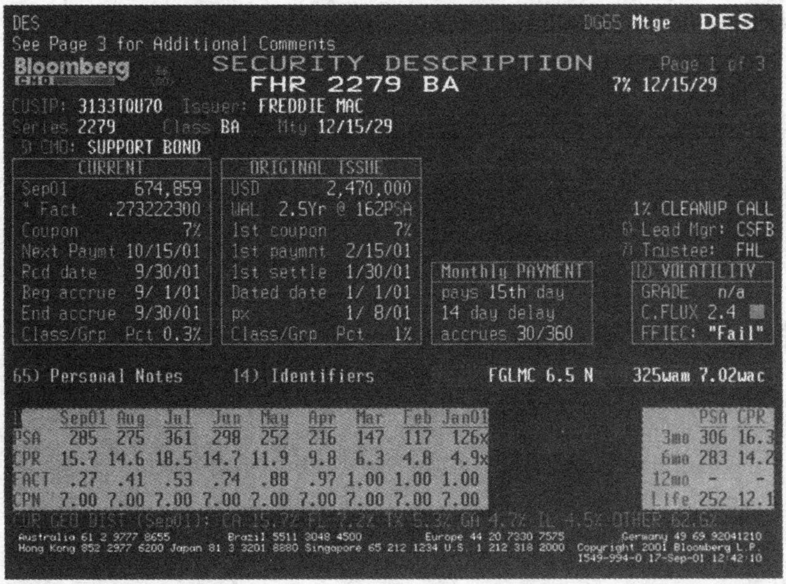

资料来源：彭博金融市场。

图表 9.12　　　　　　　　彭博价格表屏幕

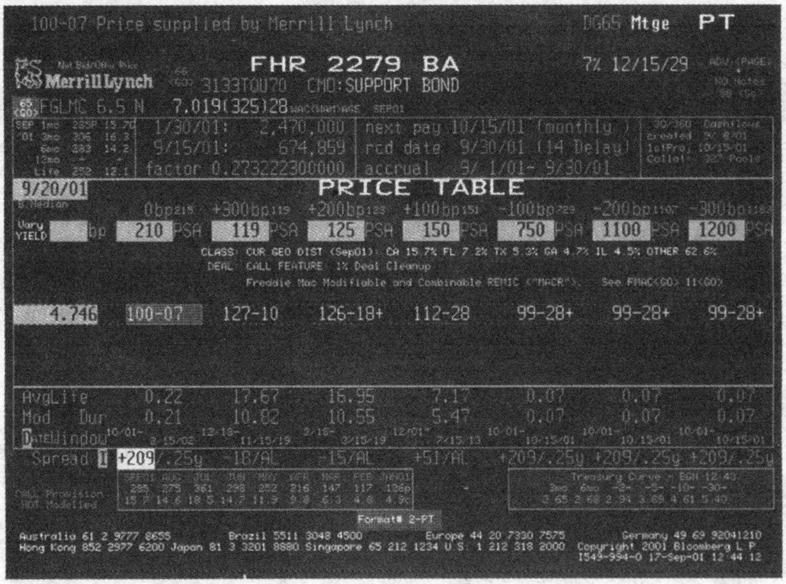

资料来源：彭博金融市场。

　　PAC Ⅱ 债券还有更多用途。也可以创立，如我们在交易 5 中，利用 PAC 债券那样的一系列 PAC Ⅱ 债券。PAC Ⅱ 也可以被用于创立其他类型债券类别，比如，浮动利率 PAC Ⅱ 债券和反向浮动利率 PAC Ⅱ 债券。没有本金偿付计划的支持债券，可以用来创立任何类型的债券类别。事实上，一部分非 PAC Ⅱ 支持债券可以有一个提前偿付计划。这种债券类别可以被称为 PAC Ⅲ 债券或Ⅲ级 PAC 债券。由于它为 PAC Ⅰ 和 PAC Ⅱ 债券提供提前偿付保护，因此，其将遭受相当大的提前偿付风险，相比没有提前偿付时间表的支持债券，这种债券类别能提供更大的保护。

9.4　非联邦机构 CMOS

在由私人企业而非 Ginnie Mae、Fannie Mae 或 Freddie Mac 发行的 CMO 交易中，也有一些短期固定利率和浮动利率债券被创立。这些证券被称为非联邦机构抵押贷款支持证券（nonagency mortgage-backed securities）（后面我们称之为非联邦机构证券（nonagency securities））。其他的在证券业中作为资产支持证券被单独分类的抵押贷款支持产品包括：住宅权益贷款支持证券和预制房屋贷款支持证券。这些证券将在下一章中讨论。因为所有这些抵押贷款相关证券的投资者都会面临信用风险，这些证券有时也被称为信用敏感抵押贷款支持证券（credit-sensitive mortgage-backed securities）。

对联邦机构 CMOs 来说，我们关注的是提前偿付风险的重新分配或者分组。而对非联邦机构 CMOs 来说，债券的发行并没有相关的联邦政府机构或政府资助企业的担保。因此，我们关注的是信用风险。结果是，非联邦机构 CMOs 使投资者既面临提前偿付风险又面临信用风险。和前面描述联邦机构 CMO 结构时一样，非联邦机构 CMO 结构中也有相同类型的组别。唯一不同的是非联邦机构 CMO 的信用增强机制，可以使发行者在交易中为某一组别获得期望的信用等级。信用增强机制也同样适用于下一章将讨论的资产支持证券结构。

联邦机构 CMOs 是通过转手证券组合创立的。在非联邦机构市场，CMO 既可以通过转手证券组合创立，也可以通过未经证券化的抵押贷款创立。把不符合条件的抵押贷款证券化，形成转手证券，并把该转手证券分割创立 CMO 的做法并不常见。相反，在非联邦机构市场中，CMO 可以由未经证券化形成转手证券的抵押贷款创立。因为抵押贷款通常被视为全额贷款，非联邦机构 CMOs 也被称为全额贷款 CMOs。

联邦机构证券的基础贷款是指那些符合发行或者担保发行的联邦机构承保标准的贷款。也就是说，只有符合条件的贷款才会被包括在为联邦机构抵押贷款支持证券提供担保的担保品组合中。三个主要的承保标准包括：（1）最高的贷款价值比，（2）最高的偿付收入比，（3）最大贷款金额。不符合条件的抵押贷款是指不符合任何一家机构建立的承保标准的贷款。

9.4.1　信用增强机制

一般来说，在非联邦机构 CMO 中，AA 或 AAA 等级是最理想的信用等级。信用增强的必要性取决于评级机构的要求。通常，信用增强机制的类型有两种：外部信用增强和内部信用增强。下面我们分别介绍这两种信用增强类型。

外部信用增强

外部信用增强以第三方担保的形式实现。第三方担保提供第一损失保护，确保损失不超过规定的水平，比如10%。最常见的外部信用增强方式包括：（1）公司担保，（2）信用证，（3）组合保险，（4）债券保险。

组合保险单对由违约和抵押品赎回权取消所造成的损失提供保险。通常，保险单规定了在整个组合保险期内有效的保险金额。但是，有些保险单也规定只要满足以下两个条件，保险金额将随着组合趋向稳定的提前偿付阶段而递减：（1）信用表现好于预期，（2）获得评级机构的认可。由于保险范围仅包括违约和取消抵押品赎回权，因此还必须对下列所示提供附加险：破产（法院命令减少抵押贷款债务）、贷款发起过程中的欺诈行为以及特殊风险（不包括标准住房拥有者保险单所理赔的范围）。

债券保险具有与市政债券结构中的保险相同的作用。债券保险的主要的发行人有 AMBAC、MBIA、FSA 和 FGIC。

非联邦机构 CMO 的外部信用支持由第三方担保人的信用风险决定。如果第三方担保人的信用等级下降，即使担保品的表现同预期一样，证券的信用等级也会下降。这是基于信用评级机构的"弱连接"检验。根据这项检验，当评价一个被提议的结构时，无论基础贷款的信用质量如何，债券发行者的信用质量最高与信用增强中最差者的信用质量一样。这是第三方担保的主要缺点，有时也被称为"事件风险"。因此，投资者监控第三方担保人与监控担保品是同样必要的。

除了提前偿付的形式，外部信用增强并不改变 CMO 结构的现金流特征。如果由于违约而导致的净损失在担保水平内，即使发生提前偿付，投资者也可以收到本金金额。如果净损失超过担保水平，投资者将在现金流上得到一个差额补偿。

内部信用增强

内部信用增强的方式比外部信用增强更复杂，而且，即使在没有违约的情况下，也能改变贷款的现金流特征。内部信用增强的最常见方式包括准备金和高级/次级结构。

准备金（reserve funds）具有两种形式：现金准备金和超额服务价差。现金准备金来自于发行收入的直接现金存款。在这种情况下，将交易中获得的一部分承销利润存入主要投资于货币市场工具的基金，现金准备金（cash reserve funds）通常与信用证和其他外部信用增强形式联合使用。

超额服务价差账户（excess servicing spread accounts）的形成过程是：在按月支付净息票利息、服务费和其他费用之后，将超额价差或现金分配到一个独立的准备金账户中。例如，假设总的加权平均息票利率（WAC）为 7.75%，服务费和其他费用为 0.25%，那么净 WAC 为 7.25%，这意味着超额服务价差为 0.25%。准备金账户中的金额将逐渐增加，并用于支付未来可能出现的损失。此种形式的信用增强是基于这样一种假设：贷款的前期，违约并不经常发生，而在随后的 2 到 5 年里，违约将逐渐增加。

　　高级/次级结构（senior/subordinated structure）是最常用的内部信用增强方式。现在，一个典型结构中包括一个高级组别和几个低级组别。低级组别代表该结构的次级组别。发行者将会为高级组别提供 AAA 或者 AA 的等级水平。低级组别的等级水平将会很低——投资级别和非投资级别。通常，最低的组别，也被称为第一损失部分（first loss piece），将不会被评级。

　　图表 9.13 给出了一个 20 亿美元的假设结构，在该结构中，有一个代表交易金额 92.25% 的高级组别和代表交易金额 7.75% 的五个低级组别。在该结构中，请注意"信用分组"。高级组别或者是低级组别的任一部分都可以被分割，并创立其他的 CMO 组别，例如，顺序偿付组别。

　　在此假设交易中，第一损失部分是 X5 组别。次级类别的比例为 7.75%。次级类别将会承担 1 550 万美元之前的所有损失，之后再由高级类别承担损失。因此，如果损失为 1 000 万美元，高级组别将不承担损失。相反，如果损失为 2 000 万美元，高级组别将承担 450 万美元的损失（2 000 万美元～1 550 万美元）或者 2.4% 的损失（4.5 美元或 184.5 美元）。

图表 9.13　　　　　　　　　　　假设的 20 亿美元的高级/次级结构

债券	等级	金额（百万美元）	交易百分比（%）
高级	AAA	184.5	92.25
次级			
X1	AA	4.00	2.00
X2	A	2.00	1.00
X3	BBB	3.00	1.50
X4	BB	4.00	2.00
X5[a]	无等级	2.50	1.25

[a] 第一损失部分。

　　如果损失为 1 000 万美元，第一损失部分（X5 组别），X4 组别和 X3 组别承担 950 万美元。这些组别将承担 100% 的损失。X2 组别承担 50 万美元，因此，损失率为 25%（05/2.0）。X1 组别不承担任何损失。如果损失为 2 000 万美元，所有的次级组别的损失率都是 100%。

　　相对于高级结构类别，次级结构类别的持有人承担着更高的违约风险，因此，他们显然会要求一个比高级结构组别更高的收益率溢价。这种结构设置是另一种形式的自我保险，其中，高级结构类别持有人放弃一部分收益率价差，将其转让给低级结构类别持有人。如果不发生提前偿付，那么，这种信用增强形式不会影响高级结构类别的现金流特征。如果损失限制在次级结构类别范围内，即使发生提前偿付，高级结构类别持有人也会收回本金。

最基本的问题是，在交易结束时，虽然次级组别可以为高级组别提供一定水平的信用保护，但是，由于提前偿付和一定的清算款项，保护水平随时间而改变。我们的目标是分配这些本金支付，使高级组别的信用保护不随时间而恶化。

几乎所有现有的高级/次级结构都涉及移动的利率结构（shifting interest structure）。移动的利率结构将使提前偿付按照既定的时间表，从高级结构类别不对称地转向低级结构类别。以下即是这种时间表的一个例子：

月份	转向高级类别的提前偿付比例（%）
1~60	70
61~72	60
73~84	40
85~96	20
97~108	12
109+	按比例转换

移动利率结构的基本原理是可以产生足够的保险余额以补偿未来的损失。基于移动利率结构，低级结构类别的金额实际上可能会立即增加，尤其在违约率很低且提前偿付较快的情况下更是如此。仍然采用上面给出的例子，其中，交易额为 20 亿美元，初始次级类别占 7.75%，假定 3 年后累积的偿付额（165PSA 下提前偿付和定期偿付）为 4 000 万美元。如果没有任何违约损失发生，次级结构类别的比率将增加到 10.7%（15.5/（184.5 − 40））。即使次级结构类别发生了一些损失（比如 100 万美元），次级结构类别所占比例仍将增加到 9.3%（（15.5 − 1）/（184.5 − 40））。

从信用的角度看，虽然移动利率结构会使高级组别获益，但是，即使在没有违约的情况下，移动利率结构会改变高级组别的现金流特征。

作为例证，我们考虑一只 2000 年 1 月由花旗集团股份有限公司发行的短期、息票利率为 7% 的抵押证券（类别 A2，CMSI2001 − 1 系列）。图表 9.14 是彭博社关于这只证券的证券描述屏幕。从屏幕中我们可以看到，高级组别证券被设计成为加速证券（AS），也就是说，它收到本金偿付的速度要快于基础担保品。这是移动利率结构的一个例子。同时注意，屏幕的右上角表明，这只证券被标准普尔评为 AAA 等级。

接着，我们用图表 9.15 中彭博 PT（价格表格）功能来分析这只债券暴露的提前偿付风险。考虑把利率分别变动 ±100、±200 和 ±300 个基点。利率变动旁边的 BWP 是彭博定义的提前偿付率概念。例如，使用贝尔斯登全额贷款提前偿付矢量模型，在给定利率向下平行移动 100 个基点的条件下，−100BWP 形成一个提前偿付矢量。其他利率变动也可以类似的描述。因此，和前面的一样，利率变动被加入提前偿付模型，这个模型告诉我们，当利率变化时，提前偿付如何变化。当前的利率水平和提前偿付速度用 +0BWP 表示，证券的平均存续期间是 0.47 年。当利率

变动 +100、+200 和 +300 个基点时，提前偿付速度下降，平均存续期限上升。但是，注意，平均存续期限的上升幅度没有前面分析联邦机构支持债券的幅度大。理由是，即使较慢的提前偿付速度延长了组别 A2 的平均存续期限，这只证券收到提前偿付的速率仍旧快于基础担保品。因此，即使提前偿付速度减慢，针对扩张风险，加速证券可以获得更大的保护。当利率变动 −100、−200 和 −300 个基点时，提前偿付速度减慢，平均存续期限缩短。

图表9.14　　　　　彭博关于非联邦机构 CMO 的证券描述屏幕

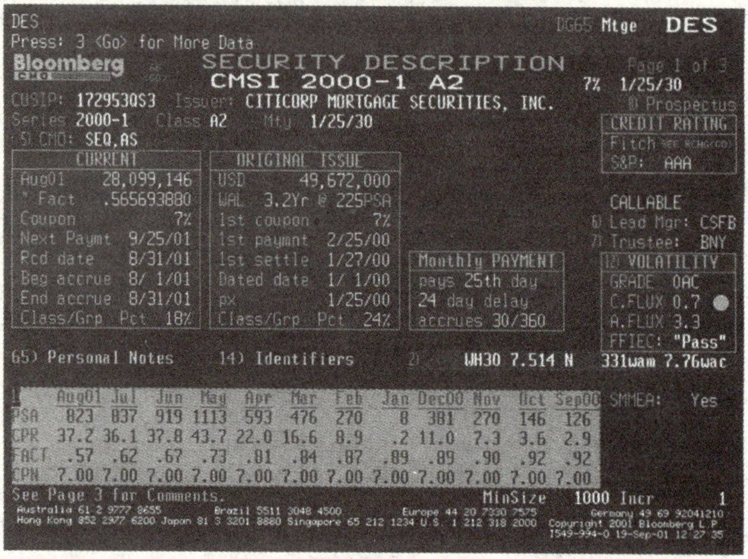

资料来源：彭博金融市场。

图表9.15　　　　　　　彭博价格表屏幕

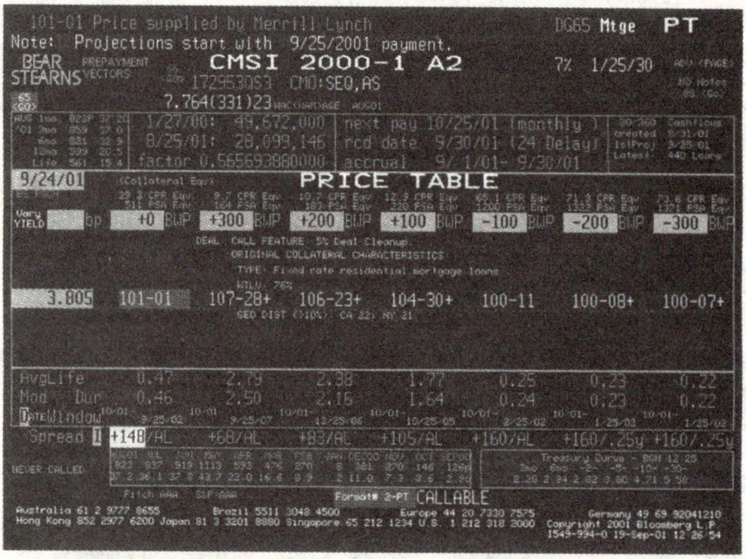

资料来源：彭博金融市场。

图表 9.16 中的 A 图和 B 图是这个组别从 2000 年 1 月到 2001 年 8 月发行的部分还款历史记录的彭博屏幕。特别的，屏幕显示的初始本金余额是 49 672 000 美元，随着本金的偿付的减少，本金余额每个月都在变化。注意，由于提前偿付，本金偿付额变化相当大，但是，和预期的一样，每月的利息偿付额将下降。

图表 9.16　　彭博关于 CMO/ABS 类别的历史屏幕

2　DG65 Mtge　CPD

Bloomberg CMO　CMO/ABS CLASS HISTORY　Page 1 of 2

CMSI 2000-1 A2　7% 1/25/30 CMO:SEQ,AS

CUSIP 172953QS3　24-Day Payment Delay

MODE View　C:Deal　using* 49,672,000.00 orig Bal

Class *1- interest *2- principal *3- P&I *4- Balance 5- factor
6- coupon 7- Bal(coll) 8- WAC(coll) 9- WAM(coll) 10- AGE(coll)
11- 1mo PSA 12- 3mo PSA 13- 6mo PSA 14- 12mo PSA 15- Life PSA
16- 1mo CPR 17- 3mo CPR 18- 6mo CPR 19- 12mo CPR 20- Life CPR
na na na na

Date	Factor	Accrual	Principal	Interest	Prin + Int	Balance
8/01	0.565693880	7.00000	2,705,050.19	179,691.15	2,884,741.34	28,099,146.41
7/01	0.620152130	7.00000	2,709,840.06	195,498.55	2,905,338.61	30,804,196.60
6/01	0.674706810	7.00000	2,981,746.58	212,892.07	3,194,638.65	33,514,036.67
5/01	0.734735530	7.00000	3,757,415.59	234,810.33	3,992,225.92	36,495,783.25
4/01	0.810380070	7.00000	1,717,190.84	244,827.27	1,962,018.12	40,253,198.84
3/01	0.844950670	7.00000	1,301,076.58	252,416.89	1,553,493.46	41,970,389.68
2/01	0.871144030	7.00000	705,608.15	256,532.93	962,141.08	43,271,466.26
1/01	0.885349380	7.00000	81,497.35	257,008.34	338,505.68	43,977,074.40
12/00	0.886990090	7.00000	876,680.50	262,122.30	1,138,802.80	44,058,571.75
11/00	0.904639480	7.00000	594,487.91	265,590.15	860,078.06	44,935,252.25
10/00	0.916607750	7.00000	324,422.73	267,482.62	591,905.35	45,529,740.16
9/00	0.923139050	7.00000	272,630.24	269,072.96	541,703.20	45,854,162.89

Australia 61 2 9777 8655　Brazil 5511 3048 4500　Europe 44 20 7330 7575　Germany 49 69 92041210
Hong Kong 852 2977 6200 Japan 81 3 3201 8880 Singapore 65 212 1234 U.S. 1 212 318 2000　Copyright 2001 Bloomberg L.P.
1549-994-0 19-Sep-01 12:43:29

A 图

Page　DG65 Mtge　CPD

Screen saved as A:\paydown1.gif

Bloomberg CMO　CMO/ABS CLASS HISTORY　Page 2 of 2

CMSI 2000-1 A2　7% 1/25/30 CMO:SEQ,AS

CUSIP 172953QS3　24-Day Payment Delay

MODE View　C:Deal　using* 49,672,000.00 orig Bal

Class *1- interest *2- principal *3- P&I *4- Balance 5- factor
6- coupon 7- Bal(coll) 8- WAC(coll) 9- WAM(coll) 10- AGE(coll)
11- 1mo PSA 12- 3mo PSA 13- 6mo PSA 14- 12mo PSA 15- Life PSA
16- 1mo CPR 17- 3mo CPR 18- 6mo CPR 19- 12mo CPR 20- Life CPR
na na na na

Date	Factor	Accrual	Principal	Interest	Prin + Int	Balance
8/00	0.928627660	7.00000	194,115.69	270,205.30	464,320.99	46,126,793.13
7/00	0.932535610	7.00000	1,050,732.68	276,334.58	1,327,067.25	46,320,908.82
6/00	0.953689030	7.00000	217,948.32	277,605.94	495,554.26	47,371,641.50
5/00	0.958076780	7.00000	343,521.12	279,609.81	623,130.93	47,589,589.82
4/00	0.964992570	7.00000	660,964.44	283,465.44	944,429.88	47,933,110.94
3/00	0.978299150	7.00000	431,273.17	285,981.20	717,254.37	48,594,075.38
2/00	0.986981570	7.00000	646,651.45	289,753.33	936,404.79	49,025,348.55
1/00	1.000000000	7.00000				49,672,000.00

Australia 61 2 9777 8655　Brazil 5511 3048 4500　Europe 44 20 7330 7575　Germany 49 69 92041210
Hong Kong 852 2977 6200 Japan 81 3 3201 8880 Singapore 65 212 1234 U.S. 1 212 318 2000　Copyright 2001 Bloomberg L.P.
1549-994-0 19-Sep-01 12:43:51

B 图

资料来源：彭博金融市场。

第 10 章　短期资产支持证券

虽然住房抵押贷款是目前最常见的资产证券化类型，但是，由其他资产（消费贷款、商业贷款和应收账款）支持的证券也已经被证券化。本章主要讨论各种类型的资产支持证券产品。

与担保抵押证券（CMOs）一样，可以通过贷款或者应收账款组合建立多个组别的结构，以创立短期平均存续期间的组别。浮动利率资产支持证券一般创立于贷款或应收账款也是浮动利率的基础组合。最常见的资产支持证券是由信用卡应收账款、住宅权益信贷额度应收账款、可调整利率的封闭式住宅权益贷款、学生贷款、小企业管理局贷款和商业应收账款支持的证券。正如前一章所述，固定利率贷款也可以用来创立包含一个或多个浮动利率组别的结构。例如，固定利率的封闭式住宅权益贷款可以组合并创立一种包含一个或多个浮动利率组别的结构。

10.1　信用风险

资产支持证券（ABS）的投资者面临信用风险。三家全国公认的信用评级机构负责对资产支持证券进行信用评级。在分析信用风险时，这三家信用评级公司共同关注的方面包括：（1）担保品的信用质量；（2）出售者/服务商的品质；（3）现金流支付的重点和支付结构；（4）法律结构。

对于上一章中的非机构 CMOs 内部和外部信用增强的描述也适用于所有的 ABS 产品。信用增强的水平根据希望证券获得的具体信用等级，在信用评级机构分析了 ABS 的担保品及其结构。

10.2　基差风险和浮动利率 ABS

浮动利率 ABS 经常会暴露基差风险（basis risk）。基差风险被定义为：支付债券持有人的息票利率和浮动利率担保品的利率之间的不匹配。两种最常见的基差风险是指数风险和重置风险。

指数风险（index risk）是收益率曲线风险的一种类型，产生这种风险的原因是浮动利率 ABS 的息票利率和基础担保品的利率被确定于收益率曲线的两端。特别是，浮动利率债券的息票利率是收益率曲线的短期部分（如美国国库券）的利差，而担保品的利率是同一收益率曲线或者在某种情况下是另一条收益率曲线的长期部分（如 LIBOR）的利差。这种不匹配是一种风险的来源。例如，住宅权益贷款支持证券的担保品是可调整利率贷款，这种贷款的参考利率可能是 6 个月期的 LIBOR 利率，而证券的参考利率可能是 1 个月期的 LIBOR 利率。担保品和证券的利率都以 LIBOR 利率为指数，但是属于欧洲美元收益率曲线的不同部分。一些住宅权益贷款的参考利率为固定期限政府债券。担保品的利率是以欧洲美元收益率曲线的 1 个月期部分的利差为基础，而债券的利率是政府债券收益率曲线长期部分的利差。另外一个例子，对信用卡资产支持证券来说，利率通常是优惠利率加上一个利差（政府债券收益率曲线加上一个利差），而债券的息票利率通常是 1 个月期的 LIBOR 加上一个利差（欧洲美元收益率曲线加上一个利差）。

重置风险（reset risk）是浮动利率担保品的利率重置频率和债券息票利率的重置频率之间的不匹配的一种风险。这种风险在资产支持证券很常见。例如，就住宅权益贷款支持证券而言，可调整利率贷款的基础担保品可以每半年或者每年重置一次。但是，债券的息票利率每月都会重置一次。就信用卡支持证券而言，息票利率每月重置一次，然而，信用卡未偿还余额的融资费用以基本利率加上一个固定价差按日计算。

基差风险会影响浮动利率资产支持证券的利率上限。对非浮动利率资产支持证券而言，息票利率有固定的上限（通常，在浮动利率债券的存续期内）。相反，浮动利率资产支持证券的上限由基础担保品的表现决定。就浮动利率资产支持证券而言，基差风险影响适用于支付给债券持有人的息票利率的超额价差。至于住宅权益抵押贷款资产支持证券和学生贷款资产支持证券，持有人息票利率的上限被称为可获资金利率上限（available funds cap）。通常，相对于债券提供的利差，基础贷款的较大利差可以使资产支持证券的投资者免受基差风险。

只要有可获资金利率上限，通常就会有由该上限造成直至未来数月的利率差额的规定。举例来说，一个月期的全额息票利率为 6.5%，但可获资金上限将该月的息票利率限制为 6.2%。当资金是可获得时，全额息票利率和基于可获资金利率上限之间的 30 个基点的差额被资本化，并且在随后的一个月（或几个月）支付给债券持有人。其结果就是，可获资金利率上限的出现对现金流的影响与典型的利率上限不同。

10.3　资产支持证券的现金流

资产支持证券的担保品可以分为分期偿付资产和非分期偿付资产。分期偿付资产是指借款人的定期偿付由计划的本金和利息支付组成的贷款。本金偿付的时间安排被称为分期偿还时间表。标准的住房抵押贷款就属于分期偿付资产。汽车贷款和某些类别的住宅权益贷款（具体称作封闭式住宅权益贷款，我们在本章后面的部分要讨论）也都属于分期偿付资产。任何超过计划本金偿付的部分都叫做提前偿付。提前偿付可以用来清偿全部贷款余额，也可以偿付其中的一部分，这被称为部分提前偿付（curtailment）。

　　与分期偿付资产相比，非分期偿付资产没有规定借款人定期偿付的时间表。相反，非分期偿付资产是指借款人必须进行最低定期偿付的贷款。如果最低偿付额低于未清偿贷款余额的利息，那么，不足的部分将被加入未清偿的贷款余额中。如果最低偿付额高于未清偿贷款余额的利息，那么，多出的部分将用来抵减未清偿余额。非分期偿付资产不具有本金偿付的时间表（没有分期偿付的时间表）。因此，提前偿付的概念不适用于非分期偿付资产。本章稍后将要讨论的信用卡应收账款和某些类型的住宅权益贷款都属于非分期偿付资产。

　　对于分期偿付资产而言，需要通过预计提前偿付行为来预测现金流量。当前市场的利率与贷款利率之间的比较是提前偿付行为的一个影响因素。在预计提前偿付行为时，关键是要确定借款人能够在多大程度上利用市场利率低于贷款利率的机会，来为贷款进行再融资。

　　在预计资产支持证券现金流量时，关键的是对担保品的违约情况建立模型：如果分期偿付资产在计划的本金偿付日之前发生了贷款违约，那么在这种情形下收回的收益就代表提前偿付。预计分期偿付资产的提前偿付行为需要对违约率和回收率（recovery rate）做出假定。对于非分期偿付资产而言，虽然不存在提前偿付的概念，但是，对违约率的估计仍然是预计回收金额和回收时机时所必需的。

10.4　资产支持证券的主要类型

　　下面我们来回顾一下资产支持证券市场上资产支持证券的主要类型。图表10.1 的彭博屏幕总结了 1999 年 1 月 1 到 2001 年 8 月 22 日期间，资产支持证券发行的主要类型。第一，标有"担保品"的一栏表示依据基础担保品类型分类的资产支持证券的美元数额（10 亿美元），基础担保品类型包括信用卡应收账款（CARD）、汽车贷款（AUTO）、住宅权益贷款（HOMEQ）、预制房屋贷款（MANUF）、学生贷款（STDLN）。第二，标有"交易结构"的一栏表示依据支付结构分类的资产支持证券的美元数额，支付结构包括顺序偿付（SEQ）、控制性分期偿付结构（CAM）、硬性一次还本付息和软性一次还本付息结构（HB/SB）、次级结构（SUB）以及其他结构。这些不同类型的结构将会在本章的后面讨论。标有"付息方式"的一栏表示发行的浮动利率资产支持证券和其他类型（比如，固定利率）的资产支持证券的美元数额。标有"评级类别"的最后一栏表示依据信用评级分类的资产支持证券的美元数额。

10.4.1　汽车贷款支持证券

　　汽车贷款支持证券由如下机构发行：（1）汽车制造商（本国和外国）的金融子公司，（2）商业银行，（3）专营汽车贷款的独立金融公司和小型金融机构。

图表 10.1　　彭博 ABS 发行屏幕

Page　　N159 Mtge　IABS

Bloomberg

ABS ISSUANCE
$ Billion 1999-2001

Page 2 of 7

	Aug01	Jul	Jun	May	Apr	Mar	Feb	Jan	Dec	Nov	Oct	Sep	YTD '01	'00	'99
TOTAL	20.3	21.5	35.2	31.5	16.1	47.3	18.9	24.0	27.7	38.7	22.3	33.7	215	293	280
Collateral															
CARD	6.9	2.6	11.7	7.6	2.9	6.1	8.4	5.5	2.7	10.0	4.9	7.3	52	56	44
AUTO	9.4	6.7	6.6	10.8	4.6	11.6	6.1	9.4	7.7	13.9	9.3	7.7	65	87	62
HOMEQ	1.5	8.2	8.2	7.0	3.0	12.5	1.3	5.0	7.0	3.7	2.0	6.8	47	49	61
MANUF	-	-	.5	.2	-	1.3	.4	.3	1.1	.3	.7	.9	3	11	16
STDLN	2.4	.3	1.5	.5	.5	1.8	.1	.0	.2	-	1.0	2.7	7	18	10
OTHER	.1	3.7	6.7	5.4	5.1	14.0	2.7	3.9	9.0	10.7	4.2	8.3	42	74	87
Deal Structure															
SEQ	5.3	6.5	5.6	10.0	4.4	14.8	6.6	9.6	9.5	15.2	6.2	12.1	63	100	103
CAM	-	-	-	-	.5	1.1	-	-	-	-	-	-	2	3	5
HB/SB	8.4	2.2	10.8	7.9	2.6	8.4	6.4	5.0	2.7	9.0	6.7	5.8	52	58	52
"SUB"	1.5	1.5	3.6	2.7	2.1	4.4	1.5	2.7	3.2	4.4	2.7	2.7	20	30	26
Other	5.1	11.3	15.2	10.9	6.5	18.6	4.5	6.7	12.3	10.0	7.4	13.1	79	103	93
Interest Method															
FLT	13.4	12.9	23.3	17.3	9.7	28.5	12.3	14.1	15.2	19.7	15.4	14.9	131	159	131
Other	6.9	8.6	11.8	14.2	6.4	18.8	6.8	9.9	12.6	18.9	7.7	18.8	83	135	149
Class Ratings															
AAA	17.8	13.5	28.9	24.0	11.1	35.3	15.5	18.6	22.4	30.9	17.8	25.5	165	224	210
Other	2.5	8.0	6.2	7.5	5.0	12.0	3.6	5.4	5.3	7.8	5.3	8.2	50	70	70

Australia 61 2 9777 8655　Brazil 5511 3048 4500　Europe 44 20 7330 7575　Germany 49 69 92041210
Hong Kong 852 2977 6200 Japan 81 3 3201 8880 Singapore 65 212 1234 U.S. 1 212 318 2000　Copyright 2001 Bloomberg L.P.
1549-994-0 22-Aug-01 12:47:59

资料来源：彭博金融市场。

现金流量和提前偿付

汽车贷款支持证券的现金流量包括每月定期的计划贷款偿付额（利息和计划的本金偿付额）和所有的提前偿付额。汽车贷款支持证券的提前偿付行为是由以下情况导致的：(1) 要求全额付清贷款的汽车销售或以旧换新，(2) 汽车的回收和随后的再出售，(3) 汽车的丢失或损坏，(4) 用现金付清贷款以节省利息成本，(5) 以更低的利率成本对贷款进行再融资。

由汽车的回收和随后的再出售所导致的提前偿付行为对经济周期十分敏感。在经济衰退时期，这种因素所导致的提前偿付行为会增加。虽然再融资可能是抵押贷款的提前偿付行为发生的主要原因，但是，这种因素对汽车贷款的影响很小。而且，当汽车制造商将低贷款利率作为一种促销手段时，汽车贷款的利率会远远低于市场利率。

汽车贷款支持证券的提前偿付用绝对提前偿付速度（absolute prepayment speed，ABS）来衡量。ABS 表示每月的提前偿付额，用初始担保品金额的百分比来表示。回顾前面的内容，SMM（月度 CPR）表示以前一个月的余额为基础来表示提前偿付额。SMM 和 ABS 之间存在一个数学关系①。

支付结构

汽车贷款支持证券的交易具有转手结构和转付结构两种类型。通常，汽车贷款

① M 代表贷款发放后的月数，使用下面的公式，月提前偿付率（SMM）可以通过 ABS 比率计算：$SMM = ABS \div [1 - ABS \times (M-1)]$，其中 ABS 和 SMM 均以小数形式表示。

支持证券交易的转手结构如下所示[①]:

组别	金额（美元）	平均存续期（年）	息票利率
A	187 050 000	1.87	固定
B	18 499 000	1.87	固定
IO	6 000 000	1.46	固定

在这种典型的转手结构中，存在一个高级组别（A）和一个次级组别（B）。另外还有一个纯利息组别。虽然多数交易采用转手结构，但是这种结构通常用于一些小规模交易。

大规模交易通常采用转付结构。以图表10.2的彭博屏幕上显示的大通曼哈顿汽车所有者信托2001－A系列汽车贷款支持证券为例。我们注意到，在这种典型的转付结构中，高级类别被构建为一系列具有不同平均存续期的组别，次级类别则只有一个组别。

图表10.2　　　　　　彭博汽车贷款支持证券转付结构的屏幕

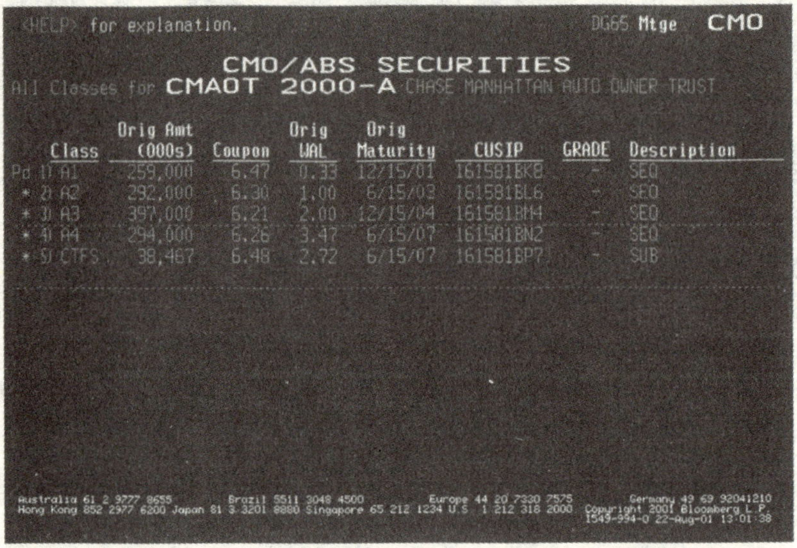

资料来源：彭博金融市场。

10.4.2　信用卡应收账款支持证券

信用卡由银行（如维萨卡和万事达卡），零售商（如杰西潘尼百货和西尔斯公司）以及运输和娱乐公司（如美国运输公司）发行。其交易结构与集成信托相同。通过集成信托结构，发行人就可以在同一个信托中出售多个系列的信托组合。一个集成信托中每个系列都共享发行人的信用卡应收账款组合的现金流量和信用风险。

信用卡应收账款支持证券的现金流量由应收融资费用、服务费、替换费用和本

---

① Thomas Zimmerman and Leo Burrell, "Auto Loan-Backed Securities," Chapter 4 in Anand K. Bhattacharya and Frank J. Fabozzi （eds.） *Asset-Backed Securities* （New Hope, PA: Frank J. Fabozzi Associates, 1996）.

金组成。应收融资费用是由信用卡的借款者承担并定期支付的利息，该利息是根据优惠期过后的未偿还余额计算的。服务费包括延期付款费用和每年的会员费。对维萨卡和万事达卡来说，还有一个对发卡人的支付。这个支付被称为替换费用，因为发卡人在优惠期间提供了资金并且承担了风险。本金是所借资金的偿还额。证券持有人定期获得利息支付（例如，每月、每季度或每半年）。利率为固定利率或浮动利率。

　　信用卡应收账款支持证券是非分期偿付的有价证券。在一段被称为锁定期（lockout period）或周转期（revolving period）的特定时期内，信用卡借款人偿付的本金构成贷款组合，这些贷款组合由受托人保留并将其再投资于其他应收账款。锁定期的长度为 18 个月到 10 年之间。因此，在锁定期期间，付出的现金流量是由应收融资费用和服务费用决定的。锁定期之后，本金不再被重新投资，而是支付给投资者。这段时期被称为本金分期偿付时期（principal-amortization period）。

　　信用卡应收账款支持证券具有三种分期偿付结构：（1）转手结构，（2）控制性分期偿付结构，（3）一次还本付息偿付结构。

　　在转手结构中，信用卡账户产生的本金现金流将按比例支付给证券持有人。在控制性分期偿付结构（controlled-amortization structure,）中，需要规定计划的本金偿付额。计划的本金偿付额需要足够低，以便在一定的压力条件下也能满足偿还债务的需要。投资者被支付较少的本金偿付额和按比例支付金额。在一次还本付息偿付结构（bullet-payment structure）中，投资者通过一次分配即可收到全部的偿付金额。由于无法确保能够一次性付清全部金额，因而，具体的程序是：受托人按月将偿付的本金存入一个账户，从而能够产生足够的利息来定期支付利息并将应偿付的本金累积起来。本金累积的这一段时间被称为累积期（accumulation period）。有两种类型的一次还本付息偿付结构（软性一次还本付息和硬性一次还本付息），这两种类型的偿付结构因发行人采取的步骤而不同，这些步骤主要是保证投资者在到期日可以收到全部的本金偿付[①]。在软性一次还本付息偿付结构中，投资者在到期日的全部本金偿付，唯一依赖的是基础投资组合的支付速度。因此，本金资金账户被创建的目的是，在债券的预期到期日，账户中有足够的资金支付债券的全部本金。相反，在硬性一次还本付息偿付结构中，发行人购买一个到期保证，以此确保在预期的到期日，发行人有足够的资金支付债券的全部本金偿付。

　　信用卡应收账款支持证券中的条款规定，在某些事件发生的情况下，可以要求提早分期偿付本金。这些条款被称为提早或迅速分期偿付规定（early amortization or rapid amortization provisions）。这些规定是为了保证证券的信用质量。能够改变现金流量的唯一途径就是启动提早分期偿付条款。当提早分期偿付发生时，信用卡组别依次结束（首先是 AAA 债券，接着是 AA 债券，等等）。

---

　　① Robert Karr, Greg Richter, R. J. Shook, and Lireen Tsai, "Credit-Card Receivables" Chapter 3 in Anand K. Bhattacharya and Frank J. Fabozzi（eds.）, *Asset-Backed Securities*（New Hope, PA：Frank J. Fabozzi Associates, 1996）.

图表 10.3 显示了彭博的一个信用卡应收账款结构屏幕。该交易包含了由花旗银行信用卡集成信托 I 1999 – 7 系列产生的两种证券（A 和 B）。图表 10.4 是一个高级组别 A 的证券描述的彭博屏幕。这个组别的信用评级为 Aaa，息票利率是 6.65%，每半年付息一次。注意，屏幕中部靠近 WAL（加权平均寿命）的地方是"n. a."或者是不适用。这是因为信用卡应收账款是非分期资产，因此，提前偿付的概念是不适用的。因此，WAL 不适用。分期偿还结构使用的是预期本金在 2004 年 11 月 15 日的软性一次还本付息结构。图表 10.5 是次级组别 B 的证券描述的彭博屏幕。我们注意到，组别 B 被穆迪评为 A2 等级，其息票利率较高，为 6.9%。

图表 10.3　　　　　彭博的信用卡应收账款交易屏幕

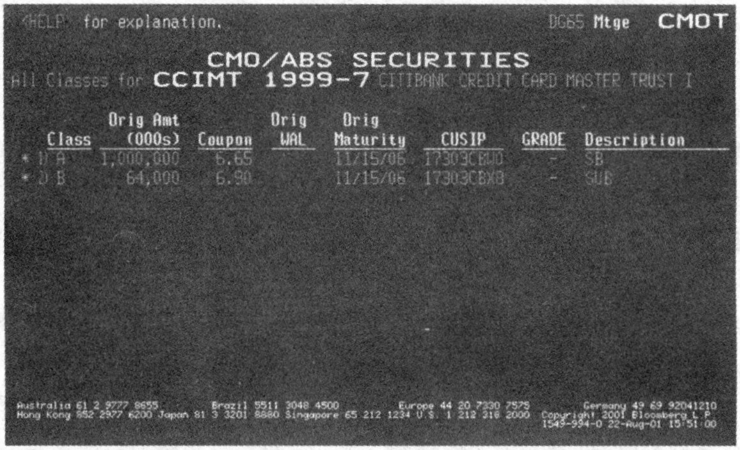

资料来源：彭博金融市场。

图表 10.4　彭博的信用卡应收账款支持证券，高级组别 A 的证券描述屏幕

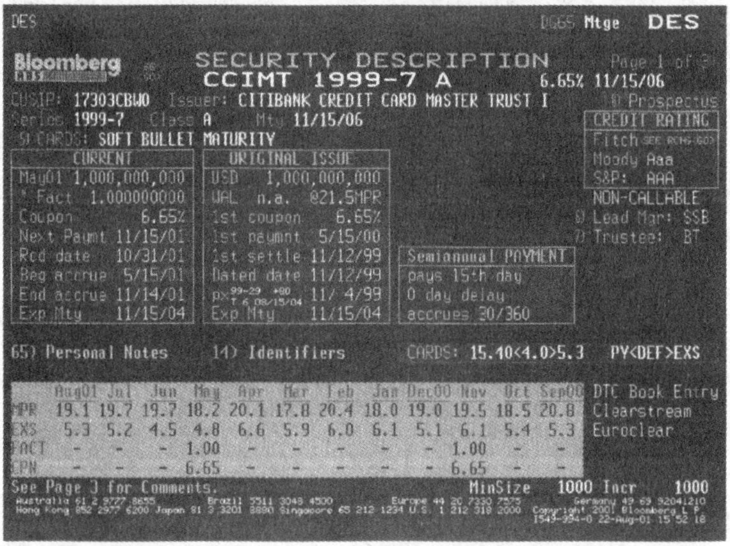

资料来源：彭博金融市场。

图表 10.5　彭博的信用卡应收账款支持证券，次级组别 B 的证券描述屏幕

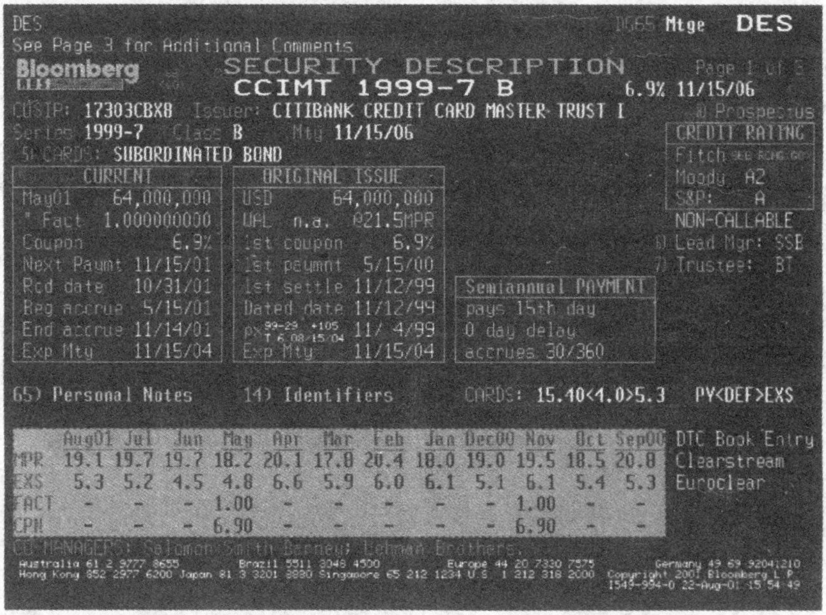

资料来源：彭博金融市场。

为了评估信用卡应收账款组合的表现和发行人支付利息并按计划偿还本金的能力，有几个概念是必须理解的。

我们从总组合收益（gross portfolio yield）概念开始，这些收益包括应收融资费和服务费用。在计算组合收益时，一些发行人还包括替换费用。冲销费用（charge-offs）是一个用来冲销无法收回的资金的账户。净组合收益（net portfolio yield）是指总组合收益减去冲销费用。拖欠（delinquencies）是指已拖欠了超过一个规定月份的应收账款的比例。

月偿付率（monthly payment rate，MPR）表示信用卡应收账款组合的月偿付额（包括融资费用、服务费用和本金偿还）占上月未清偿余额的百分比。例如，假设一个在一月份时为 5 亿美元的信用卡应收账款组合，在 2 月份偿付了 5 000 万美元，则 MPR 为 10%（5 000 万美元除以 5 亿美元）。

MPR 是一个重要的统计数据，该数据向投资者报告了信用卡应收账款证券组合的月度表现。图表 10.6 是使用彭博 CCR 功能展示的一个例子，该例子中有四个系列（1999－A、1999－B、1999－C 和 1999－D），这些系列是 2001 年 7 月 BA 信用卡集成信托。该彭博屏幕显示了主要的信用卡应收账款支持证券的发行人的信用卡应收账款证券组合的月度表现。投资者利用这些数据来评估基础担保品的表现并确定提早分期偿付发生的可能性。

MPR 的重要性体现在两个方面。首先，如果 MPR 极低，本金偿付面临的扩张风险增大。其次，如果 MPR 非常低，则存在没有足够的现金流来偿还本金的可能性。通常，这也是可能导致本金提早分期偿付条款启动的事件之一。

10.4.3 封闭式住宅权益贷款支持证券

住宅权益贷款（HEL）是由住宅房产提供担保的贷款。通常，这种贷款对抵押房产只具有第二留置权，而其抵押房产已经担保了其他的优先留置权。在某些情况下，这种留置权还可能是第三留置权。近几年来，住宅权益贷款的特点已发生变化。通常，那些因有不良信用记录而不符合 Ginnie Mae 、Fannie Mae 和 Freddie Mac 贷款资格的借款人的住宅权益贷款具有第一留置权。通常情况下，借款者使用当前住宅作担保，取得住宅权益贷款来巩固消费者债务，而不是用获得的资金购买新的住宅。借款人被分成四个普通信用组：A、B、C、D。借款人的分类并没有一个业内的统一标准。

图表 10.6　　彭博关于信用卡组合业绩月度报告的屏幕

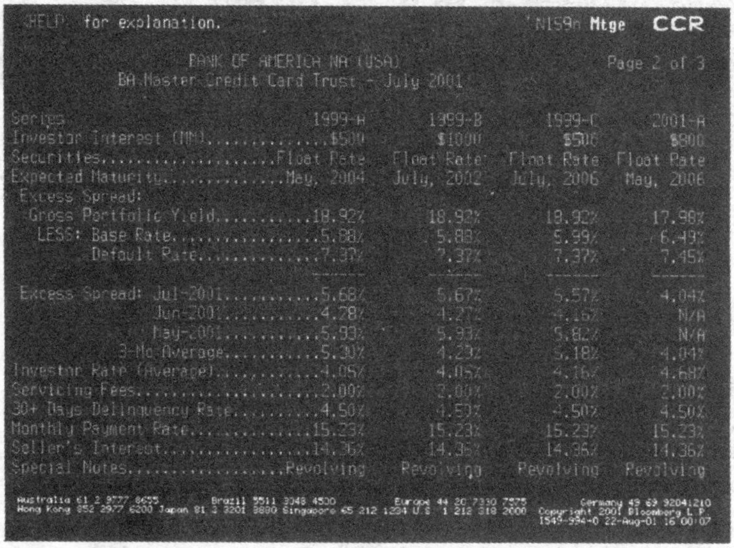

<HELP> for explanation.　　N159n Mtge　CCR

BANK OF AMERICA NA (USA)　　Page 2 of 3
BA Master Credit Card Trust - July 2001

Series	1999-A	1999-B	1999-C	2001-A
Investor Interest (MM)	$500	$1000	$500	$800
Securities	Float Rate	Float Rate	Float Rate	Float Rate
Expected Maturity	May, 2004	July, 2002	July, 2006	May, 2006
Excess Spread:				
Gross Portfolio Yield	18.92%	18.92%	18.92%	17.98%
LESS: Base Rate	5.88%	5.88%	5.99%	6.49%
Default Rate	7.37%	7.37%	7.37%	7.45%
Excess Spread: Jul-2001	5.68%	5.67%	5.57%	4.04%
Jun-2001	4.28%	4.27%	4.16%	N/A
May-2001	5.93%	5.93%	5.82%	N/A
3-Mo Average	5.30%	4.23%	5.18%	4.04%
Investor Rate (Average)	4.05%	4.05%	4.16%	4.68%
Servicing Fees	2.00%	2.00%	2.00%	2.00%
30+ Days Delinquency Rate	4.50%	4.50%	4.50%	4.50%
Monthly Payment Rate	15.23%	15.23%	15.23%	15.23%
Seller's Interest	14.36%	14.36%	14.36%	14.36%
Special Notes	Revolving	Revolving	Revolving	Revolving

Australia 61 2 9777 8655　Brazil 5511 3048 4500　Europe 44 20 7330 7575　Germany 49 69 9204 1210
Hong Kong 852 2977 6200 Japan 81 3 3201 8880 Singapore 65 212 1234 U.S. 1 212 318 2000　Copyright 2001 Bloomberg L.P.
1549-994-0 22-Aug-01 16:00:07

资料来源：彭博金融市场。

住宅权益贷款可以是开放式的，也可以是封闭式的。开放式住宅权益贷款在下一节讨论。封闭式住宅贷款的支付结构类似于住房抵押贷款的完全分期偿付方式。也就是说，这种贷款具有固定的期限，并且偿付方式被设计成在到期日贷款能够按分期偿还的方式全部清偿。封闭式住宅权益贷款可以是固定利率贷款，也可以是浮动利率贷款。通常，浮动利率贷款以 6 个月期的 LIBOR 作为参考利率，并具有期间上限和存续期上限，这类似于我们在上一章所讨论的可调整利率抵押贷款。与抵押贷款支持证券一样，封闭式住宅权益贷款组合的现金流量包括利息、定期的计划本金偿付额和提前偿付额。因此，有必要建立提前偿付模型和违约模型来预测现金流量。提前偿付速度由条件提前偿付率（CPR）来衡量。

现金流

由封闭式住宅权益贷款作担保的住宅权益贷款支持证券的现金流量与抵押贷款支持证券的现金流量相同，即现金流量包括：（1）利息净额；（2）定期的计划本金偿付额；（3）提前偿付额。现金流量的不确定性也是由提前偿付行为引起的。

当评价某项交易的提前偿付行为时，必须要记住借款人的特征。证券发售的募股说明书中规定了一个基本的提前偿付假定：最初的提前偿付速度和直到预计担保品进入稳定的提前偿付阶段时的金额。因此，提前偿付基准就是证券发售的详细说明，也就是提前偿付曲线（prospectus prepayment curve）或者 PPC。

支付结构

住宅权益贷款支持证券有转手和转付两种结构。通常，住宅权益支持证券对封闭式固定利率和可调整利率（或浮动利率）的住宅权益贷款实施证券化。由后者担保的证券被称为浮动利率住宅权益贷款支持证券（HEL floaters）。基础贷款的参考利率一般为 6 个月期的 LIBOR。这些贷款的现金流量受某段期间或存续期内的贷款利率上限影响。

为了提高住宅权益贷款支持证券对投资者的吸引力，这种证券经常被设计成为 1 个月期的 LIBOR 参考利率。这是因为：（1）基础贷款与浮动利率住宅权益贷款支持证券之间的参考利率不匹配；（2）某段期间或存续期内的基础贷款利率上限，即浮动利率住宅权益贷款支持证券的息票利率也具有上限。

图表 10.7 是彭博关于浮动利率封闭式住宅权益贷款证券的证券描述，该证券是 Advanta 抵押贷款信托 2000－2 系列。这个浮动利率组别证券的息票利率公式为 1 个月期 LIBOR 利率加上 14 个基点，且下限是 14 个基点。这种浮动利率证券还有一个可获资金上限。

图表 10.7　　　　　**彭博关于 HEL 浮动利率证券的证券描述屏幕**

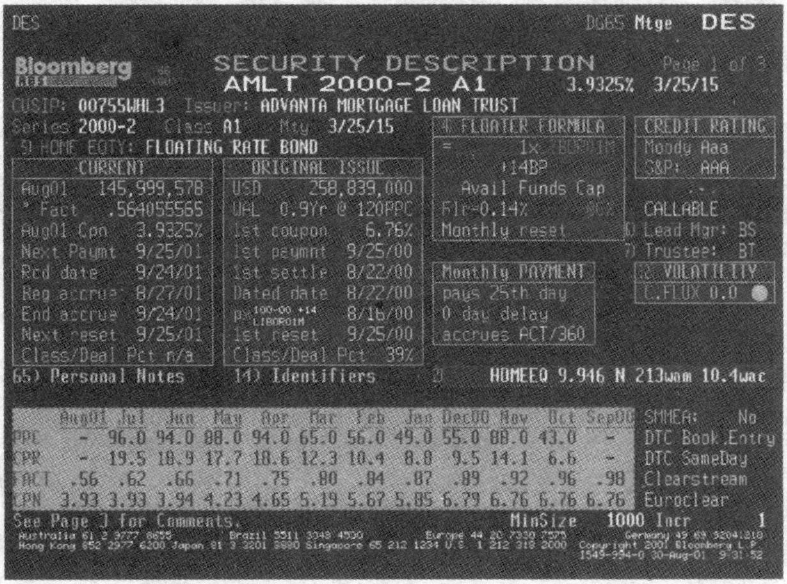

资料来源：彭博金融市场。

在 HEL 交易中，组别被创立的目的是使高级组别比其他次级组别获得更大的提前偿付保护。两种类型的结构可以达到这种目的：按计划分期偿付组别（planned amortization class PAC）和非加速高级组别（non-accelerating senior NAS）。在上一章讨论联邦机构发行的 CMOs 时，我们解释了按计划分期偿付组别是如何被创立的。在 HEL 结构中，也可以创立这些组别。

NAS 组别根据计划收到本金偿付。该计划偿付的不是美元金额，而是一种在给定的月份，必须分配给 NAS 组别的本金比例的本金偿付计划。NAS 组别的典型本金偿付计划如下所示：

月份	本金偿付比例（%）
1 至 36	0
37 至 60	45
61 至 72	80
73 至 84	100
84 个月后	300

对于大范围的提前偿付，NAS 组别的平均存续期也是稳定的，这是因为在第一个 3 年期间，所有提前偿付被支付给其他高级组别。由于快速的提前偿付，降低了 NAS 组别的紧缩风险。84 个月之后，300% 的比例被支付给 NAS 组别，因此降低了扩张风险。

作为例证，图表 10.8 是关于封闭式住宅权益贷款支持证券交易的彭博屏幕，该证券是 Advanta 抵押贷款信托 2000 - 2 系列。注意，组别 A6 是 NAS 组别。组别 A2 至组别 A5 是加速证券（AS），简单地说，这些组别收到本金偿付的速度要快于基础担保品。

图表 10.8　　　　彭博关于 HEL 支持的证券交易屏幕

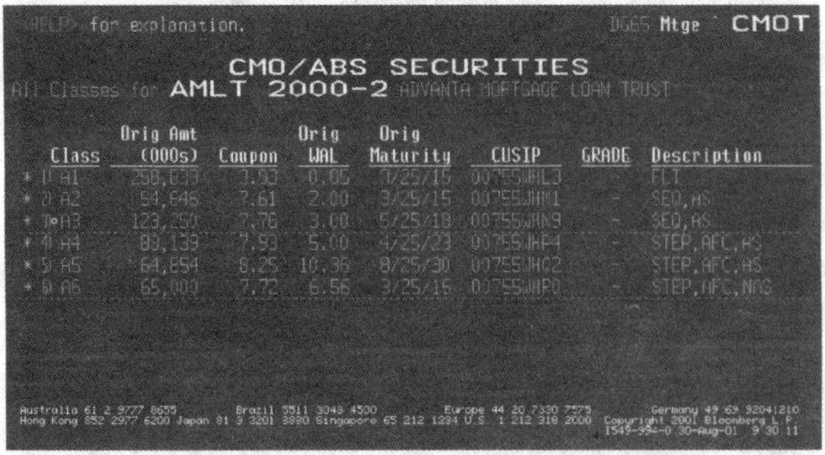

资料来源：彭博金融市场。

10.4.4　开放式住宅权益贷款支持证券

拥有开放式住宅权益贷款（HELOC）的房屋所有人被授予一个信用额度，在信用额度规定的限额之内，房屋所有人可以签发支票或使用信用卡。信用额度的大小取决于借款人拥有的房产权益额。

开放式住宅权益贷款的循环期是指房主可以不受信用额度限制而进行借款的期限。循环期可以从 10 年到 15 年不等。在循环期的期末，房屋所有人可以采用气球还款方式，也可以分期偿还未清偿余额（直至 10 年）。几乎所有的开放式住宅权益贷款都是浮动利率贷款。开放式住宅权益贷款的借款人还款时的利率是通常根据华尔街日报报道的优惠利率加上一个利差，每月重新设定。

在开放式住宅权益贷款中创立的证券都是浮动利率组别。基础贷款的定价是基于优惠利率加上一个利差，被创立的证券则是基于 1 个月期的 LIBOR 利率加上一个利差。

图表 10.9 是彭博关于浮动利率组别开放式住宅权益贷款支持证券的证券描述屏幕，该证券是由 Advanta 循环住宅权益贷款信托 2000 - A 系列发布的。这种浮动利率证券的息票利率公式为 1 个月期的 LIBOR 利率加上 25 个基点，且下限为 25 个基点。票息每月支付，息票利率每月重新设定。

图表 10.9　　　**彭博关于 HELOC 浮动利率证券的证券描述屏幕**

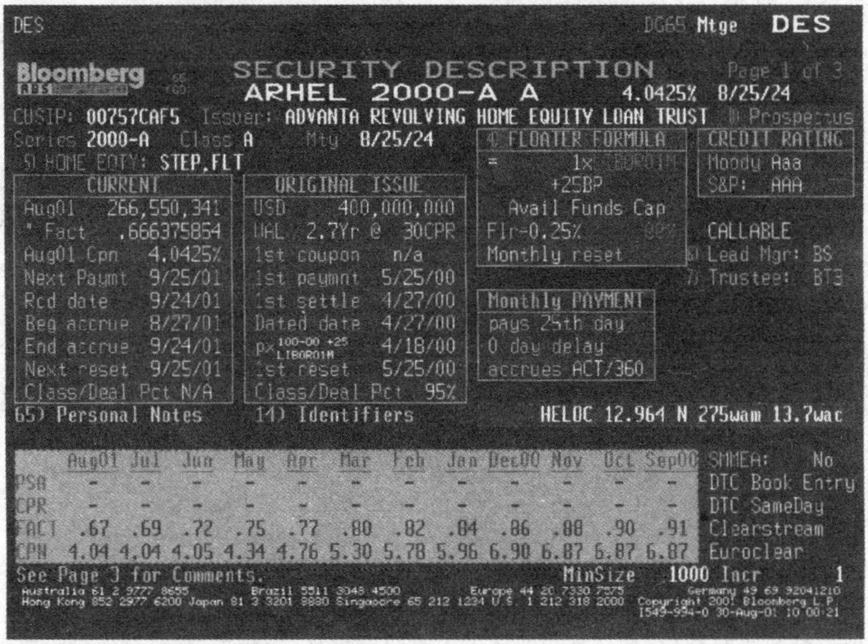

资料来源：彭博金融市场。

因为开放式住宅权益贷款有循环额度，因此，开放式住宅权益贷款和封闭式住宅权益贷款的交易结构是不同的。和其他一些包含信用额度的资产支持证券，如信用卡交易相比，开放式住宅权益贷款有循环期限、分期偿还期限和加速分期偿还期限。

10.4.5　预制房屋贷款支持证券

预制房屋贷款支持证券是由预制房屋的贷款提供担保的证券。与建筑住宅不同，预制房屋是在工厂内制造，然后运输到预制房屋社区或私人土地上的房屋。贷款既可以是房屋（包括土地和可移动房屋）抵押贷款，也可以是消费者零售分期偿还贷款。

预制房屋贷款支持证券由 Ginnie Mae 和私人公司实体发行。前者由美国政府提供完全信用担保。未经 FHA 或 VA 担保的贷款被称为传统贷款，由这类贷款担保的预制房屋贷款支持证券被称为传统的预制房屋贷款支持证券。

典型的预制房屋贷款的期限一般为 15～20 年，贷款偿付采取全部分期偿付的结构。因此，与住房抵押贷款和住宅权益贷款支持证券一样，预制房屋贷款的现金流量包括利息净额、定期的计划本金偿付额和提前偿付额。但是，这种证券的提前偿付比较稳定，因为它对再融资不敏感。

出现这种情况有若干原因。首先，由于贷款余额通常较小，因而，再融资的意义不大。其次，在最初的几年里，可移动房屋的折旧要高于贷款的偿还额。这导致贷款的再融资变得很困难。最后，借款人的信用等级一般较低，因而很难获得资金来进行再融资。与住房抵押贷款和住宅权益贷款支持证券一样，预制房屋贷款支持证券的提前偿付行为也用 CRR 指标来衡量。

预制房屋贷款支持证券的支付结构与住宅权益贷款支持证券一样。

例如，图表 10.10 展示了一个绿树金融公司发行的预制房屋贷款支持证券，1995－5 系列的彭博屏幕。标记"描述"的最后一列，有一些缩写需要解释。SEQ 代表顺序偿付组别。如前文所述，AFC 表示该组别有可获资金利率上限。MEZ 代表一类为高级组别提供信用支持的中间债券，其信用等级比次级债券要高。最后，EXE 代表附加债券，这种类型的债券只有在该结构中的其他债券的本金和利息偿付得到完全满足，超出的金额才属于这种债券的现金流。图表 10.11 展示了最短期限证券（A1）的证券描述彭博屏幕。A1 的息票利率是 6.27%，每月偿付。注意，标准普尔给 A1 的信用等级是 AAA。

10.4.6　学生贷款支持证券

学生贷款是为了支付大学费用（本科生、研究生以及诸如医学院和法学院职业培训项目）和各类职业与商业学校的学费。学生贷款支持证券，通常称为 SLABS，与前面讨论的其他资产支持证券具有类似的结构特征。

被证券化的学生贷款通常是联邦家庭教育贷款计划（FFELP）下的贷款。在该计划中，政府通过私人贷款机构向学生发放贷款。私人贷款机构不是根据申请人偿还贷款的能力来决定是否向学生发放贷款的。如果一笔贷款发生违约，并且该贷款

图表 10.10　　　　　彭博关于预制房屋支持证券交易的屏幕

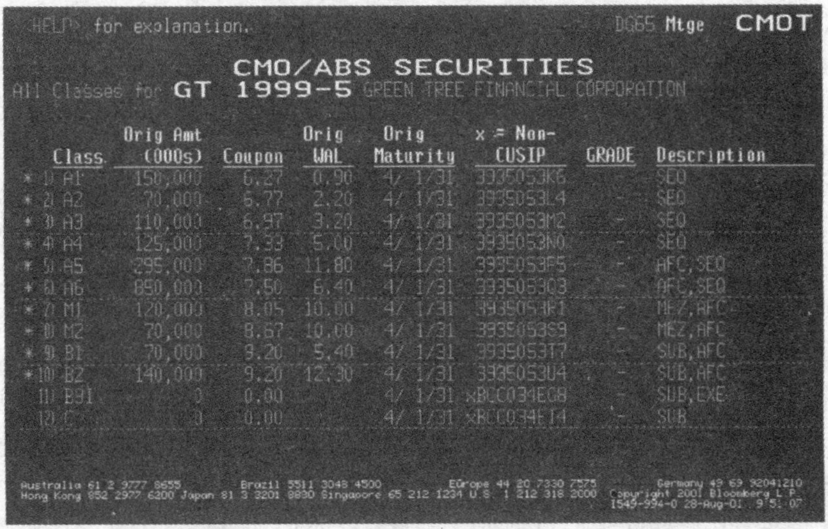

资料来源：彭博金融市场。

图表 10.11　　　彭博关于预制房屋支持证券 A1 组别的证券描述屏幕

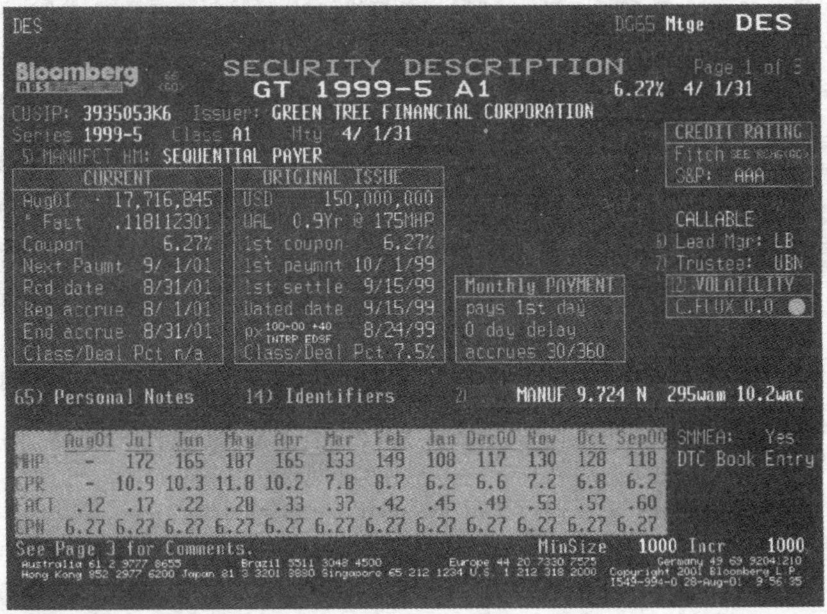

资料来源：彭博金融市场。

的日常运营正常，那么政府将保证最高偿还 98% 的本金和应计利息。联邦政府有一个直接贷款计划，联邦直接学生贷款计划（FDSLP），在计划中，教育部（DOE）直接向学生提供贷款。但是，这些贷款被教育部保留，并不能证券化。不属于政府担保计划的那部分贷款被称为选择性贷款。这些贷款基本上是消费贷款，贷款人根据申请人偿还贷款的能力来决定是否发放选择性贷款。选择性贷款可以被证券化。

美国国会为了给抵押贷款市场提供流动性而创立了 Fannie Mae 和 Freddie Mac 两家机构，并允许这两家机构在二级市场上购买抵押贷款。国会还创立了学生贷款销售协会（Sallie Mae）作为政府发起的企业，在二级市场购买学生贷款，并将学生贷款组合证券化。1995 年，Sallie Mae 进行首次发行。现在 Sallie Mae 已经成为 SLABS 的主要发行人，并且它发行的证券也被视为基准证券。其他的 SLABS 发行机构是传统的公司实体（如 PNC 银行）和非营利性组织（密歇根州高等教育贷款管理局和加利福尼亚州教育设施管理局）。通常，后者发行的 SLABS 是免税证券，可以在地方政府债券市场上进行交易。

我们首先分析学生贷款本身的现金流。联邦家庭教育贷款计划下的学生贷款有多种类型，包括贴息和非贴息的斯塔福德（Stafford）贷款、本科生家长贷款（PLUS）和学生补充贷款（SLS）。根据借款人的偿还情况，这些贷款分成三个时期：延迟期、宽限期和贷款偿还期。通常，学生贷款的运作过程如下：学生在校期间，无需偿还贷款，此时属于延迟期；学生离校后有一个 6 个月的宽限期，在此期间他们也无须偿还贷款；宽限期过后，借款学生需要开始偿还贷款。

1998 年 7 月 1 日之前，根据 FFELP 发放的学生贷款的参考利率为 3 个月期的国库券利率加上 250 个基点（在延迟期和宽限期）或 310 个基点（在偿还期）。自 1998 年 7 月 1 日之后，高等教育法案将参考利率更改为 10 年期国债的利率。具体而言，学生贷款利率等于 10 年期国债利率加上 100 个基点。超过参考利率的利差因贷款所处时期的不同而变化。

和其他资产支持证券相同，学生贷款支持证券的参考利率不必和基础贷款相同。对非 Sallie Mae 发行的证券的投资者来说，由于本章前面所讨论的基差风险的存在，担保品的表现将会暴露。通常，非 Sallie Mae 发行的证券采用以 LIBOR 为基础的浮动利率。Sallie Mae 发行的证券有政府的间接担保。Sallie Mae 发行的 SLABS 通常以 3 个月期国库券利率为参考利率。但是，在 1999 年第二季度后期 Sallie Mae 发行的债券中，如果投资者购买的是存续期为 2 年的债券组别，那么投资者可以选择收取 LIBOR 加上 8 个基点或 3 个月期国库券利率加上 87 个基点。由于具有多种参考利率，所以 SLABS 也具有可获资金的利率上限。

图表 10.12 是彭博关于 Sallie Mae 发行的学生贷款支持证券的屏幕，该证券来自 SLM 学生贷款信托 2001 - 3 系列。从屏幕中我们可以看到，四个组别都是浮动利率证券。但是，投资者在浮动利率证券息票利率计算公式中，有选择参考利率的权利。特别注意的是，第一个组别 A1 被分割为 A1T 和 A1L 两种证券。图表 10.13 中的面板 A 和面板 B 是这两种证券的证券描述彭博屏幕。通过面板 A 中的浮动利率计算公式，我们可以看出，A1T 组别息票利率的计算公式为 3 个月期国库券利率加上 65 个基点，且下限为 65 个基点。按季度付息，利率每周重新设定一次。相反，通过面板 B，我们可以发现 A1L 组别的息票利率的计算公式为 3 个月期的 LIBOR 利率加上 4 个基点，且下限为 4 个基点。息票利息每季度支付，并且息票利

率每季度重新设定一次。该交易中剩下的两个证券 A2L 和 B 的息票利率都是和 3 个月期的 LIBOR 利率相联系的。

由于违约或贷款合并，提前偿付行为会经常发生。即使发生违约时投资者的本金不会发生任何损失，但是，投资者依然面临紧缩风险。紧缩风险是指投资者必须以更低的价差将收回的资金再投资，而如果债券是以溢价的方式购入的，那么投资者还将损失溢价。研究表明，学生贷款的提前偿付对利率水平不敏感。当学生将几年内的贷款整合成一笔贷款时，就产生了贷款合并。贷款合并产生的收益首先分配给初始贷款人，然后分配给债券持有人。

图表 10.12　　　　　**彭博关于学生贷款支持证券的屏幕**

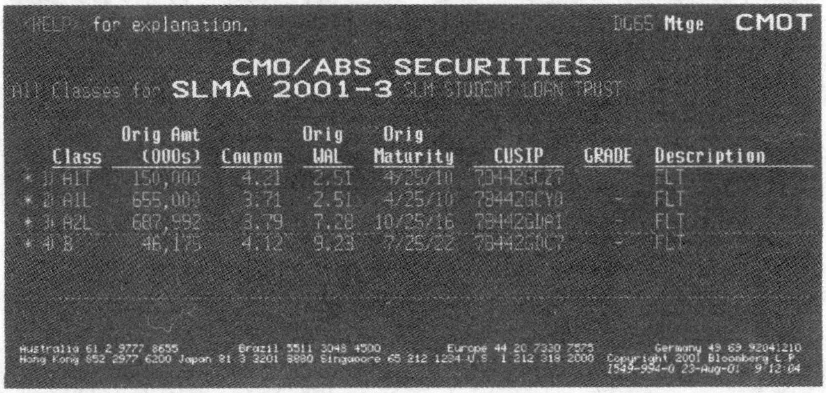

资料来源：彭博金融市场。

图表 10.13　　　**彭博关于 Sallie Mae 的学生贷款支持证券的证券描述屏幕**

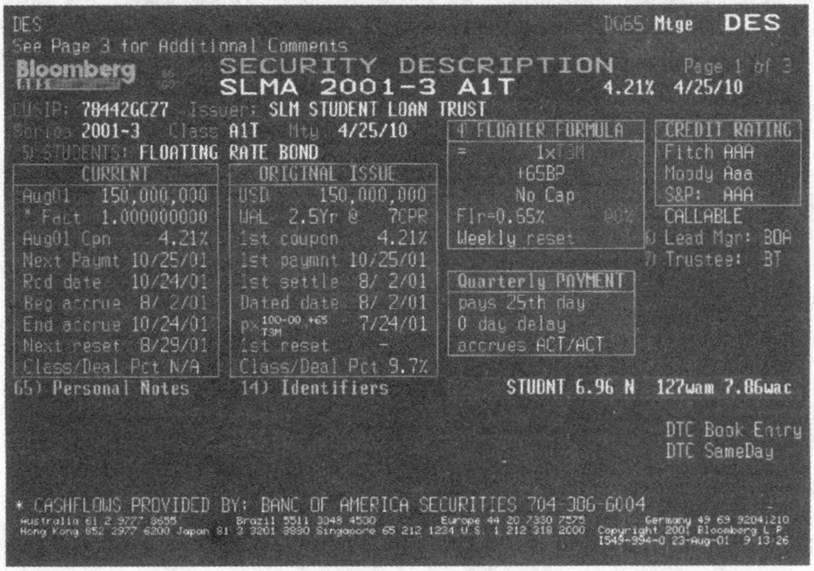

A 图　组别 A1T

B 图　组别 A1L

资料来源：彭博金融市场。

10.4.7　小企业管理局贷款支持证券

小企业管理局（SBA）是经美国政府授权，可对经政府批准的 SBA 贷款人向合格借款人发放的贷款提供担保的机构。这些贷款由美国政府提供完全信用担保。大多数 SBA 贷款是浮动利率贷款，其参考利率为银行优惠利率。贷款利率在每个月的第一天或每个季度的第一天，即 1 月份、4 月份、7 月份和 10 月份的第一天，进行调整。SBA 的相关规则规定了二级市场上允许的最高息票利率。如本部分所述，息票利率的最大值等于优惠贷款利率加上 1.625%。小企业管理局贷款通常没有上限。新发放贷款的期限在 5～25 年之间。

1984 年通过的《小企业二级市场促进法案》批准将 SBA 贷款组合起来。组合时，基础贷款必须有相似的期限和特征。通常，贷款组合的期限为 7 年、10 年、15 年、20 年和 25 年。无利率上限的贷款不能与有利率上限的贷款一起组合。

大多数可变利率 SBA 贷款按月偿付，每个月的偿付额包括利息和本金偿还。通常运用以下方法来确定一笔贷款的月偿还额：根据银行优惠贷款利率加上贷款价差报价的利率计算公式，就可以确定每笔贷款的利率。根据每笔贷款的利率，就可以确定均额分期偿付计划。

每月支付这个水平的偿付额直至息票利率重新设定。如果是可变利率的 SBA 贷款组合，分期偿还计划根据净组合利率和每月或每季度重新计算的利率确定。

SBA 支持证券的提前偿付速度由 CPR 指标来衡量。借款人可以自愿进行提前偿付，且不必支付罚金。图表 10.14 是 1991 年 1 月至 2001 年 8 月期间的 SBA 贷款组合（所有可变利率贷款组合）的历史条件提前偿付率的彭博屏幕。简单地观察就可以发现，不同年份建立的贷款组合在不同的时间，其提前偿付差异很大。SBA贷款组合的提前偿付速度由以下因素决定。一个影响提前偿付的因素是贷款的到期期限。研究表明，期限较短的SBA贷款和组合的提前偿付速度最快。贷款的用途也影响提前偿付。有些贷款用作营运资金，另一些贷款则为房地产建设或收购融资。期限在10年或10年以内的用作营运资金的SBA贷款组合的提前偿付速度最快。相反，由房地产作担保的长期贷款的提前偿付速度通常较慢。在其他因素不变的情况下，具有利率上限的贷款的提前偿付速度要慢于没有利率上限的贷款。

图表10.14　　**彭博关于历史上的SBA贷款组合CPR的屏幕**

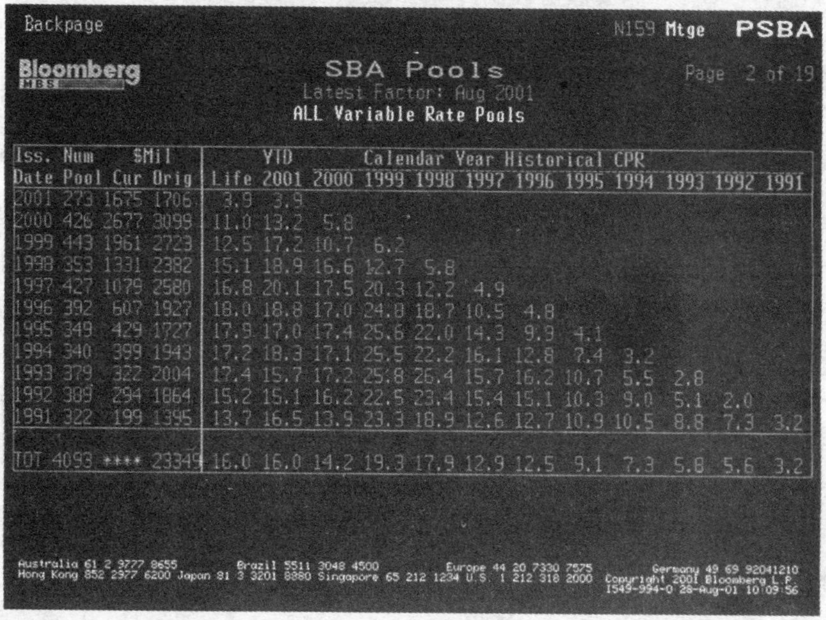

Backpage　N159 Mtge　PSBA

Bloomberg MBS

SBA Pools　Page 2 of 19

Latest Factor: Aug 2001

ALL Variable Rate Pools

Iss. Date	Num Pool	$Mil Cur	$Mil Orig	YTD Life	Calendar Year Historical CPR 2001	2000	1999	1998	1997	1996	1995	1994	1993	1992	1991
2001	273	1675	1706	3.9	3.9										
2000	426	2677	3099	11.0	13.2	5.8									
1999	443	1961	2723	12.5	17.2	10.7	6.2								
1998	353	1331	2382	15.1	18.9	16.6	12.7	5.8							
1997	427	1079	2580	16.8	20.1	17.5	20.3	12.2	4.9						
1996	392	607	1927	18.0	18.8	17.0	24.8	18.7	10.5	4.8					
1995	349	429	1727	17.9	17.0	17.4	25.6	22.0	14.3	9.9	4.1				
1994	340	399	1943	17.2	18.3	17.1	25.5	22.2	16.1	12.8	7.4	3.2			
1993	379	322	2004	17.4	15.7	17.2	25.8	26.4	15.7	16.2	10.7	5.5	2.8		
1992	389	294	1864	15.2	15.1	16.2	22.5	23.4	15.4	15.1	10.3	9.0	5.1	2.0	
1991	322	199	1395	13.7	16.5	13.9	23.3	18.9	12.6	12.7	10.9	10.5	8.8	7.3	3.2
TOT	4093	****	23349	16.0	16.0	14.2	19.3	17.9	12.9	12.5	9.1	7.3	5.8	5.6	3.2

Australia 61 2 9777 8655　Brazil 5511 3048 4500　Europe 44 20 7330 7575　Germany 49 69 92041210
Hong Kong 852 2977 6200 Japan 81 3 3201 8880 Singapore 65 212 1234 U.S. 1 212 318 2000　Copyright 2001 Bloomberg L.P.
1549-994-0 28-Aug-01 10:09:56

资料来源：彭博金融市场。

第 **11** 章 期货和远期利率协议

　　本章主要介绍货币市场参与者使用的两种衍生工具中的一种。本章的核心内容是利率期货和远期利率协议，下一章讨论互换和上/下限交易。本质上，衍生工具（derivative instrument）是指其价值从一个或多个原生变量衍化出来的金融产品。原生变量可以是金融资产的价格、利率、两个利率间的价差或是科罗拉多阿斯彭的降雪总量。事实上，可以充当衍生工具原生变量的因素是无限多的。我们首先讨论的是远期合约，然后探讨利率期货。本章最后部分我们研究远期利率协议。

11.1　远期合约

　　远期合约是指双方当事人在未来指定期限的期末按照约定价格交割某种标的资产的场外交易协议。交易中的多（空）头一方有义务以约定价格买入（卖出）标的资产，合同的具体条款由双方协商确定。由此而言，远期合约是只针对特定交易双方的交易。虽然我们通常将持有多头头寸称为"购买远期合约"，反之持有空头头寸称为"出售远期合约"，但这是一种不恰当的说法。在远期合约达成时，交易双方并不进行资金交换，而是双方都承诺在未来时间根据先前商定的条款再进行交易。

　　合约到期时，多头一方支付约定的价格，即远期价格，从空头一方交换标的资产。在到期日，多头方远期合约的收益就是标的资产价格减去远期价格。相反，空头方的收益就是远期价格减去标的资产价格。显然，远期合约是一种"零和"交易。现在我们已经介绍了远期合约，这是对接下来所要介绍的期货合约的简单铺垫。

11.2　期货合约

　　期货合约（futures contract）是指买方（卖方）与确定的交易所或其清算公司达成的一种具有法律效力的协议，该协议规定买方（卖方）在约定期限结束时按约定价格收取（或交付）某种标的资产。双方约定的交易价格被称为期货价格（futures price）。双方约定的交易日被称为结算日（settlement date）或者交割日（delivery date）。当市场参与者通过购买期货合约而持有期货头寸时，该交易商被称为处于多头状态（long futures position）或称期货多头（long futures）。相反，如果市场参与者出售期货合约，那么该交易商被称为处于空头状态（short position）或期货空头（short futures）。

从之前的描述我们可以看出，期货合约与远期合约非常相似，它们之间有以下四点不同：首先，期货合约就交割日（或交割月）和交割资产的性质而言都是标准化合约，而且，因为是标准化合约，所以是在有组织的交易所交易。相反，远期合约则通常是由买卖双方单独议定的，并且二级市场通常不存在或者规模很小。其次，期货交易双方当事人之间存在一个中介，即清算公司（其功能稍后讨论），它为交易双方按时履约提供担保。而在远期交易中，交易双方都面临交易对手风险（counterparty risk）。交易对手风险是指交易对方不履行合约的风险。再次，期货合约采用逐日盯市（marked-to-market）制度（稍后讨论），而远期合约采取与否都可以。最后，尽管期货合约和远期合约都事先规定了交割条件，但期货合约通常并不通过交割来了结。实际上，只有不到 2% 的未清偿合约通过交割来了结。相反，远期合约的目的就是为了进行交割。

11.2.1　清算公司的作用

和期货交易所密切相关的机构就是清算公司（clearinghouse），它具备多种职能。职能之一就是保证交易双方履行合约。当市场参与者在期货市场上持有头寸时，清算公司就相应地持有了一个反向头寸，并承诺履行合约先前确定的条款。由于存在清算公司，因此合约交易者不必担心交易对手的财务状况和诚信问题。在交易指令执行之后，合约双方的关系也随之终止。清算公司在每次出售交易中充当买方，在每次购买交易中充当卖方。交易者因此可以自由地交易其头寸，而不必再与原始合约的交易对手打交道，也不必担心对方会违约。这就是我们将期货合约定义为市场参与者与交易所的清算公司达成协议的原因。除了担保功能之外，清算公司还可以使期货合约的参与方很容易地在结算日之前平仓。

11.2.2　保证金要求

当期货合约达成，建立了头寸时，合约的双方都必须根据交易所的规定为每份合约存入一笔最低金额的资金。这笔资金被称为初始保证金（initial margin），它是期货交易所所要求的一笔存款。[①]

付息证券也可以充当初始保证金，例如，国库券。在世界各地的一些期货交易所，其他一些保证金形式也是可以被接受的，例如普通股票、公司债券甚至是信用证。随着期货合约价格的波动，交易商持有的头寸价值也随之发生变动。在每个交易日结束时，交易所都会确定期货合约的结算价格（settlement price），该价格是当天最后几笔交易成交价的平均值。结算价格用来计算交易商的逐日盯市头寸价值，以便使头寸的所有盈亏及时反映在交易商的保证金账户中。

---

① 各个经纪公司可以在交易所规定的最低保证金额之上随意设定保证金水平。

维持保证金（maintenance margin）是指交易所规定的一个最低保证金水平，它是指当价格不利变动导致交易商保证金账户余额下降时，交易商被要求追加保证金之前的最低余额。追加的保证金被称为盈亏保证金（variation margin），它是使保证金账户余额恢复到初始水平所需的金额。与初始保证金不同，盈亏保证金必须以现金方式支付，不接受付息金融工具。如果期货合约的一方被要求存入盈亏保证金，但他们没有在 24 小时内存入，那么，其期货合约头寸将被强行平仓。相反，交易商可以随时提取账户中的超额保证金。

尽管对于以保证金形式购买证券有初始保证金和维持保证金的要求，但证券和期货的保证金概念不同。对于以保证金形式购买证券而言，证券价格与初始保证金之间的差额通过向经纪公司借款来解决，所购买的证券被当作贷款的抵押品，而且交易商还要为贷款支付利息。对于期货合约而言，初始保证金实际上充当了信用担保，它表明交易商将履行合约，通常交易商不会借入资金。

11.3　短期利率期货合约

在美国和英国，短期利率期货合约的交易较为活跃，下面将做详细的介绍。

11.3.1　美国国库券期货

国库券期货主要是在芝加哥商品交易所的国际货币市场（IMM）交易，基础标的是期限 13 周（3 个月）面值 100 万美元的国库券。具体而言，国库券期货合约的卖方同意在结算日向合约的买方交割面值为 100 万美元、尚有 13 周到期的国库券。用于交割的国库券可以是新发行的也可以是已发行的。期货价格就是空头卖出或多头买入国库券的价格。例如，一份在 3 个月后交割的国库券期货合约要求从现在起的 3 个月后，空头向多头交割面值为 100 万美元、尚有 13 周到期的国库券。所交割的国库券可以是新发行的期限为 13 周的国库券，也可以是已经发行的 26 周国库券，但距到期日还有 13 周。

正如第 3 章所述，二级市场上国库券与附息票国债的买卖报价方式是不同的。国库券的买卖报价是一种独特方式。与附息票债券不同，国库券的报价是基于银行贴现（bank discount basis），而不是以价格为基础。基于银行贴现的收益率计算方法如下：

$$Y_d = \frac{D}{F} \times \frac{360}{t}$$

其中，Y_d = 基于银行贴现的年化收益率（用小数形式表示），D = 美元贴现额，它等于国库券面值与价格之间的差额，F = 票面价值，t = 距离到期天数。

如果给定基于银行贴现的收益率，国库券的价格可以通过首先求解美元贴现额（D）来得到，即：

$$D = Y_d \times F \times (t/360)$$

则价格计算如下：

价格 $= F - D$

在现实情况下，国库券期货合约并不是直接用收益率报价，而是以指数为基础报价，该指数与基于银行贴现的收益率相关，即：

指数价格 $= 100 - (Y_d \times 100)$

例如，如果 $Y_d = 1.77\%$，则指数价格为：

$100 - (0.0177 \times 100) = 98.23$

如果给定期货合约的指数价格，基于银行贴现的期货合约收益率可由以下公式得出：

$$Y_d = \frac{100 - 指数价格}{100}$$

我们用图表 11.1 中的彭博期货合约描述屏幕来说明这一报价方式。这里显示的是自 2001 年 6 月 19 日开始交易到 2002 年 3 月 18 日结束的 3 个月期美国国库券期货合约。2001 年 12 月 19 日，其指数价格为 98.230，显示在屏幕左侧的"合约价格"栏内。这份国库券期货合约的收益率则为：

$$Y_d = \frac{100 - 98.230}{100} = 0.0177 \text{ 或 } 1.77\%$$

图表 11.1　　　　美国国库券期货合约的彭博期货合约描述屏幕

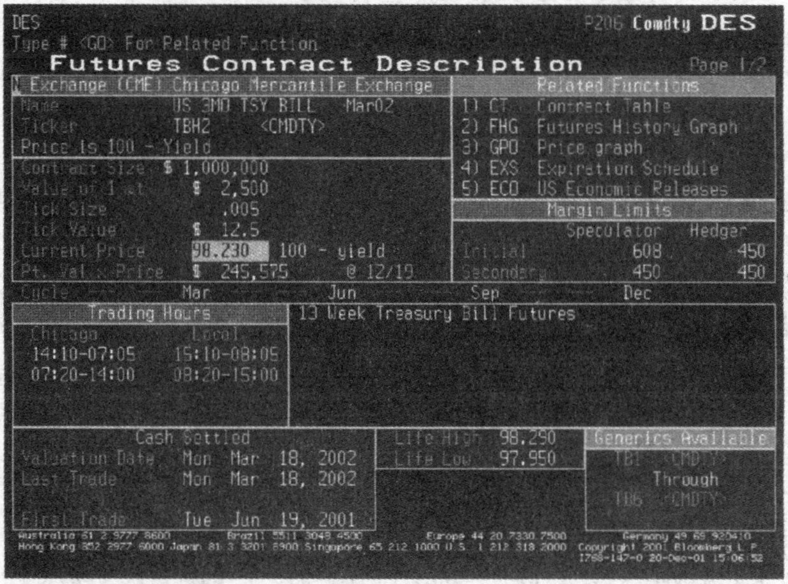

资料来源：彭博金融市场。

结算日，面值 100 万美元、期限 13 周的国库券买方必须支付的发票价格可通过先求出美元贴现额来计算：

$D = Y_d \times \$1\,000\,000 \times t/360$

其中，t 为 90 天或 91 天。

通常，13 周国库券的到期天数为 91 天。因此，发票价格为：

发票价格 = ＄1 000 000 − D

例如，如果指数价格为 98.230 美元（基于银行贴现的收益率为 1.77%），那么 91 天交割的 13 周国库券美元贴现额为：

D = 0.0177 × ＄1 000 000 × 91/360 = ＄4 474.167

发票价格为：

发票价格 = ＄1 000 000 − ＄4 474.167 = ＄995 525.833

这种期货合约的最小指数价格变动或"最小价位"为 0.005。如果将最小指数价格 0.005 的变动换算为基于银行贴现的收益率变动，那么它等于 1/2 个基点 (0.00005)。1/2 个基点变动导致的发票价格变动为：

0.00005 × ＄1 000 000 × t/360

对于期限 91 天的 13 周国库券来说，美元贴现额的变动值为：

0.00005 × ＄1 000 000 × 91/360 = ＄12 639

对于期限 90 天的 13 周国库券来说，美元贴现额的变动值等于 12.50 美元。虽然 13 周国库券期限一般为 91 天，但市场参与者通常认为这种期货合约的最小价位为 12.50 美元。有鉴于此，图表 11.1 左侧所显示的"最小价位价值"为 12.50 美元。

11.3.2　欧洲美元定期存单期货

正如第 6 章介绍过的，欧洲美元定期存单（CDs）是以美元标价，但代表的是美国之外的银行的负债。欧洲美元定期存单期货合约在芝加哥商品交易所的国际货币市场和伦敦国际金融期货交易所（LIFFE）进行交易。正如本书曾多次提到的，欧洲美元定期存单支付的利率是伦敦银行间同业拆放利率（LIBOR）。

3 个月期（90 天）欧洲美元定期存单是欧洲美元定期存单期货合约的原生工具。图表 11.2 是 2002 年 4 月合约的彭博期货合约描述屏幕。与国库券期货合约一样，欧洲美元定期存单期货合约的面值为 100 万美元，基于指数价格进行交易。该合约的指数价格报价等于 100 减去年化的期货 LIBOR。例如，一份欧洲美元定期存单期货合约的价格为 98.00 美元，这意味着 3 个月期货的 LIBOR 为 2%。

该合约的最小价格变动（最小价位）为 0.005 或者表示为 1/2 个基点。这意味着该合约的最小价位价值为 12.50 美元，这可由以下公式求出：

最小价位价值 = ＄1 000 000 × （LIBOR × 0.005 × 90/360） = ＄12.50

这个公式出现在图表 11.2 的右下角处。

欧洲美元定期存单期货合约是一份现金结算合约。也就是说交易双方在结算日根据 LIBOR 以现金方式结算欧洲美元定期存单期货合约。欧洲美元定期存单期货合约是世界上交易最为活跃的期货合约之一。图表 11.3 是 2002 年 1 月 22 日当天交易的 90 天期欧洲美元定期存单期货合约的彭博显示。我们注意到有大量 2002 年 3 月，6 月，9 月，12 月期的未平仓合约。[①]

---

① 未平仓数量是指建仓但尚未了结的期货合约数量。

图表 11.2 欧洲美元定期存单期货合约的彭博期货合约描述屏幕

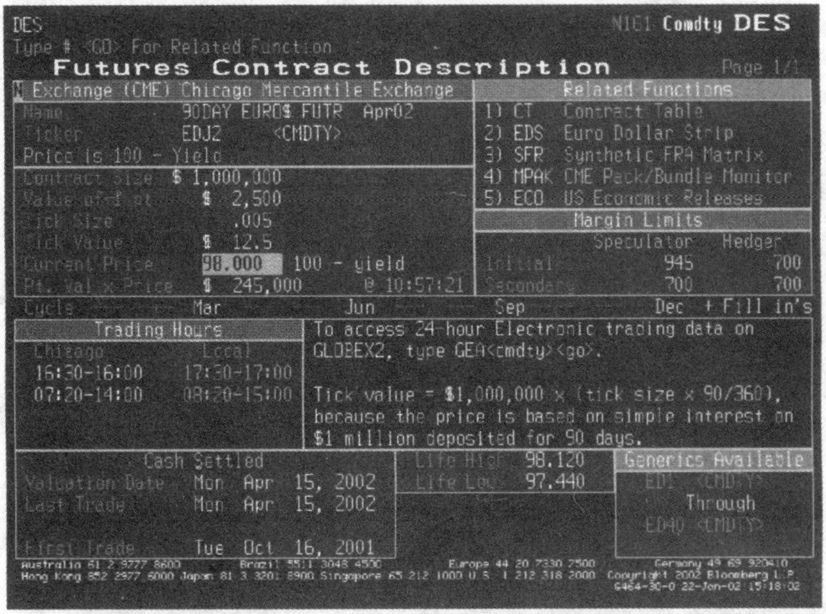

资料来源：彭博金融市场。

图表 11.3 欧洲美元定期存单期货合约的彭博合约列表

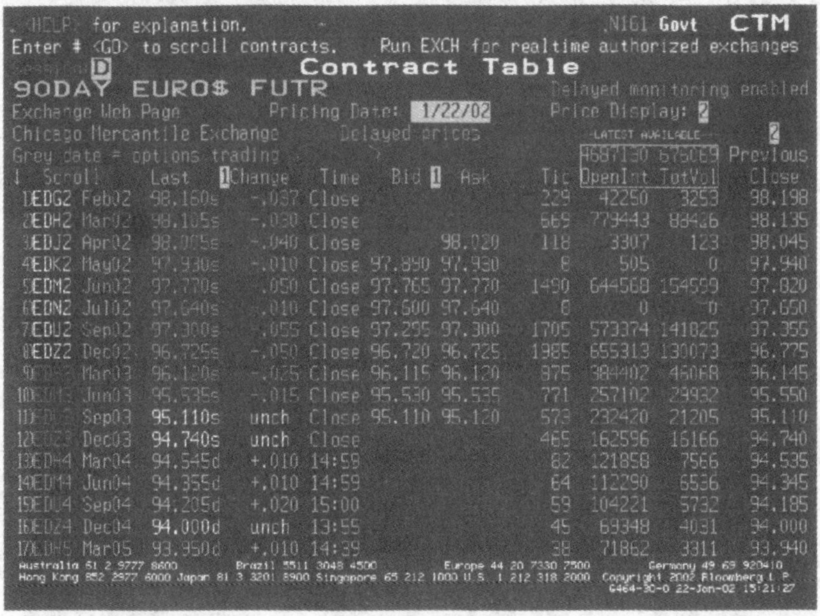

资料来源：彭博金融市场。

欧洲美元定期存单期货合约经常被用于交易收益率曲线的空头部分，而且许多套期保值交易者都认为这种合约是适用于广泛保值需求的最佳工具。

90 天期的英镑 Libor 利率期货合约主要是在伦敦期货交易所和伦敦国际金融期

货交易所交易。该合约结构与上文所介绍的欧洲美元定期存单期货合约是相似的。图表 11.4 是 2002 年 3 月的彭博期货合约描述屏幕。合约价格等于 100 英镑减去利率，交割时间为 3 月，6 月，9 月和 12 月，合约金额为 500 000 英镑。最小价位是 0.01 或者说是一个基点，最小价位价值为 12.5 英镑。图表 11.5 是 2002 年 1 月 22 日的 90 天期英镑 Libor 利率合约的结算价格的彭博显示屏。

图表 11.4　　　90 天期英镑 Libor 利率合约的彭博期货合约描述屏幕

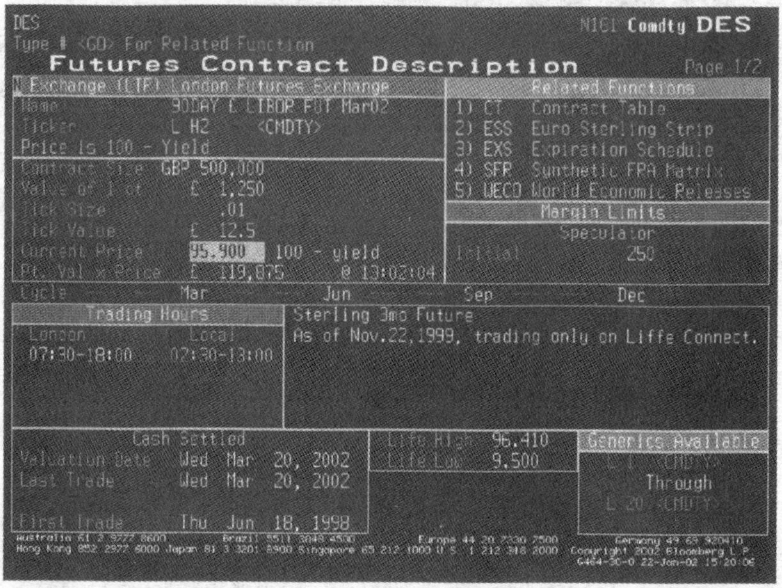

资料来源：彭博金融市场。

图表 11.5　　　90 天期英镑 Libor 利率合约的彭博期货合约列表

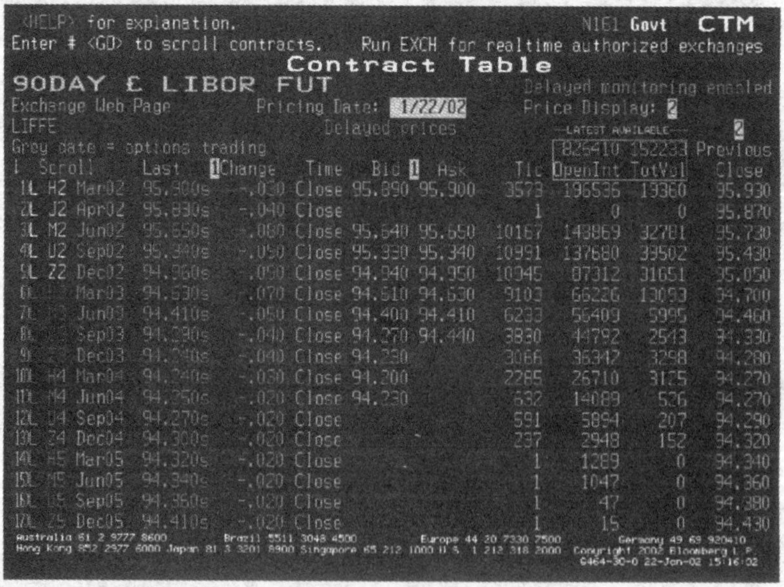

资料来源：彭博金融市场。

伦敦国际金融期货交易所也交易其他主要货币，包括欧元、日元和瑞士法郎在内的短期利率期货。例如，图表 11.6 是 2002 年 6 月的 90 天期欧元 Euribor 利率的彭博期货合约描述屏幕。其他货币的短期利率合约与 90 天期英镑 Libor 利率合约类似，都在交易所交易，如法兰克福的德意志期货选择权交易所和巴黎的法国国际期权与期货市场。

图表 11.6　　　　90 天期欧元 Libor 利率合约的彭博期货合约描述屏幕

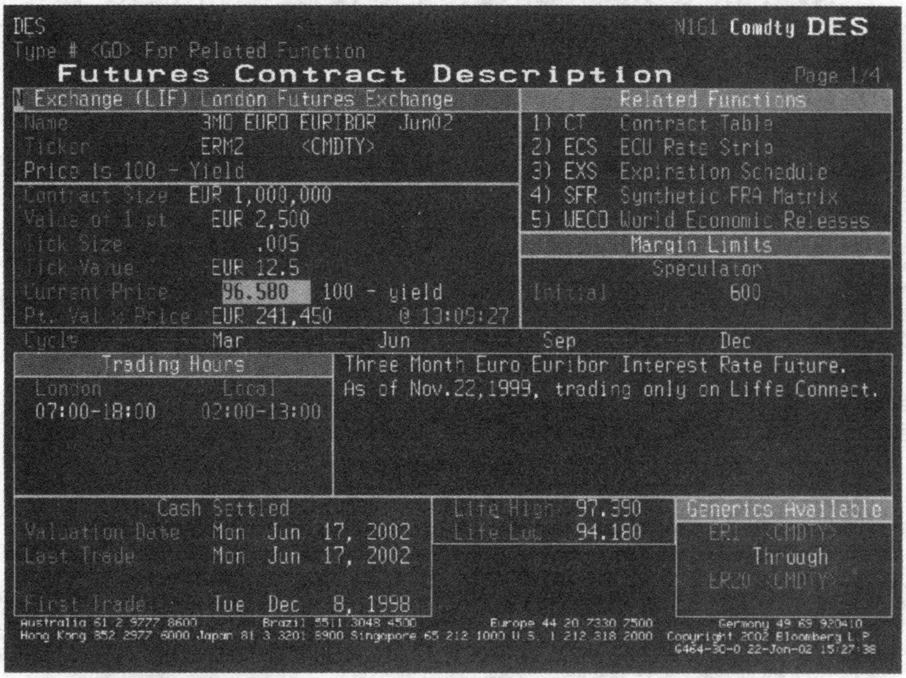

资料来源：彭博金融市场。

11.3.3　联邦基金期货合约

美联储制定和执行货币政策时，联邦基金利率通常是一个重要的操作目标。因此，联邦基金利率是关键的短期利率。联邦基金利率期货合约是为那些拥有此种利率风险敞口的套期保值者以及想对赌美国货币政策方向的投机者设计的。该合约的原生资产是交割月的简单平局隔夜联邦基金利率（有效利率）。同样，该合约以现金形式结算。

图表 11.7 是 2002 年 5 月的联邦基金期货合约的彭博期货合约描述屏幕。合约金额为 5 000 000 美元，最小价位是 0.005 或 1/2 个基点。据此，最小价位价值为 20.835 美元。正如前文介绍的其他短期利率期货合约一样，价格以 100 减去利率的方式公布。图表 11.8 是 2002 年 1 月 22 日交易的联邦基金期货合约彭博数据表。

图表11.7　　　　　　　联邦基金期货合约的彭博期货合约描述屏幕

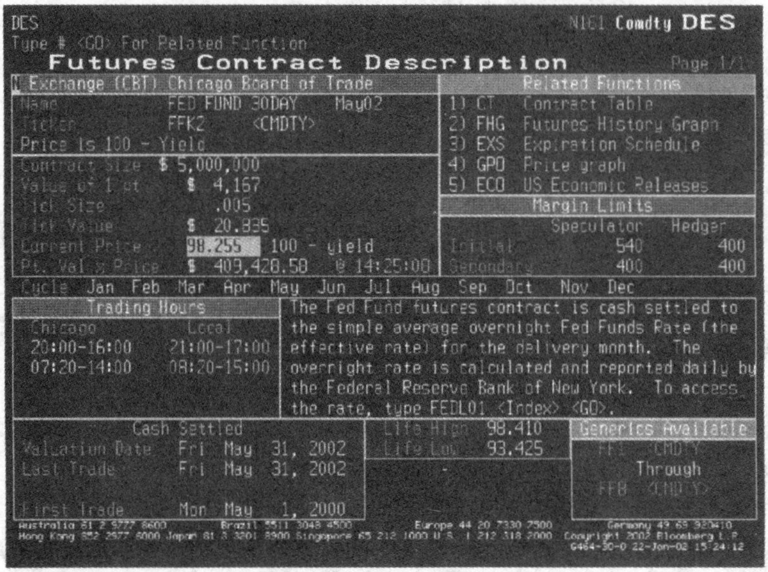

资料来源：彭博金融市场。

图表11.8　　　　　　　　　联邦基金期货合约的彭博合约列表

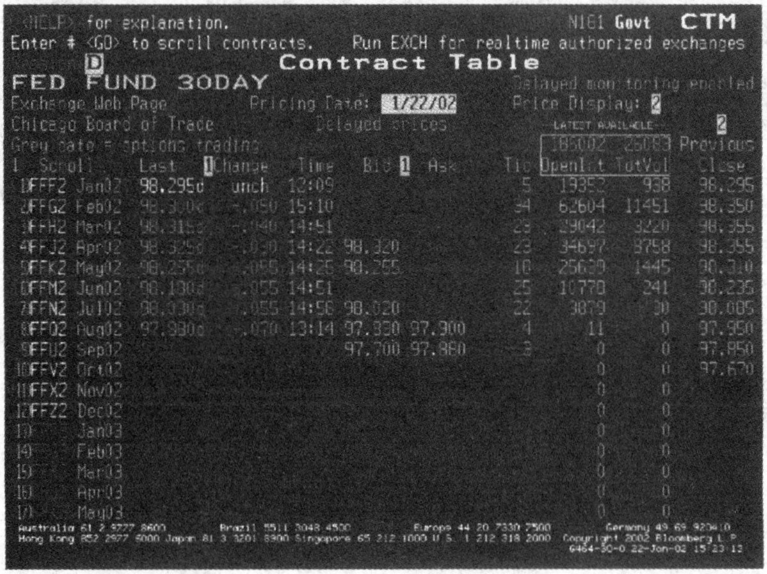

资料来源：彭博金融市场。

11.4　远期利率协议

远期利率协议（forward rate agreement，FRA）是一种作为货币市场一部分进行交易的场外衍生工具。实质上，远期利率协议是一种无本金交付的远期生效的贷款，所以交易双方之间只是对利息差额进行现金支付。虽然远期利率协议市场是全球化市场，但大多数交易还是在伦敦进行的。远期利率协议交易开始于 20 世纪 80 年代，如今的市场交易规模巨大而且流动性非常高。据英国银行家协会统计，伦敦每天的成交量超过了 50 亿美元。

实际上，远期利率协议是一种远期贷款，按照约定的利率交易，无本金交割——只是对根据一定名义本金计算的利息差额进行支付，利差是根据签订合约时的协议利率与结算换手日的实际利率计算的。因此，远期利率协议是表外工具。通过交易，今天确定的某个利率水平在未来某一时点就生效了，远期利率协议可以使得银行和公司抵补远期利率风险。当然，它也可以被用来对未来利率进行投机。

11.4.1　远期利率协议基础

远期利率协议指的是这样一种合约，交易双方约定在未来 12 个月中的任意时点开始以约定的利率（FRA 利率）借入或贷出一定名义本金，借贷期限最长不超过 12 个月。协议的购买者借入了一定量的名义本金，出售者则贷出了本金。需要注意，此产品不同于所有其他货币市场工具。货币市场中，购买定期存单、国库券或在回购市场上投标债券的一方是资金的贷出方，而在远期利率协议市场，"购买"实际上是"借入"。当然，我们使用"名义"这个词就是因为远期利率协议并没有实际的资金借贷，名义本金量只是简单用于计算利息支付额（一个规模因素）。

因此，远期利率协议交易时，买方（卖方）以约定利率借入（贷出）一定期限的一定量名义本金，该笔"贷款"开始于未来某个约定日期。买方是名义资金的借入者，因此如果在协议签订日与协议生效日之间利率上涨，那么买方获益；如果在此期间利率下降，那么买方需要以名义本金百分比的形式支付协议利率与实际利率间的差额。买方可以利用远期利率协议规避实际风险敞口，也就是为真实的资金借入规避利率风险，或仅用于投机利率看涨。该笔交易的交易对方，协议的卖方是名义本金的贷出者，按照约定利率贷出资金。如果利率下降，卖方将会获益，如果利率上涨，卖方就要付款。同样地，卖方也可以使用远期利率协议规避实际贷款风险或用于投机。

在远期利率协议交易中，只有在换手利率不同时才会产生支付行为，在交易开始时并不需要支付任何款项。确实需要支付的款项就是合约协议利率与合约到期日实际利率之间的利差，以名义本金百分比的形式支付。银行和公司都会交易远期利率协议。所有主要货币远期利率协议市场的流动性都非常好，且由银行和经纪人报出的利率都会清楚地显示在电子屏幕上。交易是通过电话或者例如英国路透社这样的交易系统进行的。

远期利率协议涉及的专业术语包括借款期限以及合约生效时间（或到期时间）。因此如果一个协议买方想要规避一笔 3 个月内开始的 3 个月期贷款的利率上升风险，他就应该购买一份"3 对 6 个月"的远期利率协议，或者经常被表示为 3×6或者3v6 远期利率协议。在市场上，这就是指一份"3 – 6"的远期利率协议，它意味着一笔 3 个月内开始的 3 个月期贷款。所以相应的，一份表示为"1 – 4"（1v4）的远期利率协议含义是 1 个月内开始的 3 个月期贷款，一份"3 – 9"（3v9）的协议就是 3 个月内开始的 6 个月期贷款。

　　为了说明这个问题，我们假设某公司预测自己在 6 个月之内需要筹集一笔 6 个月期贷款。该公司现在可以 6 个月的 LIBOR 加上 50 个基点借入这笔贷款。假设 6 个月 LIBOR 为 4.0425%，但该公司的财务主管预计利率在接下来的几周内会上涨到大约 4.50%。如果财务主管的预计是正确的，那么这个公司就被迫只能以更高的利率来获得贷款，除非使用保值手段来规避这一风险。该财务主管最终选择购买一份"6v12"的远期利率协议来规避这一风险。一家银行对这份名义本金为 1 000 000英镑的远期利率协议的报价为 4.3105%。假设 6 个月间，6 个月期的 LIBOR 果然上涨到4.50%，那么这家公司就必须以 5%（LIBOR 加上 50 个基点）的利率成本来贷款了。但是，该公司将会收到一笔结算资金可以抵消利率上涨的影响，这笔资金就是购买远期利率协议时的利率（4.3105%）与当前 6 个月期 LIBOR（4.50%）的差额，以名义本金 1 000 000 英镑的百分比形式支付。这笔资金可以在一定程度上补偿借款成本的上升。

11.4.2　远期利率协议交易机制

　　无论是在哪个市场，远期利率协议都是在相同的条款和公约的限定下进行交易。英国银行业协会（BBA）已经编写了有关远期利率协议交易的标准法律文件。以下这些便是市场上使用的标准条款：

■ 名义本金（notional sum）：远期利率协议交易的金额。

■ 交易日（trade date）：进行远期利率协议交易的日期。

■ 结算日（settlement date）：名义借款或存款生效的日期，也即开始日，该日期连同名义本金仅用于计算利息，并不发生实际借贷。

■ 定价日（fixing date）：参照利率被确定的日期，也就是同协议利率进行比较的利率被确定的日期。

■ 到期日（maturity date）：名义借款或存款终止的日期。

■ 合约期限（contract period）：结算日与到期日之间的时间。

■ 协议利率（FRA rate）：远期利率协议所约定的利率。

■ 参照利率（reference rate）：用于计算结算金额的利率，通常是合约期中某一固定日的 LIBOR 利率。

■ 结算金（settlement sum）：以名义本金的百分比形式支付的，协议利率与参照利率之差，在结算日由协议中的一方交付给另外一方。

　　这些关键的日期如图表 11.9 所示。

图表 11.9　　　　　　　　　　远期利率协议交易的关键日期

合约期限

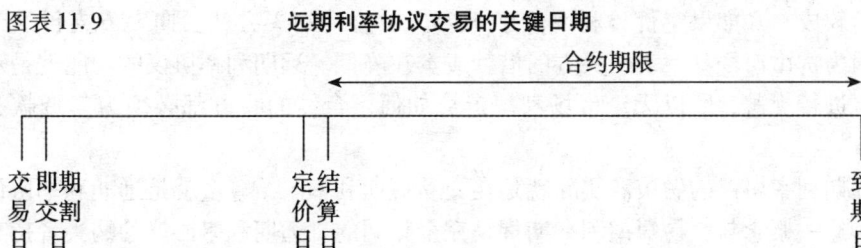

即期交割日通常是交易日后的两个工作日，然而这个日期也可以由双方商定提前或延后。结算日是指远期利率协议中约定的即期交割日之后的一段时间：例如，一份 1×4 的远期利率协议，其结算日就是即期交割日之后的一个日历月。定价日通常是在结算日之前的两个工作日。结算日是进行结算金交付的日期，而且由于结算金是提前支付的（在合约开始时），因此所要支付的金额是贴现后的现值。一般贷款存款利息的正常支付时间是在合约期满时，而因为远期利率协议是在合约开始时付款，所以结算金是贴现后的现值。对于大多数远期利率协议来说，参照利率就是定价日的 LIBOR 利率。

结算金是在定价日之后计算的，并在结算日支付。我们可以通过一个例子来说明。假设一家公司买进一份 1×4 的远期利率协议，名义本金为 1 000 000 英镑，协议利率为 5.75%，定价日的市场利率为 6.50%，合约期限为 90 天。在货币市场上，该公司所要支付的额外利息费用可以通过单利计算公式得到：

$$\text{额外利息费用} = \frac{6.50 - 5.75}{100} \times £\, 1\,000\,000 \times (91/365) = £\, 1\,869.86$$

应注意的是，美国的货币市场将 1 年设定为 360 天而英国货币市场设定为 365 天。

该公司所面临的这个额外利息费用如果与贷款利息一起在贷款到期时支付（如果这是一笔货币市场贷款），即在远期利率协议下，如果结算金与货币市场贷款的利息在同一天支付，金额就必须是上面计算出来的结果。这将是一个完美的套期保值。但正如前文所述，远期利率协议的结算金是在合约开始时，即基础贷款的开始时支付，而不是贷款结束时。因此，结算金就应据此加以调整，调整的金额就是把未经调整的资金投资于货币市场相同的一段时间后所能获得的利息的价值。该合约的结算金可以通过下面这个公式求解：

$$\text{结算金} = \frac{(r_{ref} - r_{FRA}) \times M \times (n/B)}{1 + [r_{ref} \times (n/B)]}$$

其中，r_{ref} = 定价日的参照利率，r_{FRA} = 协议利率，M = 名义本金，n = 合约期限的天数，B = 基础天数（360 或 365）。

上述结算金的公式可以简单地计算出货币市场上支付的额外利息数量，即两个利率之间的差额，又因为它是在合约开始时而不是结束时进行支付的，所以要对其进行贴现。

在我们举的例子中，因为定价日利率高于了协议利率，远期利率协议的买方就会从卖方那里得到一笔结算金。这笔资金补偿了借款者不得不在货币市场支付的更高的借款成本。如果定价日利率低于5.75%，合约的买方就要向卖方支付这个差额，因为货币市场利率表明买方的借款成本在降低。远期利率协议的功能就是对利率风险进行规避，所以无论市场利率走势如何，合约的买方都必须为其贷款支付5.75%的利率。

远期利率协议的做市商实际就是在交易短期利率。结算金就是远期利率协议的价值。这一概念与交易短期利率期货是完全相同的。远期利率协议的购买者持有多头头寸，因此如果定价日参照利率高于协议利率，那么结算金就为正值，该交易商获利。事实就是交易商通过购买远期利率协议，以协议利率借入资金，而随后利率上涨，交易商就会获利，就像利率期货中空头方一样，如果价格下降（也就是利率上升），交易商获利。相反，交易商卖出利率期货合约而成为空头方，如果定价日参照利率低于协议利率，该交易商获利。

11.4.3 远期利率协议定价

远期利率协议是一种远期利率工具且使用标准的远期利率原则来定价。[①] 假设一个投资者面临两种选择：一种是6个月期的投资，收益水平为5%；另一种是1年期的投资，收益水平为6%。如果投资者希望通过先投资6个月再滚动投资6个月，并且最终收益仍然希望达到6%的水平，那么滚动投资期间的收益率为多少才可以呢？如果我们将远期利率协议视为使两个时期收支相等的利率，那么我们就可以求解这一远期利率，这也近似于我们的远期利率协议利率。

实践中，远期利率协议的定价是与交易所交易的短期利率期货合约的定价相独立的。出于这一原因，远期利率协议的合约利率（协议利率）在非交易所交易的衍生工具中是最具有流动性和透明度的。为了说明远期利率协议的定价机制，我们假设：

■ 远期利率协议从今日开始生效，第1年的1月1日（结算日）。
■ 以LIBOR为参照利率。
■ 今天3个月期的LIBOR利率为4.05%。

图表11.10中提供了远期利率协议定价所需的相关信息。我们将使用类似于下一章分析互换合约未来浮动利率支付问题上所应用的方法来分析。图表中第一列表示的是一个季度的开始日期；第二列表示一个季度的结束日；第三列表示每个季度的天数；第四列表示3个月期LIBOR的现值；第五列是3个月期的欧洲美元定期存单期货合约的价格，其用来决定第六列中所表示的隐含的3个月期远期LIBOR利率。最后，第七列表示的是阶段远期利率（period forward rate）。阶段远期利率的计算公式如下：

阶段远期利率 = 年远期利率 × （这一时段的天数/360）

① 关于这些定价原则请参见 Frank J. Fabozzi 和 Steven V. Mann，固定收入分析法的介绍（*Introduction to Fixed-Income Analytics*），（New Hope，PA：Frank J. Fabozzi Associates，2001）。

图表 11.10　　　　　　　　　　　计算隐含的远期利率

(1)	(2)	(3)	(4)	(5)	(6)	(7)
季度开始日	季度结束日	季度内天数	当前 3 月期 LIBOR	欧洲美元定期存单期货合约价格	远期利率（%）	阶段远期利率（%）
第 1 年的 1 月 1 日	第 1 年的 3 月 1 日	90	4.05		—	1.0125
第 1 年的 4 月 1 日	第 1 年的 6 月 30 日	91		95.85	4.15	1.0490
第 1 年的 7 月 1 日	第 1 年的 9 月 30 日	92		95.45	4.55	1.1628
第 1 年的 10 月 1 日	第 1 年的 12 月 31 日	92		95.28	4.72	1.2062

例如，第 2 季度的年远期利率为 4.15%，那么第 2 季度的阶段远期利率为：

阶段远期利率 = 4.15% × （91/360） = 1.0490%

利用上述信息我们来说明一份 3v9 远期利率协议的定价过程。简而言之，应用第七列中的相关条件，我们要求解的是 3 个月后开始的 6 月期 LIBOR 年化远期利率。因此，3v9 的远期利率协议的定价计算式为：

[（1.010490）（1.011628） −1]（360/183） = 0.043751 = 4.3751%

在此有几点需要我们注意。首先，美国货币市场假设 1 年为 360 天而英国假定 365 天。其次，计算式中的 183 天是从今天起 3 个月后开始的 6 个月期远期利率协议所包含的天数。

通过同样的方法可以为一份 3v12 的远期利率协议来定价，此时我们计算从今天起 3 个月后开始的 9 个月期协议利率所折合的年化远期利率。该协议的定价如下：

[（1.010490）（1.011628）（1.012062） −1]（360/275） = 0.045256 = 4.5256%

在图表 11.11 中，ABC 三个图是关于不同币种和不同到期日的远期利率协议买卖价的彭博显示屏。这些数据由英国德利万邦（Tullett）和东京国际外汇提供。交易币种分别为美元、英镑和欧元。

图表 11.11　　　　　　不同币种和到期日的远期利率协议利率

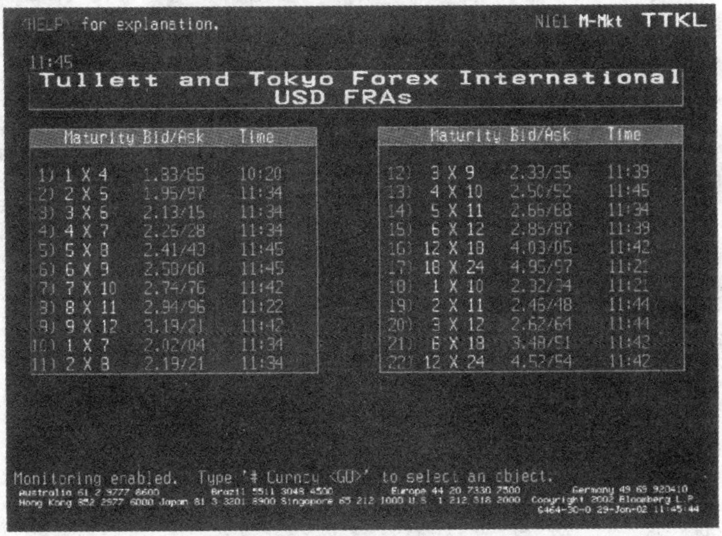

图 A　美元远期利率协议

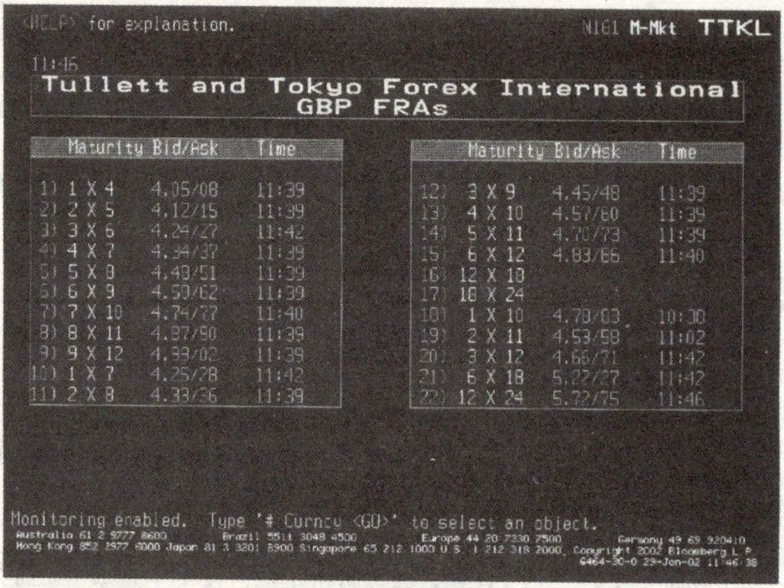

图 B　英镑远期利率协议

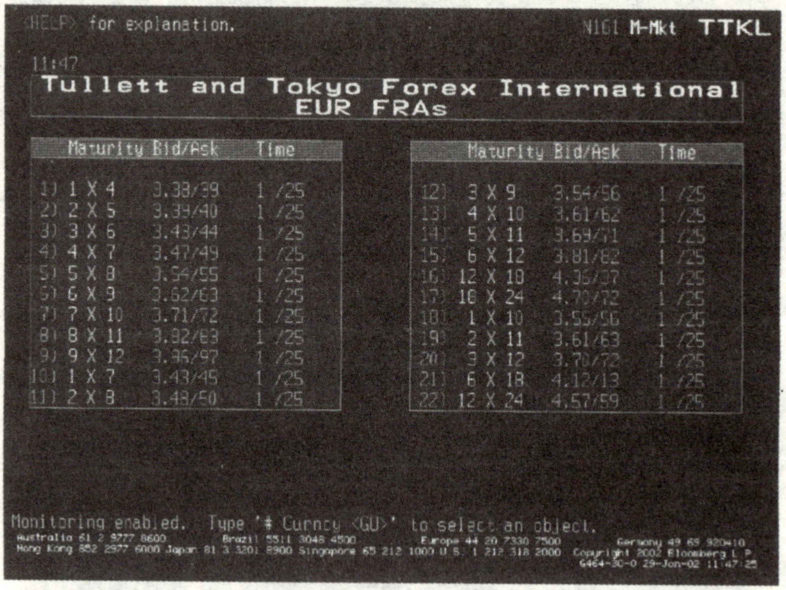

图 C　欧元远期利率协议

资料来源：彭博金融市场。

第 **12** 章 利率互换和利率上限/下限

除利率期货合约和远期利率协议外，还有另外两种衍生工具可以由货币市场参与者用于控制利率风险——利率互换和利率上限/下限。这些工具具有一个重要的共性，即无论是利率互换还是利率上限/下限都是一些基本的衍生工具的组合。利率互换是远期合约的资产组合；利率协议（上限/下限）是利率期权的资产组合。

最常见的互换合约就是利率互换（interest rate swap）。利率互换合约为市场参与者改变现金流的性质和资产组合或者资产负债表的利率敞口提供了有效的手段。在本章中，我们将介绍如何分析利率互换。我们将介绍常规的利率互换协议、互换的当事人、互换的风险和回报，以及互换的经济解释。然后，我们将分别探讨浮动利率支付额以及该支付额的现值的计算和给定互换利率时固定利率支付额的计算。在学习计算互换的价值之前，我们先了解互换利率的计算。然后讨论给定互换利率，互换开始后，互换价值是如何确定的。我们还会讨论其他类型的互换，如互换期权和互换期货。在本章最后一节我们为大家介绍利率上限和下限。

12.1 利率互换

在利率互换中（interest rate swap），两个当事人（交易双方）同意交换定期的利息支付。所交换的利息支付金额根据预先确定的本金金额，即名义金额（notional amount）来计算。交易双方的每一方支付给对方的金额等于双方商定的定期利率与名义金额的乘积。互换双方交换的款项只是利息支付，而非名义金额。因此，名义本金只是作为用利率计算现金流的衡量因子。在最常见的互换交易中，交易一方同意在合约期间的指定日期替另一方支付固定利率的利息。这一方被称为固定利率支付者（fixed-rate payer）；另一方则同意替前者支付随着某种参考利率浮动的浮动利率的利息，这一方被称作浮动利率支付者（floating-rate payer）。

在利率互换中，浮动利率经常采用的参考利率来自于货币市场上的各种利率，如国库券利率、伦敦银行间同业拆借利率、商业票据利率、银行承兑汇票利率、定期存单利率、联邦基金利率和优惠利率。最常用的是伦敦银行间同业拆借利率（LIBOR）。LIBOR 是一家大银行向其他大银行承诺支付的一定期限的欧洲美元存款利率。LIBOR 并非单指一种利率，而是一系列具有不同期限的利率。例如，1 个月期的 LIBOR、3 个月期的 LIBOR 和 6 个月期的 LIBOR。

　　我们现在举例说明互换利率。假设在接下来的 5 年内，X 方同意每年向 Y 方支付 10% 的利率。同时，Y 方同意每年向 X 方支付 6 个月期 LIBOR（参考利率）。那么，X 方就是固定利率支付者/浮动利率接受者；而 Y 方就是浮动利率支付者/固定利率接受者。假设名义本金为 5 000 万美元，在接下来的 5 年内双方每 6 个月进行一次支付互换。这意味着：每 6 个月 X 方（固定利率支付者/浮动利率接受者）向 Y 方支付 250 万美元（10% 乘以 5 000 万美元再除以 2）；同时，Y 方（浮动利率支付者/固定利率接受者）向 X 方支付的金额为 6 个月期 LIBOR 与 5 000 万美元的乘积再除以 2。如果 6 个月期 LIBOR 为 7%，那么，Y 方向 X 方支付 175 万美元（7% 乘以 5 000 万美元再除以 2）。需要注意的是，因为支付的是半年期利息，所以我们要将支付金额除以 2。

　　利率互换是场外交易工具。这意味着利率互换不在交易所内交易。希望介入互换交易的机构投资者可以通过开办互换交易业务的证券公司或商业银行来进行交易①。这些机构可以开展以下业务：首先，他们可以为希望达成利率互换交易的双方提供交易安排或充当经纪人。在这种情况下，证券公司或商业银行将发挥经纪人的功能。其次，证券公司或商业银行帮助机构投资者达成互换交易的第二种方法是充当互换交易的另一方。这意味着证券公司或商业银行是交易中的交易商而非经纪人。作为交易商，证券公司或商业银行必须按照为其持有的其他证券进行套期保值的方法，来对其持有的互换头寸进行套期保值。这也表明交易商是交易中的对手方。

　　在互换交易中，交易双方所面临的风险就是对手方不能履行互换协议中规定的义务，即每一方都面临违约风险。互换协议中的违约风险被称为对手方风险（counterparty risk）。在交易双方达成的任何互换协议中，双方都必须履行合约规定的条款，因此，对手方风险就是交易对方可能违约的风险。对于期货和交易所交易的期权而言，对手方风险就是清算公司可能违约的风险，市场参与者认为这种风险微乎其微。相比之下，互换交易中的对手方风险是很大的。

　　由于存在对手方风险，并非所有的证券公司和商业银行都可以充当互换交易商。有些证券公司设立了独立核算的子公司，这些子公司具有较高的信用等级，从而可以在互换交易中充当交易商。

　　因此，我们需要切记，互换交易的任何一方都面临对手方风险。

12.2　互换头寸的解释

　　我们可以通过两种方法来解释互换头寸：（1）一揽子远期/期货合约，（2）买

---

　　①　切勿混淆商业银行在互换交易中的作用。商业银行可以在其资产负债管理中运用互换，也可以为其客户办理（买入和卖出）互换，以赚取费用收入。后一种角色才是我们这里所讨论的商业银行在互换市场上的作用。

卖现货市场工具所产生的一揽子现金流。

12.2.1　一揽子远期合约

再回到上文说明互换时所采用的利率互换的例子，来考察 X 方的头寸。X 方已经同意支付 10% 的利率并接受 6 个月期的 LIBOR。具体而言，假设名义本金为 5 000 万美元，X 方同意支付 250 万美元购买一种被称作 "6 个月期的 LIBOR" 的商品。这实际上就是一份 6 个月期的远期合约，其中 X 方同意支付 250 万美元来交割 6 个月期的 LIBOR。固定利率支付者实际上是以 6 个月期 LIBOR 为基础资产的 6 个月期远期合约的多头方。浮动利率支付者实际上是以 6 个月期 LIBOR 为基础资产的 6 个月期远期合约的空头方。因此，每一个交换日都对应有一个隐性远期合约。

因此，利率互换可以被视为远期合约等更基本的利率衍生工具的组合。利率互换的定价取决于具有相同结算日且其基础资产的参考利率相同的一揽子远期合约的价格。

尽管利率互换可能只不过是一揽子远期合约，但它并不是一种多余的合约，原因是：第一，远期或期货合约的期限不像利率互换的期限那么长；利率互换的期限可以长达 15 年，甚至更长。第二，利率互换是一种更加有效率的交易工具。也就是说，一家机构在一次互换交易中所实现的盈亏结果实际上相当于一揽子远期合约所实现的盈亏结果，而每一份远期合约都需要单独谈判。第三，从 1981 年利率互换市场建立以来，该市场的流动性就不断增强。目前，与远期合约特别是期限较长的远期合约相比，利率互换可以提供更高的流动性。

12.2.2　一揽子现货市场工具

为了说明为什么互换交易也可以被视为一揽子现货市场工具，我们可以考察一位投资者参与下列交易的情况：

■ 买入面值为 5 000 万美元的 5 年期浮动利率债券；债券每 6 个月按照 6 月期 LIBOR 支付利息。

■ 为了购买上述证券，投资者进行如下融资：按 10% 的利率借入 5 000 万美元，每半年付息一次。

这笔交易的现金流如图表 12.1 所示。图表中第二列显示了购买 5 年期浮动利率债券所产生的现金流。首先是 5 000 万美元的现金流出，然后是 10 笔现金流入。现金流入的金额是不确定的，因为它取决于未来的 6 个月期 LIBOR。下一列显示了以固定利率借入 5 000 万美元的现金流。最后一列显示了整个交易产生的净现金流量。如最后一列所示，交易中不存在初始现金流（现金流入和现金流出互相抵消）。在所有的 10 个 6 个月期间内，净头寸产生了根据 LIBOR 确定的现金流入和 250 万美元的现金流出。但是，这个净头寸与固定利率支付者／浮动利率接受者的头寸相同。

图表12.1 通过固定利率借款融资购买 5 年期浮动利率债券的现金流

交易：

■ 购买 5 000 万美元的 5 年期浮动利率债券：浮动利率 ＝ LIBOR，每半年付息一次

■ 借入 5 000 万美元，期限为 5 年；固定利率 ＝ 10 %，每半年付息一次

6 个月期	现金流量（百万美元）		
	浮动利率债券[a]	借款成本	净现金流量
0	− 50	＋ 50.0	0
1	＋（$LIBOR_1/2$）×50	− 2.5	＋（$LIBOR_1/2$）×50 − 2.5
2	＋（$LIBOR_2/2$）×50	− 2.5	＋（$LIBOR_2/2$）×50 − 2.5
3	＋（$LIBOR_3/2$）×50	− 2.5	＋（$LIBOR_3/2$）×50 − 2.5
4	＋（$LIBOR_4/2$）×50	− 2.5	＋（$LIBOR_4/2$）×50 − 2.5
5	＋（$LIBOR_5/2$）×50	− 2.5	＋（$LIBOR_5/2$）×50 − 2.5
6	＋（$LIBOR_6/2$）×50	− 2.5	＋（$LIBOR_6/2$）×50 − 2.5
7	＋（$LIBOR_7/2$）×50	− 2.5	＋（$LIBOR_7/2$）×50 − 2.5
8	＋（$LIBOR_8/2$）×50	− 2.5	＋（$LIBOR_8/2$）×50 − 2.5
9	＋（$LIBOR_9/2$）×50	− 2.5	＋（$LIBOR_9/2$）×50 − 2.5
10	＋（$LIBOR_{10}/2$）×50 ＋ 50	− 52.5	＋（$LIBOR_{10}/2$）×50 − 2.5

[a] LIBOR 的下标表示浮动利率债券在 t 时刻的 6 个月期 LIBOR。

从图表12.1的净现金流量中可以看出，固定利率支付者相当于持有现货市场中的浮动利率债券多头头寸和固定利率债券空头头寸；其中，固定利率债券空头头寸等于通过发行固定利率债券而获得的融资额。

那么，浮动利率支付者的情况如何呢？我们可以很容易地证明，浮动利率支付者的头寸相当于购买固定利率债券并以浮动利率的方式为购买债券融资，这里的浮动利率是互换交易的参考利率。也就是说，浮动利率支付者的头寸相当于固定利率债券的多头头寸加上浮动利率债券的空头头寸。

12.3 术语、惯例和市场报价

在这里我们首先来回顾一下互换市场上使用的一些术语，并解释互换是如何报价的。毫无疑问，交易日（trade date）是指互换交易成交的日期。该交易的条款包括固定利率、到期日、互换的名义本金以及互换交易双方各自的支付额。确定浮动利率支付额的日期是重置日（reset or setting date），该日期也可能是交易日。就像远期利率协议中（上一章中所介绍的），协议利率是在合约期限开始前的两个工作日确定下来的。第二个（以及后来的）重置日是第二个（以及后来的）互换期限开始前的两个工作日。互换交易开始计息的日期被称作生效日（effective date），

通常是交易日之后的两个工作日。但在远期生效互换协议中（forward-start swap）生效日将是互换条款中规定的未来的某一时间。每个时期的浮动利率都是这个时期开始时确定的，所以利息支付金额对于交易双方来说都是提前可知的（当然，固定利率在整个互换交易中都是双方已知的）。

虽然我们的解释假设固定利率支付者和浮动利率支付者现金流的时间安排是相同的，但是，这种情况在实际的互换交易中是很少见的。事实上，互换协议可能要求固定利率支付者每年支付一次，而要求浮动利率支付者支付地更加频繁些（每半年一次或每季度一次）。另外，交易中各个阶段的计息方式可能不同。通常，固定利率支付是按照第 2 章所述的 30/360 天计算天数。美元和欧元标价的互换交易浮动利率支付与其他币种的货币市场工具的天数计算方法一样，都是实际天数/360天。英镑标价的互换交易使用实际天数/365 天计算天数。

因此，固定利率支付额会因为计息期的长短不同而不同。浮动利率支付额会因为天数的计算方法以及参考利率的不同而不同。

在互换市场上，用来描述交易一方头寸的术语综合了现货市场和期货市场的各种行话；例如，互换头寸可以被解释为一揽子现货市场工具的头寸或一揽子期货/远期头寸。如前所述，利率互换交易中的交易对手不是固定利率支付者，就是浮动利率支付者。

固定利率支付者获得浮动利率支付者的支付，因此被称为"多头"或者"购买"了互换协议。多头方相当于是购买了浮动利率的债券（因为得到了浮动利率的利息）并发行了固定利率的债券（因为要支付固定利率的利息）。实际上，固定利率支付者相当于以固定利率来融资并且投资于浮动利率资产。浮动利率支付者可以被称作"空头"或者"出售"了互换协议。空头方相当于购买了一种附息债券（因为得到了固定利率的利息）并发行了浮动利率的债券（因为要支付浮动利率的利息）。浮动利率支付者相当于以浮动利率来融资并投资于固定利率资产。

互换交易的惯例随着互换报价而发展起来，它是指互换交易商确定一个浮动利率并使之等于参考利率，然后报出将要采用的固定利率。为了说明这种惯例，请见下面的互换交易商向市场提供的一个 10 年期互换条款。

■ 浮动利率支付者

每季度支付 3 个月期 LIBOR 的浮动利率。

每半年收取 8.75% 的固定利率。

■ 固定利率支付者

每半年支付 8.85% 的固定利率。

每季度收取 3 个月期的 LIBOR 浮动利率。

交易商向固定利率支付者报出的卖出价格为支付 8.85% 的固定利率并收取 LIBOR "平价"（平价表示与 LIBOR 之间没有差价）。交易商向浮动利率支付者报出的买入价格为支付 LIBOR 平价并收取 8.75% 的固定利率。买卖报价的利差为 10个基点。

为了证实我们的想法，我们可以将互换市场视为这样一个市场，交易双方以固定的价格来交易浮动参考利率。实际上，互换市场就是买卖 LIBOR 的市场。因此，买入互换协议（支付固定利率／收取浮动利率）可以被认为是在每个重置日以在交易日确定的固定利率买入 LIBOR。相反，卖出互换协议（收取固定利率／支付浮动利率）实际上是在每个重置日以在交易日确定的固定利率卖出 LIBOR。在这个框架下，一个交易商的买卖差价就很容易被解释了。通过上面提供的数字，8.75% 的买入价就是交易商向交易对手支付的买入 3 个月期 LIBOR 的价格。换句话说，也就是以卖出价卖出 LIBOR。

固定利率比与互换期限相同的国债收益率曲线高出一定的利差。在我们的例子中，假定 10 年期的国债的收益率为 8.35%，那么，交易商向固定利率支付者报出的卖出价格为：支付 10 年期国债利率加 50 个基点，并收取 LIBOR 平价。交易商向浮动利率支付者报出的买入价格为：支付 LIBOR 平价，并收取 10 年期国债利率加上 40 个基点。交易商对这一互换的报价就是 40～50 个基点，这表明交易商愿意达成一笔互换交易以获取 LIBOR 并支付 10 年期国债利率加 40 个基点的固定利率，也愿意达成另一笔互换交易以支付 LIBOR 来获取 10 年期国债利率加 50 个基点的固定利率。所支付的国债利率与所获取的国债利率之间的差额即为买卖价差①。

12.4　互换利率的计算

在利率互换中，交易双方同意定期地交换利息支付，用于交换的利息支付金额以名义本金为基础。最常见的互换中有一个固定利率支付者和一个固定利率接受者。互换利率的报价惯例是互换交易商设定一个与参考利率相等的浮动利率，然后报出适用的固定利率。

12.4.1　互换支付额的计算

上一节我们介绍了通用的条款中固定利率支付者和固定利率接受者的支付，但没有提及更多细节。即我们解释了如果互换利率为 6% 并且名义本金为 100 000 000 美元，那么固定利率支付额应是每年 6 000 000 美元，并且支付额根据结算的频率而调整。如果每半年结算一次，那么支付额为 3 000 000 美元。如果每季度结算一次，那就是 1 500 000 美元。相似地，浮动利率支付额由参考利率乘以名义本金决定，并按照约定的结算频率进行支付。

通过上述互换支付额的简单计算来说明利率互换的基本特性是非常有帮助的，接下来解释当利率变动时，互换双方是如何获益或受损的。本节我们先来看看互换是如何定价的。为互换定价，首先必须确定固定利率支付额的现值和浮动利率支付

---

① 大家通常会有这样的疑问，为什么互换中对固定利率的报价高于国债利率一定的价差，但在互换的计算中并不直接使用国债利率。这是由于报价与结算日之间存在时间差，这样报价可以使互换交易商应对利率的变化进行套期保值。

额的现值。两个现值之差即是互换的定价。该定价是正值（资产）还是负值（负债）取决于交易双方。

当互换交易开始的时候，互换协议的条款必须确保浮动利率支付额的现值等于固定利率支付额的现值。也就是说，在互换开始时，互换的价值等于零。这是确定互换利率（固定利率支付者需要支付的固定利率）的基本原则。

分析的步骤如下。首先，我们考察如何计算浮动利率支付额。我们将了解如何确定参考利率的未来值以得到该期间的浮动利率。在参考利率的未来值之后，我们将了解考虑到支付期天数，浮动利率支付额的计算。接下来是如何计算给定互换利率的固定利率支付额。在考察互换价值的计算之前，我们先要了解如何计算互换利率。这要求先解释利率互换的任意现金流的现值是如何计算出来的。给定浮动利率支付额和浮动利率支付额的现值，根据互换利率是使固定利率支付额的现值等于浮动利率支付额现值的固定利率这一原则，就可以确定互换利率了。最后，我们将了解在互换开始后，互换的价值如何确定。

12.4.2　浮动利率支付额的计算

第一次浮动利率支付额是已知的。在接下来所有的支付中，浮动利率支付额取决于确定浮动利率的参考利率水平。为了说明与浮动利率支付额计算相关的问题，我们假设：

- 互换开始日为第一年的 1 月 1 日（互换结算日）。
- 浮动利率按季支付，计息方式为"实际天数/360 天"。
- 参考利率是 3 个月期 LIBOR。
- 互换交易的名义本金金额为 1 亿美元。
- 互换期限为 3 年。

浮动利率按季支付，日算规则为"实际天数/360 天"。这种日算规则意味着假定一年有 360 天，并根据一个季度内的实际天数计算各个季度应支付的利息。浮动利率支付额在每个季度开始时设定，但是在每个季度末才进行支付——浮动利率支付额采用的是延后支付的方式。

假定当前 3 个月期 LIBOR 为 4.05%。我们考察一下在第一年的 3 月 31 日（互换交易的第一个季度的利息支付日）固定利率支付者的收取情况。浮动利率支付额是确定的。一般来说，浮动利率支付额的决定公式如下：

$$名义本金金额 \times （3个月期 LIBOR） \times \frac{期间内的实际天数}{360}$$

在这个例子中，我们不考虑闰年的情况。因此，从第一年的 1 月 1 日到 3 月 31 日（第一季度）共计有 90 天。如果 3 个月期 LIBOR 为 4.05%，那么固定利率支付者将在第一年的 3 月 31 日将收到一笔浮动利率支付额，其数额等于：

$$\$100\,000\,000 \times 0.0405 \times \frac{90}{360} = \$1\,012\,500$$

现在的困难是：第一季度以后的浮动利率支付额如何确定。也就是说，3 年期的互换交易将有 12 个季度的浮动利率支付额。虽然第一个季度的支付额已经确定，但接下来的 11 个季度的支付额仍然未知。然而，我们可以运用期货合约来对未来的浮动利率支付额进行套期保值。具体而言，我们可以利用欧洲美元 CD 期货合约来对参考利率为 3 个月期 LIBOR 的互换交易中的未来浮动利率支付额进行套期保值。

12.4.3　未来浮动利率支付额的决定

现在我们来确定未来浮动利率支付额。通过使用欧洲美元 CD 期货合约可以将互换期间的支付额确定。下面我们来说明如何使用该合约计算浮动利率支付额。我们首先计算下一个季度（从第 1 年 4 月 1 日到第 1 年 6 月 30 日）的支付额。这个季度的实际天数是 91 天。浮动利率支付额由第一年 4 月 1 日的 3 个月期 LIBOR 决定，并于 6 月 30 日支付。当前（1 月 1 日）的固定利率支付者如何预计 4 月 1 日时的 3 个月期 LIBOR。一种可行的方法是欧洲美元 CD 期货市场。市场上目前存在将于第一年 6 月 30 日结算的 3 个月期欧洲美元 CD 期货合约。该期货合约可以显示出市场对第一年 4 月 1 日的 3 个月期 LIBOR 的预期。例如，如果第一年 6 月 30 日结算的 3 个月期欧洲美元 CD 期货合约价格为 95.85 美元，那么根据前面的介绍，3 个月期欧洲美元 CD 期货合约的利率为 4.15%。我们将这个 3 个月期 LIBOR 当作"远期利率"。因此，如果固定利率支付者在第一年的 1 月 1 日（互换交易的开始日）购买了 100 份结算日为 6 月 30 日的 3 个月期欧洲美元 CD 期货合约，那么，该季度（第一年的 4 月 1 日到 6 月 30 日）的支付金额被锁定为：

$$\$100\,000\,000 \times 0.0415 \times \frac{91}{360} = \$1\,049\,028$$

（注意，每份期货合约的名义本金金额为 100 万美元，因此，100 份合约的名义本金金额为 1 亿美元。）类似地，我们也可以利用欧洲美元 CD 期货合约来锁定其他 10 个季度的浮动利率支付额[①]。需要再次重点强调的是：时期 t 期初的参考利率决定了该时期内的浮动利率支付额。然而，直到时期 t 的期末才能进行浮动利率支付。

图表 12.2 显示了 3 年期互换交易的情况。第一列显示的是每个季度的开始日，第二列显示的是每个季度的结束日。支付将在第一个季度（第一年的 3 月 31 日）末进行，金额为 1 012 500 美元。这个支付额是已知的，并且是所有的支付额中唯一已知的。第四列给出了用来计算第一次支付额的信息，即当前的 3 个月期 LIBOR（4.05%）。最后一列，即第八列显示了支付额。

第七列是对第 1 季度到第 12 季度的编号。注意第七列的标题，它是从季度期末的角度来标明每个季度。我们最后对支付额进行贴现时，这一点非常重要。为了

---

① 芝加哥商品交易所提供预先打包的一系列连续到期的被称为一批（bundles）的欧洲美元 CD 期货合约，并在一次交易中完成买卖。具体而言，一批合约就是同时卖出和买入一系列连续的欧洲美元 CD 期货合约。这样，一笔交易中可以买卖一批合约，而不是通过单独的合约构建相同的头寸。

准确计算支付额的现值，我们必须了解每笔支付额支付的时间。因此，第一次的支付额 1 012 500 美元将在第一季度期末支付。当我们提到某段时期的支付额时，我们都是指季度末的支付额。因此，第五次的支付额 1 225 000 美元应为时期 5 的支付额，而时期 5 表示将在第五个季度末进行支付。

图表 12.2　　**基于初始 LIBOR 和欧洲美元 CD 期货合约的浮动利率支付额**　金额单位：美元

(1)	(2)	(3)	(4)	(5)	(6)	(7)	(8)
季度开始日	季度结束日	期间天数	当前的3个月期LIBOR	欧洲美元CD期货价格	远期利率（%）	时期＝季度末	季度末浮动利率支付额
第一年的 1 月 1 日	第一年的 3 月 31 日	90	4.05%			1	1 012 500
第一年的 4 月 1 日	第一年的 6 月 30 日	91		95.85	4.15	2	1 049 028
第一年的 7 月 1 日	第一年的 9 月 30 日	92		95.45	4.55	3	1 162 778
第一年的 10 月 1 日	第一年的 12 月 31 日	92		95.28	4.72	4	1 206 222
第二年的 1 月 1 日	第二年的 3 月 31 日	90		95.10	4.90	5	1 225 000
第二年的 4 月 1 日	第二年的 6 月 30 日	91		94.97	5.03	6	1 271 472
第二年的 7 月 1 日	第二年的 9 月 30 日	92		94.85	5.15	7	1 316 111
第二年的 10 月 1 日	第二年的 12 月 31 日	92		94.75	5.25	8	1 341 667
第三年的 1 月 1 日	第三年的 3 月 31 日	90		94.60	5.40	9	1 350 000
第三年的 4 月 1 日	第三年的 6 月 30 日	91		94.50	5.50	10	1 390 278
第三年的 7 月 1 日	第三年的 9 月 30 日	92		94.35	5.65	11	1 443 889
第三年的 10 月 1 日	第三年的 12 月 31 日	92		94.24	5.76	12	1 472 000

12.4.4　固定利率支付额的计算

互换协议中规定了固定利率支付额的结算频率。结算频率不一定等于浮动利率支付额的频率。例如，在我们列举的 3 年期互换的例子中，浮动利率支付额的结算频率是每季度结算一次。固定利率支付额的频率可以是半年支付一次，而不一定必须是每季度支付一次。

在我们的例子中，我们假定固定利率支付额的结算频率为每季度一次，这与浮动利率支付额的频率相同。实际天数的计算惯例也与浮动利率支付额相同，都为"实际天数/360 天"。某时期内的固定利率支付额的计算公式为：

$$名义本金金额 \times 互换利率 \times \frac{期间内的实际天数}{360}$$

这个公式中除了用互换利率替代参考利率（在我们的例子中是 3 个月期 LIBOR）外，其他的与浮动利率支付额的计算公式相同。

例如，假定互换利率为 4.98%，这个季度为 90 天。那么，这个季度的固定利

率支付额为:

$$\$ 100\ 000\ 000 \times 0.0498 \times \frac{90}{360} = \$ 1\ 245\ 000$$

如果这个季度有 92 天, 那么这个季度的固定利率支付额为:

$$\$ 100\ 000\ 000 \times 0.0498 \times \frac{92}{360} = \$ 1\ 272\ 667$$

我们注意到, 每个季度的固定利率是既定的, 因此支付额的多少取决于该季度所包含的天数。

图表 12.3 显示了不同互换利率下不同的固定利率支付额。表的前三列与图表 12.2 中的前三列显示的信息是相同的, 包括季度开始日、季度结束日和每个季度的天数。第四列只是显示了各个时期的标号。也就是说, 时期 1 表示第一季度的结束, 时期 2 表示第二季度的结束, 以此类推。其他列则表示了每个假设的互换利率下的不同固定利率支付额。

图表 12.3　　　　　　　　不同互换利率下不同的固定利率支付额　　　　　　　金额单位: 美元

(1)	(2)	(3)	(4)	(5)	(6)	(7)	(8)	(9)
季度开始日	季度结束日	每个季度的天数	时期 = 季度末	不同的互换利率下的固定利率支付额				
				4.9800%	4.9873%	4.9874%	4.9875%	4.9880%
第一年的 1 月 1 日	第一年的 3 月 31 日	90	1	1 245 000	1 246 825	1 246 850	1 246 875	1 247 000
第一年的 4 月 1 日	第一年的 6 月 30 日	91	2	1 258 833	1 260 679	1 260 704	1 260 704	1 260 856
第一年的 7 月 1 日	第一年的 9 月 30 日	92	3	1 272 667	1 274 532	1 274 558	1 274 583	1 274 711
第一年的 10 月 1 日	第一年的 12 月 31 日	92	4	1 272 667	1 274 532	1 274 558	1 274 583	1 274 711
第二年的 1 月 1 日	第二年的 3 月 31 日	90	5	1 245 000	1 246 825	1 246 850	1 246 875	1 247 000
第二年的 4 月 1 日	第二年的 6 月 30 日	91	6	1 258 833	1 260 679	1 260 704	1 260 729	1 260 856
第二年的 7 月 1 日	第二年的 9 月 30 日	92	7	1 272 667	1 274 532	1 274 558	1 274 583	1 274 711
第二年的 10 月 1 日	第二年的 12 月 31 日	92	8	1 272 667	1 274 532	1 274 558	1 274 583	1 274 711
第三年的 1 月 1 日	第三年的 3 月 31 日	90	9	1 245 000	1 246 825	1 246 850	1 246 875	1 247 000
第三年的 4 月 1 日	第三年的 6 月 30 日	91	10	1 258 833	1 260 679	1 260 704	1 260 729	1 260 856
第三年的 7 月 1 日	第三年的 9 月 30 日	92	11	1 272 667	1 274 532	1 274 558	1 274 583	1 274 711
第三年的 10 月 1 日	第三年的 12 月 31 日	92	12	1 272 667	1 274 532	1 274 558	1 274 583	1 274 711

12.4.5　互换利率的计算

现在我们知道了如何计算固定利率支付额, 以及在参考利率为 3 个月期 LIBOR 并给定以下条件时如何计算浮动利率的支付额:(1)当前的 3 个月期 LIBOR,(2)通过欧洲美元 CD 期货合约预期的 3 个月期 LIBOR,(3)假设的互换利率。这样我们就可以弄清互换利率是如何计算的。

在利率互换开始日，交易双方同意交换未来的支付，并且在此之前双方没有任何互换支付。这意味着互换的条款必须确保交易双方未来需向对方支付的支付额的现值至少等于将要收取的支付额的现值。实际上，为了消除套利的机会，交易一方需支付的支付额的现值必须等于其要收取的支付额的现值。支付额现值的等价（或者说是无套利机会）是计算互换利率的重要原则。

因为我们必须计算支付额的现值，下面我们将说明这一计算过程。

12.4.6　浮动利率支付额的现值计算

如前所述，我们在计算支付额的现值时必须十分谨慎。特别是，我们必须谨慎地规定：（1）支付的时间安排，（2）用来对支付额进行贴现的利率。我们已经解决了第一个问题。在构建上面支付额的表格时，我们已经指出在每个季度末进行支付。因此，我们将支付发生的时间指定为季度末。

下面让我们来考虑应该选择哪种利率用于贴现。首先，每笔现金流都必须使用即期利率作为其贴现率进行贴现。因此，如果我们利用时期 t 的即期利率对 1 美元的现金流进行贴现，那么，这笔现金流的现值为：

$$时期\ t\ 收到的\ 1\ 美元的现值 = \frac{\$1}{(1 + 时期\ t\ 的即期利率)^t}$$

其次，可由即期利率推算远期利率，这样，如果我们利用远期利率代替即期利率来对现金流进行贴现，那么，我们将得到相同的现值。也即，时期 t 所收到的 1 美元现金流的现值可以重新写为：

$$\frac{时期\ t\ 收到的}{1\ 美元的现值} = \frac{\$1}{(1 + 时期\ 1\ 的远期利率)(1 + 时期\ 2\ 的远期利率) \cdots (1 + 时期\ t\ 的远期利率)}$$

我们将时期 t 收到的 1 美元的现值称为远期贴现因子（forward discount factor）。在涉及互换的计算中，我们将使用远期利率来计算远期贴现因子。这些远期利率也是用于计算浮动利率支付额的利率的远期利率，它们是通过欧洲美元 CD 期货合约得到的。当然，我们还必须进行一些调整。我们需要根据一段时期（在我们的例子中为一个季度）的天数来调整公式中的远期利率，调整方式与我们对支付额进行调整的方式相同。具体而言，一段时期的远期利率可以被称为期间远期利率。我们可以运用如下公式来计算期间远期利率：

$$期间远期利率 = 年远期利率 \times \frac{期间内的天数}{360}$$

例如，图表 12.2 中，时期 4 的年远期利率为 4.72%，那么时期 4 的期间远期利率为：

$$期间远期利率 = 4.72\% \times (92/360) = 1.2062\%$$

图表 12.4 的第五列给出了 12 个时期的年远期利率（来源于图表 12.3），第六列给出了 12 个时期的期间远期利率。注意，时期 1 的期间远期利率为 4.05% 的（90/360），它是已知的 3 个月期 LIBOR 的（90/360）。

		(3)	(4)	(5)	(6)	(7)
(1)	(2)					
季度开始日	季度结束日	每个季度的天数	时期 = 季度末	远期利率（%）	期间远期利率（%）	远期贴现因子
第一年的 1 月 1 日	第一年的 3 月 31 日	90	1	4.05	1.0125	0.98997649
第一年的 4 月 1 日	第一年的 6 月 30 日	91	2	4.15	1.0490	0.97969917
第一年的 7 月 1 日	第一年的 9 月 30 日	92	3	4.55	1.1628	0.96843839
第一年的 10 月 1 日	第一年的 12 月 31 日	92	4	4.72	1.2062	0.95689609
第二年的 1 月 1 日	第二年的 3 月 31 日	90	5	4.90	1.2250	0.94531597
第二年的 4 月 1 日	第二年的 6 月 30 日	91	6	5.03	1.2715	0.93344745
第二年的 7 月 1 日	第二年的 9 月 30 日	92	7	5.15	1.3161	0.92132183
第二年的 10 月 1 日	第二年的 12 月 31 日	92	8	5.25	1.3417	0.90912441
第三年的 1 月 1 日	第三年的 3 月 31 日	90	9	5.40	1.3500	0.89701471
第三年的 4 月 1 日	第三年的 6 月 30 日	91	10	5.50	1.3903	0.88471472
第三年的 7 月 1 日	第三年的 9 月 30 日	92	11	5.65	1.4439	0.87212224
第三年的 10 月 1 日	第三年的 12 月 31 日	92	12	5.76	1.4720	0.85947083

图表 12.4　　　　　　　　　计算远期贴现因子

　　图表 12.4 还给出了 12 个时期的远期贴现因子，显示在表中最后一列。现在，我们来说明时期 1、时期 2 和时期 3 的远期贴现因子的计算过程。

　　时期 1 的远期贴现因子为：

$$远期贴现因子 = \frac{\$1}{1.010125} = 0.98997649$$

　　时期 2 的远期贴现因子为：

$$远期贴现因子 = \frac{\$1}{1.010125 \times 1.010490} = 0.97969917$$

　　时期 3 的远期贴现因子为：

$$远期贴现因子 = \frac{\$1}{1.010125 \times 1.010490 \times 1.011628} = 0.96843839$$

　　如果给定一段时期内的浮动利率支付额和远期贴现因子，那么，我们就可以计算出支付额的现值。例如，从图表 12.2 中我们可以发现时期 4 的浮动利率支付额为 1 206 222 美元。从图表 12.4 中我们可以看出时期 4 的远期贴现因子为 0.95689609。因此，支付额的现值为：

　　时期 4 的支付额的现值 = $ 1 206 222 × 0.95689609 = $ 1 154 229

　　图表 12.5 显示了每笔浮动利率支付额的现值。12 笔浮动利率支付额的现值总和为 14 052 917 美元。这样，固定利率支付者收到的支付额的现值为 14 052 917 美元，固定利率接受者支付的支付额的现值为 14 052 917 美元。

(1)	(2)	(3)	(4)	(5)	(6)
图表 12.5			浮动利率支付额的现值		金额单位：美元
季度开始日	季度结束日	时期 = 季度末	远期贴现因子	季度末的浮动利率支付额	浮动利率支付额的现值
第一年的 1 月 1 日	第一年的 3 月 31 日	1	0.98997649	1 012 500	1 002 351
第一年的 4 月 1 日	第一年的 6 月 30 日	2	0.97969917	1 049 028	1 027 732
第一年的 7 月 1 日	第一年的 9 月 30 日	3	0.96843839	1 162 778	1 126 079
第一年的 10 月 1 日	第一年的 12 月 31 日	4	0.95689609	1 206 222	1 154 229
第二年的 1 月 1 日	第二年的 3 月 31 日	5	0.94531597	1 225 000	1 158 012
第二年的 4 月 1 日	第二年的 6 月 30 日	6	0.93344745	1 271 472	1 186 852
第二年的 7 月 1 日	第二年的 9 月 30 日	7	0.92132183	1 316 111	1 212 562
第二年的 10 月 1 日	第二年的 12 月 31 日	8	0.90912441	1 341 667	1 219 742
第三年的 1 月 1 日	第三年的 3 月 31 日	9	0.89701471	1 350 000	1 210 970
第三年的 4 月 1 日	第三年的 6 月 30 日	10	0.88471472	1 390 278	1 229 999
第三年的 7 月 1 日	第三年的 9 月 30 日	11	0.87212224	1 443 889	1 259 248
第三年的 10 月 1 日	第三年的 12 月 31 日	12	0.85947083	1 472 000	1 265 141
				总计	14 052 917

12.4.7　互换利率的决定

　　固定利率支付者要求基于互换利率的固定利率支付额的现值不能超过其将收到的浮动利率支付额的现值，14 052 917 美元。固定利率接受者要求所收到的固定利率支付额的现值至少等于其要支付的 14 052 917 美元。这就意味着，交易双方都要求固定利率支付额的现值为 14 052 917 美元。在这种情况下，固定利率支付额的现值就等于浮动利率支付额的现值，因此，在互换交易的开始日，互换的价值对双方来说都为零。用来计算固定利率支付额现值的贴现率与用来计算浮动利率支付额现值的贴现率相同。

　　考察互换利率的计算，我们从无套利情况下的基本关系式开始：

　　浮动利率支付额的现值 = 固定利率支付额的现值

　　我们知道等式左边的价值。

　　如果令

　　SR = 互换利率

并且,

天数 = 时期 t 的天数

那么,时期 t 的固定利率支付额等于:

$$名义本金金额 \times SR \times \frac{时期 t 内的实际天数}{360}$$

时期 t 的固定利率支付额的现值等于上面的表达式乘以时期 t 的远期贴现因子。那么,时期 t 的固定利率支付额的现值等于:

$$名义本金金额 \times SR \times \frac{时期 t 内的实际天数}{360} \times 远期贴现因子$$

将每个时期的固定利率支付额的现值相加,我们就可以得到固定利率支付额的现值总额。我们令 N 表示互换交易中的时期数,那么,固定利率支付额的现值总额可以表示为:

$$\sum_{t=1}^{N} 名义金额 \times SR \times \frac{时期 t 内的实际天数}{360} \times 时期 t 的远期贴现因子$$

也可以表示为

$$SR \times \sum_{t=1}^{N} 名义金额 \times \frac{时期 t 内的实际天数}{360} \times 时期 t 的远期贴现因子$$

无套利的条件是上述表达式所表示的固定利率支付的现值总额等于浮动利率支付的现值总额,即:

$$SR \times \sum_{t=1}^{N} 名义金额 \times \frac{时期 t 内的实际天数}{360} \times \frac{时期 t 的远期}{贴现因子} = \frac{浮动利率}{支付额的现值}$$

因此,我们可以求得互换利率为:

$$互换利率 = \frac{浮动利率支付额的现值}{\sum_{t=1}^{N} 名义金额 \times \frac{时期 t 内的实际天数}{360} \times 时期 t 的远期贴现因子}$$

上式中所有用来计算互换利率的值都是已知的。

现在,我们可以运用这一公式来确定 3 年期互换的互换利率。图表 12.6 给出了公式中分母的计算。图表中第五列显示的每个时期的远期贴现因子都可从图表 12.5 的第四列中得到。图表 12.6 最后一列之和 281 764 282 美元为互换利率公式中的分母。由图表 12.5 可知,浮动利率支付额的现值为 14 052 917 美元。因此,互换利率为:

$$互换利率 = \frac{\$ 14\ 052\ 917}{\$ 281\ 764\ 282} = 0.049875 = 4.9875\%$$

如果给定了互换利率,我们就可以确定互换价差(swap spread)。例如,3 年期互换,习惯上用新发行的 3 年期国债利率作为基准利率。如果新发行的 3 年期国债利率为 4.5875%,那么,互换价差为 40 个基点(4.9875% ~ 4.5875%)。

各种互换的互换利率计算都遵循相同的原则:固定利率支付额的现值等于浮动利率支付额的现值。

图表 12.6				计算互换利率公式中的分母		金额单位：美元
(1)	(2)	(3)	(4)	(5)	(6)	(7)
季度开始日	季度结束日	每个季度的天数	时期 = 季度末	远期贴现因子	（天数/360）	远期贴现因子 × （天数/360）× 名义本金
第一年的 1 月 1 日	第一年的 3 月 31 日	90	1	0.98997649	0.25000000	24 749 412
第一年的 4 月 1 日	第一年的 6 月 30 日	91	2	0.97969917	0.25277778	24 746 618
第一年的 7 月 1 日	第一年的 9 月 30 日	92	3	0.96843839	0.25555556	24 748 981
第一年的 10 月 1 日	第一年的 12 月 31 日	92	4	0.95689609	0.25555556	24 454 011
第二年的 1 月 1 日	第二年的 3 月 31 日	90	5	0.94531597	0.25000000	23 632 899
第二年的 4 月 1 日	第二年的 6 月 30 日	91	6	0.93344745	0.25277778	23 595 477
第二年的 7 月 1 日	第二年的 9 月 30 日	92	7	0.92132183	0.25555556	23 544 891
第二年的 10 月 1 日	第二年的 12 月 31 日	92	8	0.90912441	0.25555556	23 233 179
第三年的 1 月 1 日	第三年的 3 月 31 日	90	9	0.89701471	0.25000000	22 425 368
第三年的 4 月 1 日	第三年的 6 月 30 日	91	10	0.88471472	0.25277778	22 363 622
第三年的 7 月 1 日	第三年的 9 月 30 日	92	11	0.87212224	0.25555556	22 287 568
第三年的 10 月 1 日	第三年的 12 月 31 日	92	12	0.85947083	0.25555556	21 964 255
					总计	281 764 282

12.4.8　互换定价

　　一旦互换交易达成，市场利率的变动就会影响浮动利率一方的支付额。利率互换的价值就是交易双方支付额的现值之间的差额。我们可以根据当前欧洲美元 CD 期货合约推导出 3 个月期 LIBOR 的远期利率，该远期利率可以用于（1）计算浮动利率支付额，（2）决定用来计算浮动利率支付额现值的贴现因子。

　　现在我们以 3 年期互换为例来说明如何计算互换利率。假设一年后，利率的变动情况如图表 12.7 的第四列和第六列所示。第四列显示了当前的 3 个月期 LIBOR。第五列显示了每个时期的欧洲美元 CD 期货合约的价格。这些利率可以用来计算第六列的远期利率。注意，由于图表 12.7 中的利率高于图表 12.2 中的利率，因此，我们可以认为利率在一年后上升了。与图表 12.2 相同，我们可以使用当前的 3 个月期 LIBOR 和远期利率来计算浮动利率支付额。图表 12.7 中第八列给出了这些支付额。

　　在图表 12.8 中，计算出了每个时期的远期贴现因子。计算方法与图表 12.4 中每个时期远期贴现因子的计算方法相同。图表 12.8 中的最后一列给出了每个时期的远期贴现因子。

图表 12.7　　　　一年后利率上升情况下的互换利率和浮动利率支付额　　　金额单位：美元

(1)	(2)	(3)	(4)	(5)	(6)	(7)	(8)
季度开始日	季度结束日	每个季度的天数	当期的3个月期LIBOR	欧洲美元CD期货价格	远期利率（%）	时期 = 季度末	季度末浮动利率支付额
第二年的 1 月 1 日	第二年的 3 月 31 日	90	5.25%			1	1 312 500
第二年的 4 月 1 日	第二年的 6 月 30 日	91		94.27	5.73	2	1 448 417
第二年的 7 月 1 日	第二年的 9 月 30 日	92		94.22	5.78	3	1 477 111
第二年的 10 月 1 日	第二年的 12 月 31 日	92		94.00	6.00	4	1 533 333
第三年的 1 月 1 日	第三年的 3 月 31 日	90		93.85	6.15	5	1 537 500
第三年的 4 月 1 日	第三年的 6 月 30 日	91		93.75	6.25	6	1 579 861
第三年的 7 月 1 日	第三年的 9 月 30 日	92		93.54	6.46	7	1 650 889
第三年的 10 月 1 日	第三年的 12 月 31 日	92		93.25	6.75	8	1 725 000

在图表 12.9 中，显示了远期贴现因子（来自图表 12.8）和浮动利率支付额（来自图表 12.7）。我们不必重新计算固定利率支付额。我们仍然采用图表 12.3 中互换利率为 4.9875% 时的固定利率支付额，并且在图表 12.9 中直接引用。现在，这两种支付现金流必须使用新的远期贴现因子进行贴现。如图表 12.9 最后一列所示，这两个现值如下：

浮动利率支付额的现值　　　　　　11 459 495 美元

固定利率支付额的现值　　　　　　9 473 392 美元

这两个现值并不相等，因此，互换交易双方中，一方的互换价值减少而另一方的互换价值增加。现在，我们来分析一下哪方会盈利，哪方会亏损。

图表 12.8　　　一年后利率上升情况下的期间远期利率和远期贴现因子

(1)	(2)	(3)	(4)	(5)	(6)	(7)
季度开始日	季度结束日	每个季度的天数	时期 = 季度末	远期利率（%）	期间远期利率（%）	远期贴现因子
第二年的 1 月 1 日	第二年的 3 月 31 日	90	1	5.25	1.3125	0.98704503
第二年的 4 月 1 日	第二年的 6 月 30 日	91	2	5.73	1.4484	0.97295263
第二年的 7 月 1 日	第二年的 9 月 30 日	92	3	5.78	1.4771	0.95879023
第二年的 10 月 1 日	第二年的 12 月 31 日	92	4	6.00	1.5333	0.94431080
第三年的 1 月 1 日	第三年的 3 月 31 日	90	5	6.15	1.5375	0.93001186
第三年的 4 月 1 日	第三年的 6 月 30 日	91	6	6.25	1.5799	0.91554749
第三年的 7 月 1 日	第三年的 9 月 30 日	92	7	6.46	1.6509	0.90067829
第三年的 10 月 1 日	第三年的 12 月 31 日	92	8	6.75	1.7250	0.88540505

图表 12.9			一年后利率上升情况下的利率互换的估值			金额单位：美元
(1)	(2)	(3)	(4)	(5)	(6)	(7)
季度开始日	季度结束日	远期贴现因子	季度末浮动利率支付额的现金流	浮动利率支付额的现金流	季度末固定利率支付额的现金流	固定利率支付额的现金流
第二年的 1 月 1 日	第二年的 3 月 31 日	0.98704503	1 312 500	1 295 497	1 246 875	1 230 722
第二年的 4 月 1 日	第二年的 6 月 30 日	0.97295263	1 448 417	1 409 241	1 260 729	1 226630
第二年的 7 月 1 日	第二年的 9 月 30 日	0.95879023	1 477 111	1 416 240	1 274 583	1 222 058
第二年的 10 月 1 日	第二年的 12 月 31 日	0.94431080	1 533 333	1 447 943	1 274 583	1 203 603
第三年的 1 月 1 日	第三年的 3 月 31 日	0.99001186	1 537 500	1 429 893	1 246 875	1 159 609
第三年的 4 月 1 日	第三年的 6 月 30 日	0.91554749	1 579 861	1 446 438	1 260 729	1 154 257
第三年的 7 月 1 日	第三年的 9 月 30 日	0.90067829	1 650 889	1 486 920	1 274 583	1 147 990
第三年的 10 月 1 日	第三年的 12 月 31 日	0.88540505	1 725 000	1 527 324	1 274 583	1 128 523
			总计	11 459 495		9 473 390

小结	固定利率支付者	固定利率接受者
收到的支付现金流的现值	11 459 495	9 473 390
支出的支付现金流的现值	9 473 390	11 459 495
互换的价值	1 986 105	–1 986 105

　　固定利率支付者将收到浮动利率支付额。该支付额的现值为 11 459 495 美元。固定利率支付者须支付的支付额现值为 9 473 390 美元。因此，固定利率支付者的互换价值为正值，它等于这两个现值之间的差额，即 1 986 105 美元。注意，与我们在上一章中的结论一致，当利率上升时（如例中所示），固定利率支付者的互换价值提高，并从中受益。

　　相比之下，固定利率接受者支付的支付额现值为 11 459 495 美元，但将收到的支付额的现值仅为 9 473 390 美元。这样，固定利率接受者的互换价值为 –1 986 105 美元。因此，由于利率上升，固定利率接受者会由于互换价值下降而受到不利影响。

　　这个估价原则同样适用于更为复杂的互换交易。例如，在互换期间可以按事先确定的方式改变名义本金金额的互换，包括摊还型利率互换、递增型利率互换和滚动式利率互换。一旦支付额被确定下来，那么现值的计算方法仍然如上所述。只需根据变动的名义本金对支付额作简单的调整，数学方法没有变化。

12.5 互换差价的主要决定因素

正如我们前面所述，利率互换的定价是运用了无套利关系，无套利关系与那些在相同环境下能产生相同现金流的工具有关。我们在前面提供了两种关于互换的解释（1）一揽子期货/远期合约，（2）一揽子现货市场工具。互换价差被定义为互换利率与到期日和互换期限匹配的政府债券利率之间的利差。

图表12.10中显示了2001年12月3日，不同到期日直至30年的互换利率（用百分比表示）和互换价差（用基点表示）的彭博屏幕。买入价是经纪人或交易者为收取浮动利率而打算支付的固定利率。相反，卖出价是经纪人或交易者支付浮动利率而想要获得的固定利率。不同国家的当前互换利率和价差可以从彭博显示屏上的IRSB功能中得到。图表12.11显示了八个不同币种的互换利率的彭博屏幕。彭博社收集了整个交易日的价差和三个做市商所报价差的平均数的信息。实际的互换利率可以简单地在美国政府债券收益率曲线上加上价差来得到。图表12.12是彭博社的一个在2000年12月7日到2001年12月7日期间5年期互换的每日价差（基点）的时间序列图形。该图形可通过USSP5功能的GP指数来得到。

图表12.10　　　　　　　　不同到期日的互换利率和互换价差

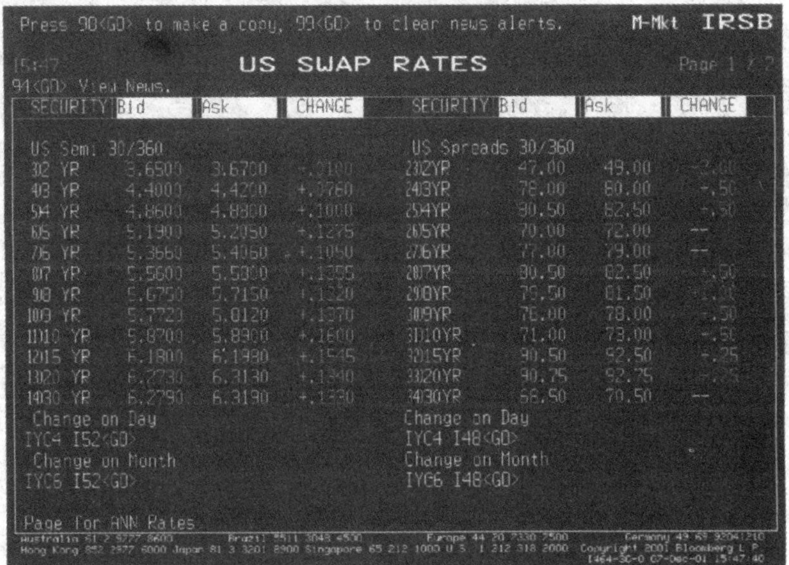

互换价差的决定因素相似于金融工具与国债之间的价差的影响因素，这些因素导致它们产生了相似的互换现金流，即产生了相同的回报或融资组合。正如我们下面要讨论的，对于5年期或5年期以内的互换而言，互换价差的决定因素主要是欧洲美元CD期货市场的套期保值成本①。虽然挂牌交易的合约中有交割日期超过10

---

① 当然，前提假设是适用于浮动利率现金流的参考利率是LIBOR。而且，互换价差的存在部分归因于LIBOR利率要高于相同到期日的美国国债利率。

年的，但是 5 年后欧洲美元 CD 期货市场的流动性会明显下降。对于那些期限更长的互换，互换价差主要由公司债券市场上的信用价差来决定①。具体而言，长期互换的定价与传统的固定利率和浮动利率市场上的投资级信用工具的利率是相关的。

图表 12.11   **不同币种的互换利率**

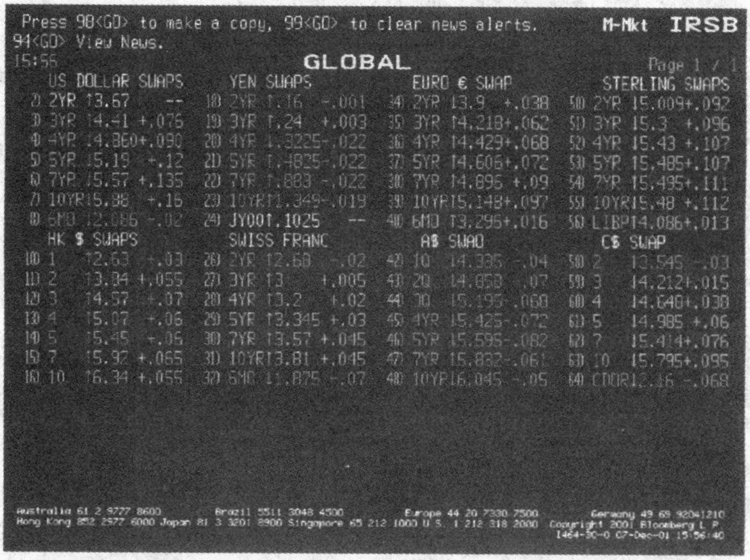

资料来源：彭博金融市场。

图表 12.12   **5 年期互换价差的时间序列**

资料来源：彭博金融市场。

---

① 存在违约风险的互换价差要小于债券信用价差。原因显而易见，首先，互换只交换净利息支付，而不是本金加息票利息支付，在险的总现金流较少。其次，无论互换是否为正值，违约概率取决于交易双方违约的概率。详见 John C. Hull, *Introduction to Futures and Options Market*, *Third Edition* (Upper Saddle River, NJ: Prentice Hall, 1998)。

假定互换是一揽子期货/远期合约，那么短期互换的价差就直接取决于欧洲美元 CD 期货合约的价格波动。欧洲美元 CD 期货合约具有一个十分具有流动性的市场，它们在 5 年的期间内每 3 个月即到期平仓。市场参与者通过持有一批欧洲美元 CD 期货合约头寸（不断持有 3 个月期欧洲美元 CD 的头寸，直到预定的到期日），可以合成期限不超过 5 年的固定利率证券或固定利率融资工具。

例如，一个金融机构持有固定利率资产和浮动利率负债。资产和负债的期限都是 3 年。负债的利率每 3 个月根据 3 个月期 LIBOR 重新设置一次。该金融机构可通过购买一批 3 年期欧洲美元 CD 期货合约来对不匹配的资产和负债头寸进行套期保值。这样，该金融机构在 3 年的期间内将收取 LIBOR，并支付固定的美元金额（期货价格）。由于资产具有固定利率，并且该批欧洲美元 CD 期货合约多头可以人为创造出一种固定利率融资安排，因此，金融机构实现了套期保值的目的。根据 3 年期间内的固定支付金额，我们可以计算出这家金融机构支付的有效固定利率。另外，通过达成 3 年期的互换交易，支付固定利率，收取 3 个月期 LIBOR。金融机构也可以人为地创建出固定利率融资安排。在其他条件不变的前提下，金融机构所采用的金融工具能够确保以最低的成本对不匹配的头寸进行套期保值。这样，该金融机构可以比较人为创造的固定利率（表示为超过美国政府债券利率的百分数）和 3 年期互换价差。通常情况下，人为创造的价差和互换价值之间的差值应该在几个基点之内。

对于那些期限超过 5 年期的互换，我们不能再依赖于欧洲美元 CD 期货，因为该合约的流动性下降了。取而代之的是，长期互换的定价主要使用的是固定利率和浮动利率市场上的投资级公司债券的利率。由于互换可以解释成一揽子固定利率债券和浮动利率债券的多头和空头头寸，因此，这两种债券市场上的信用价差是互换价差的主要决定因素。从以往经验来讲，互换的利率曲线要高于美国国债收益率曲线并且低于 AA 级银行的收益率曲线[1]。互换的固定利率要低于 AA 级债券的收益率是因为互换头寸的净额和冲销所导致的较低的信用等级。

另外，还有其他一些技术性因素会影响互换价差[2]。虽然一些因素的影响只是短暂的，但是在短期内还是应该充分考虑他们的影响。这些因素包括：（1）国债收益率曲线的水平和形状；（2）利率互换市场上固定和浮动利率支付者的相对供给情况；（3）影响互换交易商的技术因素；（4）以资产为基础进行互换交易的活跃程度。

美国政府债券收益率曲线的水平、形状和弯度是影响不同到期日的互换价差的重要因素。原因是该收益率曲线被认为是未来利率走势的市场期望。虽然这种期望可能会和现实有一定差距，但是以固定利率还是浮动利率融资的决策还是会部分地

---

[1] 有关这方面的论述请详见 Andrew R. Young, *A Morgan Stanley Guide to Fixed Income Analysis*（New York：Morgan Stanley，1997）。

[2] 参见 Ellen L. Evans and Gioia Parente Bales，"What Drives Interest Rate Swap Spreads" Chapter 13 in Carl R. Beidleman（ed.），*Interest Rate Swaps*（Burr Ridge, IL：Irwin Professional Publishing, 1991）。

以此期望为基础。利率互换市场上，固定和浮动利率支付者的相对供给情况也受该预期的影响。例如，许多公司，特别是金融机构和联邦机构通过互换市场将其新发行的固定利率债券转换成浮动利率。随之而来的是，互换价差将受到这些公司债券的发行安排的影响。另外，互换价差，就如同信用价差一样，随着互换到期期限的增加而加大。

互换价差还要受到互换交易场的套期保值成本的影响。交易商对其互换头寸进行套期保值的成本也同样是互换价差的影响因素。交易者通过持有与互换期限相同的国债多头（空头）和在回购市场上借入（贷出）资金的手段来对其持有的互换多头（空头）的利率风险进行套期保值。因此，LIBOR 与回购利率之间的价差是套期保值成本至关重要的决定因素。例如，随着 20 世纪 90 年代末美国政府预算盈余的增加，国债的供应量开始减少，这样便导致了新发行的国债与之前发行的国债之间的收益差增大了。随着价差的增大，投资者必然向相对更具流动性的新发行的国债支付更多。这样的循环周而复始地继续着，直到新发行的债券在回购市场上"特殊化"为止。此时，随之而来的是使用这些国债进行套期保值的成本大大增加了，继而加大了互换价差①。

以资产为基础的互换交易量的大小是影响互换价差的另一个因素。以资产为基础的互换交易涉及到通过购买现有证券和对互换的同时操作来建立一个人为的证券组合。例如，在 1998 年 8 月俄罗斯债务危机和卢布贬值之后，风险厌恶型的投资者卖出公司债券并投资于相对安全的美国国债上。信用价差明显增大并且流动性下降。一个思路相反的浮动利率投资者（如金融机构）会借此时机购买新发行的息票利率具有吸引力的投资级公司债券并同时持有利率互换的多头（支付固定利率/收取浮动利率）。由于信用价差的增加，该机构收取的息票利率要比在互换中支付的固定利率高。因此，这个机构最终持有的是一个人为的浮动利率资产组合，其价差要远远高于 LIBOR。

出于类似的原因，投资者可以通过互换建立一个人为的固定利率证券组合。例如，在 20 世纪 80 年代中期，许多银行在欧洲债券市场发行了永久浮动利率的债券。该债券是一种永远交付浮动利率现金流的证券。这种债券每 3 个月重设息票利率并支付息票利率，其利率等于参考利率（如 3 个月期 LIBOR）加上价差。当1986 年末，永久浮动利率债券市场倒闭时，这种影响迅速扩散到其他浮动利率债券交易市场。许多浮动利率交易者遭受了重大的损失。和前面一样，一个思路相反的固定利率投资者会利用这种形式购买相对廉价的（从投资者角度来讲）浮动利率债券并同时持有利率互换的空头（支付浮动利率/收取固定利率）从而建立一个人为的固定利率投资组合。交易者向交易对手支付浮动利率（以 LIBOR 为基础）

---

①　交易者通常利用回购市场得到特殊的债券从而抵补其所持有的空头。如果一种证券的供小于求，这种特殊的用于在回购交易中作担保品的证券的回购利率会低于普通的担保品的回购利率。当这种特殊证券的回购利率明显下跌时，就被称为"特殊化"。拥有这些证券的投资者可以将之借出作为担保品并以议价的利率融资。

并收取相当于国债收益率加上互换价差的固定利率。因此，这个人为的证券组合中固定利率等于下列因素之和：（1）与互换期限相匹配的国债收益率；（2）互换价差；（3）浮动利率债券的指数价差。

12.6　普通型以外的其他利率互换

互换市场非常灵活，金融工具可以因客户的需要而量身打造。许多种类的互换合约在市场上交易。虽然在每半年进行一次利息交割的互换交易中通常把 6 个月期 LIBOR 作为参考利率，但是其实也会使用到其他参考利率，如 3 个月期 LIBOR、优惠利率（针对美元互换）、1 个月期商业票据利率、国债利率和市政债券利率。

互换的期限是不固定的，互换是可以展期（extendible）或者可以出售的（putable）。在展期互换中，其中一方有权利，但没有义务，延长互换的到期期限；而在可出售的互换中，交易一方有权利在约定的到期日前提前终止协议。

基于互换协议也可以做期权交易，即互换期权（swaptions）。互换期权是在期权的有效期内，在未来某一时点达成互换协议的权利。互换期权的实质是将固定利率债券的现金流转换为浮动利率债券现金流的期权。由于浮动利率债券是在互换开始日根据本金价值来定价的，所以互换期权可以被视为浮动利率债券的价值，其执行价格等于浮动利率债券的面值。互换期货我们会在后面详细说明。

其他类型的互换介绍如下。

12.6.1　固定期限互换

在固定期限互换中，互换交易双方对 LIBOR 利率与固定利率进行互换。例如，互换条款中说明以 6 个月期 LIBOR 在接下来的 5 年中与每半年支付一次的 5 年期互换利率，或 5 年期政府债券利率进行互换。在美国市场上，固定期限互换的第二种类型即为我们所知的固定期限国债互换。

12.6.2　递增和摊还型互换

在普通型互换中，名义本金金额在互换期限内保持不变。然而名义本金在互换期限内是可以改变的。递增型互换是名义本金金额在互换期限内以某一水平逐渐增加的利率互换。相反的，摊还型互换就是名义本金在互换期限内逐渐减少的利率互换。递增型互换适用于为不断增加的融资负债进行套期保值。摊还型互换则是用于为有偿债基金支付的债券进行套期保值，也就是一部分名义本金余额会在债券有效期内设定的时间进行偿付。摊还型互换则适用于债券发行人用于减少未来支付。如果名义本金是不断波动的，例如，一年增加，下一年又减少的话，那么就适用于滚动型利率互换（roller-coaster swap）。另一种适用于摊还型互换的情况是对分期付款型的贷款的套期保值。通常这种情况下还会结合使用远期互换，以配合支付贷款的现金流。摊还型互换的定价与普通型利率互换在本质上是没有区别的，一个互换利率是使用相关的贴现因子计算出来的，在这个利率下使得互换现金流净现值在互换开始时为零。

12. 6. 3 零息互换

在零息互换中固定利率支付额只需在互换期末进行一次支付，少数情况下，在开始时进行支付。浮动利率支付额仍然用定期方式支付。这种类型的互换使浮动利率支付者面临一定的信用风险，因为他在进行定期支付的同时，只能在互换结束时才能收到支付。

12. 6. 4 事后支付 LIBOR 的互换

在事后支付 LIBOR 的互换中，（也可称为后期设定互换（back-set swap）），重置日并不是在浮动利率计息日开始之前，而是在计息期结束后。这种互换对与市场所认同的利率走势持不同看法的交易方是非常有吸引力的。例如，在收益率曲线上涨的情况下，远期利率会高于当前市场利率，这会反映在互换的定价中。事后支付 LIBOR 互换的定价会高于普通互换。如果浮动利率支付者认为利率升高不会像远期利率或者市场所假设的那样快的话，那么就会购买这样的互换协议。

12. 6. 5 基差互换

在普通利率互换中，一方进行固定利率支付，另一方进行浮动利率支付。在基差互换（basis swap）中，交易双方基于不同的货币市场指数进行浮动利率支付和互换。交易一方通常将 LIBOR 作为参考利率，而另一方可以参考 CD 利率或商业票据利率。美国银行通常运用这种类型的互换，它们以优惠利率发放贷款并以 LIBOR 为基础为贷款成本融资。基差互换可以消除银行的收入与利息支出之间的基差风险。还有的基差互换的交易双方均以 LIBOR 作为参考利率，但是期限不同，例如，交易一方可以以 3 个月期 LIBOR 为基础，而另一方以 6 个月期 LIBOR 为基础。在这样的互换中，基差因支付频率的不同而不同：一方每半年进行一次支付而另一方依照季度基差进行支付。

12. 6. 6 差额互换

与支付 LIBOR 平价的浮动利率支付者相反，在互换中浮动利率支付者需要支付一个高于或低于 LIBOR 的差额是很常见的，这种互换叫做差额互换（margin swap）。如果从银行借款的成本是 LIBOR + 25 个基点，那么他希望在互换中收到 LIBOR + 25 个基点，以使现金流匹配。互换中的固定利率报价必须根据浮动利率一方的差额作相应的调整。因此，在我们的例子中，如果固定利率报价为 6.00%，那么现在就要调整到 6.25%；对固定利率支付者的不同差额报价源于固定利率支付方与浮动利率支付方之间计息天数或者支付频率的不同。如果交易对手的信用等级高，那么他的支付就可以略低于 LIBOR。

12.6.7　离市互换

互换成交中，固定利率是按照当前市场对所约定的到期日的利率来报价的。当固定利率与市场利率不同时，一方向另一方进行补偿支付，这种类型的互换就是离市互换（off-market swap）。场外互换的利率尤其适用于套期保值的要求，如债券发行人想要用互换来对债券进行套期保值并且抵补债券发行的成本。

12.6.8　价差互换

价差互换就是基差互换，只不过交易的一方以不同的币种来计算。典型的是一方是浮动利率支付，而另一方是以本国货币标价的以另一种货币的参考利率为基准的浮动利率。例如，在一个价差互换中，交易一方要支付英镑的 LIBOR 6 个月期，名义本金为 1 000 万英镑，将收到另一方所支付欧元 LIBOR 减去差额，该支付是基于同样的名义本金并以英镑来支付的。价差互换并不常见而且对于银行来说是最难以进行套期保值的。因此银行通常用汇率联动期权（quanto option）进行套期保值。

12.6.9　远期互换

远期互换（forward-start swap）的有效日期并不是通常的在交易日后的一天或两天，而是相当长一段时间，如交易日后 6 个月。这种互换适用于交易一方想要现在就确定借款的成本或对其进行套期保值，但是想在未来的某个时点才进行交易。这是因为交易一方认为利率会上涨或者套期保值的成本会增加。远期互换的互换利率与普通型互换利率的计算方法是相同的。

12.7　互换的取消

当金融机构想要使用互换合约来对利率负债进行套期保值时，互换会在到期前一直有效。然而，情况的变化或者金融机构改变了对利率的预期，因此也许需要提前终止互换合约。最直接的做法是再签订一份抵消第一份合约的合约。但这种方法可能会出现剩余的现金流，除非这两份合约能够精确地互相抵消。第二份互换的合约，是非标准化的（除非是在第一份合约的周年日进行交易，否则不会在整年份到期），可能会比普通的互换价格要高。正因为第二份互换的利率不会与第一份相同，交易双方的净现金流不会为零。另外如果第二份互换不是在第一份的周年日成交的话，支付日期也不相匹配。

正因如此，机构交易者希望可以完全取消互换合约。为了实现这个目的，就需要互换的做市商对互换的取消费用（cancellation fee）进行报价。银行使用相关的贴现因子为每一笔未来的现金流贴现，并根据互换中剩余的现金流的净现值来决定互换的取消费用。实践中，通常是对固定利率支付额计算现值后，再根据 LIBOR

计算净值。所有现金流的净现值即为合理的互换取消费用。我们之前介绍的估价原则仍然适用，即如果是固定利率支付者在利率下降时要求取消互换合约的话，那么就要支付取消费用，反之亦然。

12.8　信用风险

银行间市场的互换利率假定交易方与互换银行之间存在授信关系，因此互换利率可以反映银行间合格交易对手方的信用风险。信用风险反映在互换利率与相同到期日的政府债券之间的利差中，但是需要注意的是利差也反映其他诸如流动性和供求关系等因素。互换的信用风险来源于交易对手的违约，它与利率风险或市场风险相独立的。如果违约发生时互换的现值是净正值，那么银行就会受到同样金额的损失。虽然市场风险可以通过套期保值来避免，但是信用风险却很难应对。常用的方法包括授信额度限制，抵押担保，实现交易对手多样化，以及通过信用在险价值模型监控信贷敞口。

交易者的违约会使银行面临损失的风险。如果在违约发生时，互换的净现值为正值，那么这笔金额即是潜在的风险并且成为银行的损失。相反则是银行的潜在收益，尽管在现实中交易对手的管理者会试图弥补客户的损失。这样，对于互换银行来说便没有净收益或净损失。银行的信用风险管理部门因此会经常对在互换交易中拥有正现值的客户的信用质量进行评估。

12.9　跨货币互换

迄今为止我们探讨的都是交易双方使用同种货币进行利息支付的互换。跨货币互换（cross-currency swap）与利率互换相似，只不过交易双方使用不同的两种货币。尽管在跨货币互换中，偶尔会出现交易双方都是固定利率支付者或浮动利率支付者，但更常见的是与利率互换相同，一方为固定利率支付者，另一方则为浮动利率支付者。在互换的到期日，会进行本金的交换，有时（但不是经常）是在互换开始时进行本金的交换。如果是在互换开始时按照两种货币当时的即期汇率交换货币，那么确切的金额会在互换到期日进行交换。

在互换进行期间，交易一方用其在交换本金时所收到的那种货币进行利息支付。在到期日交换相同金额看起来似乎会引发货币风险，但实际上正是由于这种特性将互换交易中所有的货币风险都消除了。

跨货币互换广泛应用于债券发行，特别是当借款人在不同的市场间寻找有利的机会但又对该市场的货币没有需求的时候。通过跨货币互换的方式，一家公司可以在任何市场募集资金并通过互换来得到自己所需要的货币。通常情况下负责债券发行的承销银行也会安排相应的货币互换。因此在货币互换中，本金的价值是由两种货币当前的即期汇率决定的。

我们在前面所确定的利率互换的定价原则同样适用于跨货币互换。固定利率——固定利率的跨货币互换的定价方法是以按每种货币合理价值的互换利率进行定价的，并在利率上使净现值为零。浮动利率——浮动利率跨货币互换也使用同样的方法定价，出于定价的目的，浮动利率支付额由本金的交换替代。因此，固定利率——浮动利率的跨货币互换中，固定利率支付额采用该币种的固定利率互换的利率定价，而浮动利率支付额则采用 LIBOR 或者参考利率定价。

12.10　互换期权

银行或公司可以交易一种基于互换的期权，这种互换结构被称为互换期权。互换期权赋予期权的买方在期权有效期内的未来某日参与利率互换交易的权利，而非义务。互换期权的条款会说明期权的买方是固定利率支付者还是浮动利率支付者；如果期权被执行，互换期权的卖方或写契人（writer）将成为互换中的交易对手。在市场上，如果买方拥有作为固定利率支付者执行期权的权利，那么买方购买的是看涨互换期权（call swaption），然而如果买方执行期权，作为浮动利率支付者，那么该交易者购买的是看跌互换期权（put swaption）。互换期权的写契人作为交易一方有义务与交易另一方建立交易关系。

互换期权与远期互换在一定程度上有些相似，但是期权的买方有权选择在有效日是否进行利息支付。如果一家银行预测利率会上涨，那么可以购买看涨互换期权。图表 12.13 显示了盈亏情况，左面显示的是互换多头的收益/损失（P/L），右面是互换期权多头的收益/损失。

图表 12.13　　　　　　　　利率互换与互换期权的收益/损失

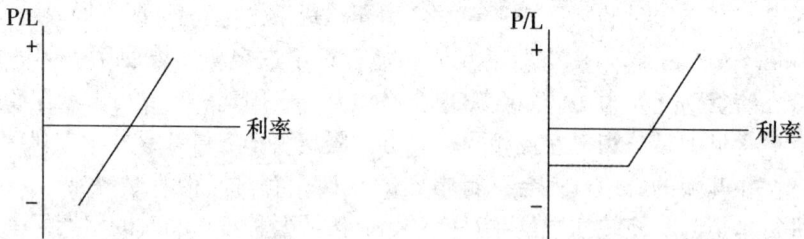

互换多头（支付固定利率，收取浮动利率）　　看涨互换期权（支付固定利率，收取浮动利率）

公司可以使用互换期权对其预期的敞口进行利率套期保值。例如，假设一家公司在 3 个月后会得到银行的一笔 5 年期的贷款。贷款的利率是浮动利率，但该公司希望在贷款开始后，将其转换为固定利率的负债。为了套期保值，该公司可以选择购买一个互换期权，从而获得收取在 3 个月后开始的 5 年期 LIBOR 的浮动利率并支付 6% 固定利率的权利。当 3 个月后该公司应该开始互换协议并交换利息支付时，如果 5 年期互换利率低于 6%，那么该公司就会放弃互换期权而选择普通的互换进行交易。然而，如果 5 年期互换利率高于 6%，那么该公司就会选择执行互换期权，行使其开始 5 年期互换并支付 6% 固定利率的权利。实质上该公司相当于购买了一份"保险"，保证其支付的固定利率不超过 6%。因此，互换期权可以用于保证最大的互换利率支付额。这与远期互换协议很相似，不同的是互换期权为交易者提供了按约定条款执行互换的权利（与义务相对）。尽管购买互换期权是有一定成本的，也就是互换期权的期权费，但是它可以使公司不仅免受利率向不利方向变动所带来的损失，而且还可以得到利率向有利方向变动所带来的收益。

12.11 互换票据——交易所交易的利率互换协议

在美元和欧元市场上，政府债券的收益率曲线作为定价、估值和实现套期保值标的基准工具的地位已经下降了。在美元市场上，这是由于美国政府债券供给下降的结果，并由此导致的特别是长期曲线更加缺乏流动性[①]。而美国政府债券供给的下降是因为持续的联邦政府预算盈余。在欧洲，1999 年欧元的诞生使同类的欧元互换曲线代替各政府债券收益率曲线成为基准。在这两种货币区中，互换的成交量大大超过了政府债券的成交量。例如，在 2000 年 6 月未偿付互换协议的金额为 229 000 亿美元，这相当于德国、法国和意大利政府债券市场[②]交易量总和的 5 倍之多。政府债券发行量的下降给政府债券作为基准工具带来压力，它使得使用交易所交易的政府债券期货合约作为套期保值工具的市场参与者面临更大的基差风险。

利率互换作为套期保值、甚至是基准工具的重要性日益增加，使其成为了发展参考互换收益率曲线的交易所交易合约的重要动因。互换收益率曲线是来源于银行间存款、短期利率期货和利率互换中的银行间收益率曲线。互换票据由伦敦国际金融期货及期权交易所（LIFFE）于 2001 年引进，这是一种可以使市场参与者的敞口在利率互换收益率曲线中引入的标准化合约，并且是易于进入的交易所交易期货。这是世界上第一份这种形式的合约。它使欧元互换收益率曲线不仅成为非政府债券定价的参考，而且也成为欧洲政府债券的定价参考。在这种情况下，欧元互换收益率曲线会演变成整个欧元区债务资本市场的奠基石，但这会进一步弱化政府债券与非政府债券之间的关系。图表 12.14 中显示了互换、两种政府债券和 AAA 级债券的收益率曲线。非政府债券比政府债券更能贴近地反映互换的收益率曲线。

互换票据可以被认为是交易所交易的期货合约与场外交易的远期利率协议两者特性的结合体。换句话说，它可以被视为是一种现金结算的债券期货合约，该合约是由单一债券组成的交割的篮子。互换票据以欧元利率互换收益率曲线为参考，并提供 2 年期，5 年期和 10 年期的合约。这些合约可以用于投机或者为公司债券和

---

① 2001 年 10 月 31 日，美国财政部宣布不再发行 30 年期的债券。
② 数据来自于伦敦国际金融期权和期货交易所。作者要特别感谢 LIFFE 的 Nimmish Thakker 所提供的互换票据合约的统计数据。

利率互换等的信用敞口进行套期保值。理论上，它使得套期保值工具与风险敞口之间的联系更加密切，从而减少基差风险。通过使用交易所交易的合约，而不是互换合约本身，交易者还可以得到交易所交易和中心结算的好处。这里包括更低的监管资本要求，避免交易对手风险并且消除可以延续数年的对互换合约的管理要求。市场参与者会将之与普通的利率互换在信用额度、文件发行以及买卖价差等方面进行对比，发现互换市场更加难以介入或进入成本更高。

图表 12.14　　　　　法国和德国政府债券、潘德布雷夫债券、
欧元利率互换的收益率曲线图（2001 年 2 月）

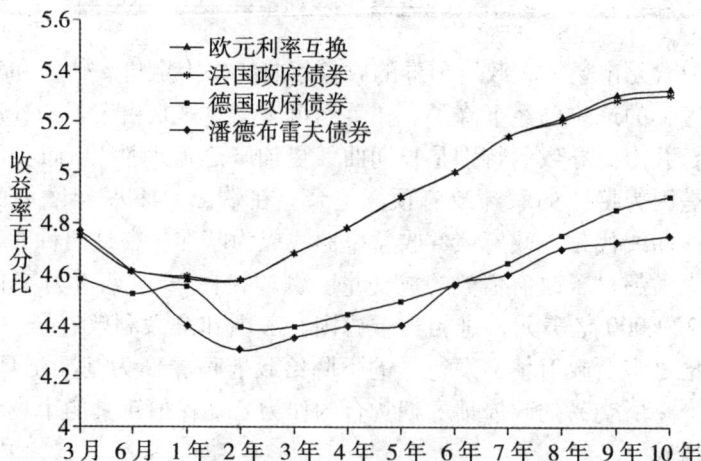

市场参与者可以通过 10 年期的收益率曲线使其持有的头寸获利，但是如果是政府债券就必须继续被持有。

12.11.1　合约详述

互换票据提供了以互换收益率曲线为参考的标准化交易所交易的期货合约。与远期互换相似，互换票据是以价格为基础的合约并根据互换收益率曲线以现金流结算。该合约包括了一系列代表了债券现金流的名义现金流，包含固定利率的现金流及本金的偿还。固定利率的现金流被设定为 6%，并且报价与债券期货相似是每份 100 欧元。当合约到期时，它的价格反映了当时的市场价格、供求状况和其他市场基本情况。结算价格的计算使用标准的交易所交割结算价格（EDSP）方法。计算公式如下：

$$EDSP = 100\left[d_m + C\sum_{i=1}^{m} A_i d_i\right] \tag{1}$$

其中，C = 合约的名义息票利率约定为 6%；m = 合约的到期期限，2 年、5 年或 10 年；A_i = 息票日之间的名义应计利息，用第 $i-1$ 与第 i 次现金流之间的天数除以 360，日算规则使用 30/360；d_i = 零息贴现因子，根据从交割日至第 i 次名义现金流期间给定的互换利率计算而来。

零息债券收益率曲线是由 LIFFE 根据国际互换交易协会（ISDE）基准互换在

合约到期日的收益率曲线绘制的。第一个贴现因子

$$d_1 = \frac{1}{1 + A_1 rs_1} \tag{2}$$

其中，rs 是互换利率，rs_1 是 1 年期互换利率。全套的贴现因子是使用自助法计算而来的：

$$d_i = \frac{1 - rs_i \sum_{j=1}^{i-1} A_j d_j}{1 + A_1 rs_i} \tag{3}$$

等式（1）说明了 EDSP 等于名义现金流贴现值之和，每笔名义现金流的现值是使用零息贴现因子计算而来。该贴现因子产生于到期日时 ISDA 基准互换收益率曲线。合约的合理价格为名义现金流现值之和，在交易日估价，然后对合约交割日进行远期估值。对合约交割日的远期估值可以视为从交易日至交割日的融资头寸（息票债券）。图表 12.15 显示了 10 年期的互换票据的详细内容。

图表 12.15　　　　　　　10 年期欧元互换债券合约详述

交易单位	名义本金数量 100 000
名义定期利率	6.0%
到期日	从交割日开始直到第 10 年的名义本金数量
交割月	3 月，6 月，9 月，12 月
交割日	交割月的第三个星期三
最后交易日	伦敦时间 10：00 交割日前的 2 天工作日
报价	每份 100 欧元
信用规模和价值	0.01
最小报价单位	10
交易时间	07：00 - 18：00

（与 LIFFE 相关）

注意：

合约是现金结算，本金和息票支付是名义的，并不真正发生。

互换票据的到期日被定义为从交割月开始直到最后一笔名义现金流到期为止。

资料来源：LIFFE。

12.11.2　交易价差的历史回顾

为了说明市场价格波动的相似性，图表 12.16 显示了 2001 年 9 月至 10 月期间 10 年期的互换票据和 10 年期债券期货合约的历史交易价格。图中说明了互换票据在市场中扮演了基准的角色，与债券期货合约在同时间段内合约价格走势非常相似。

图表 12.16　　互换票据 （LIFFE） 和 10 年期债券期货 （Eurex）
交易价格记录 （2001 年 9 月至 10 月）

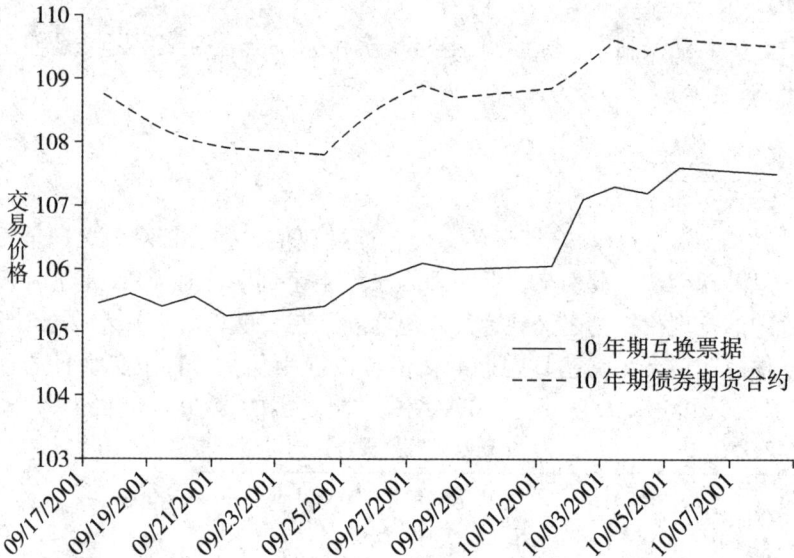

12.12　芝加哥商品期货交易所互换期货合约

芝加哥商品期货交易所 （CBOT） 在 2001 年 10 月末，引入了互换期货合约。这种金融工具以 10 年期利率互换固定利率支付方的名义价格作为标的物，在这个利率互换中名义本金为 100 000 美元，并且每半年按 6% 的年利率进行固定利率支付，与以 3 个月期 LIBOR 为参考利率的浮动利率支付进行交易。这种互换期货合约以现金结算，结算价格由国际互换与衍生品协会 （ISDA） 的基准工具在合约到期前最后一个交易日的 10 年期互换利率所决定的。这个基准利率的公布与其他的 CBOT 利率期货合约一样，该合约也是每季度第三个月到期 （3、6、9、12 月），比美联储理事会的统计公布 H.15. 晚一天。最后的交易日为合约到期月的第三个星期三之前的第二个伦敦工作日。

互换期货合约的定价机制与之前介绍过的远期互换相同。例如，2001 年 12 月的互换期货合约就是一个从 2001 年 12 月 17 日开始的新的利率互换。这种合约被认为是很有价值的套期保值工具。

12.13　利率上限和利率下限

债务工具市场中的一种重要的用来控制利率风险敞口的期权组合是利率上限 （cap） 和利率下限 （floor）。利率上限与利率下限是有相同执行价格的同类型期权 （看涨或看跌） 的组合，但是其协议安排在一段时间内都有效。在最后一章中，我们回顾了用于控制利率风险的主要金融工具，包括短期利率期货和远期利率协议。例如，如果一家公司想要避免利率上升引起的借款成本的提高可以购买远期利率协议或卖出期货合约。这些金融工具可以帮助交易者在当前锁定远期利率。然而，这些头寸不能使套期保值者在市场利率向与预期相反的方向变化时获利。使用远期利率协议或期货合约进行套期保值只能避免损失，但是没有任何额外获利的可能。为了克服这个缺陷，交易者可以选择期权作为套期保值的工具。为利率套期保值，最主要的就是利率上限和利率下限协议①。

利率协议是交易双方达成的一种协议，其中，一方当事人在获取了一定的先期费用后，同意在指定的利率（称为参考利率，reference rate）偏离了预定的利率时给予另一方当事人一定的经济补偿。在利率偏离了预定利率时受益的一方被称为买方，必须做出支付的一方称为卖方。事先确定的利率水平被称作执行利率（strike rate）。如果一方同意在参考利率超过预定的利率水平时向另一方支付经济补偿，那么这种协议叫做利率上限。如果一方同意在参考利率低于预定的利率水平时向另一方支付经济补偿，那么这种协议就叫做利率下限。

利率协议的条款包括：（1）参考利率；（2）设定上限或下限的执行利率；（3）协议的期限长短；（4）重置频率；（5）名义本金金额（确定了支付额的规模）。如果利率上限或利率下限在重置日为实值，卖方的付款通常是事后支付。

一些商业银行和投资银行向客户出售利率上限或利率下限期权。以利率上限为基础资产的期权叫做利率上限期权（captions）。以利率下限为基础资产的期权叫做利率下限期权（flotions）。

12.13.1　利率上限协议

利率上限是一系列的期权组合。持有负债的借款人可以通过购买利率上限协议来避免利率上升带来的损失。如果利率上升到协议利率之上时，借款人可以得到补偿。相反，如果利率下降到使借款人有获利空间时，那么对于借款人来说唯一的损失只是购买利率上限协议的费用。如果在重置日参考利率上升到协议利率之上，那么支付给买方的支付额为：

名义本金金额×（参考利率－利率上限协议利率）×（结算期间的总天数/一年总天数）

自然地，如果参考利率低于协议利率，那么支付额为零。

一个利率上限包括一系列独立的期权和利率上限单元。利率上限的价格是根据每个利率上限单元各自的定价而决定的。例如，一个借款人买了一个3%的利率上限（LIBOR为参考利率），这意味着如果利率上涨到3%以上，那么就会得到参考利率与协议利率之间的差额作为补偿。一个1年期的利率上限可能会由三个独立的利率上限单元组成，每个单元提供连续的3个月的保护。1年期限中的第一个3个月并没有抵补，因为该期间的利率立即开始并且即将确定。一个利率上限单元在两

① 上限和下限的概念不要与浮动利率票据产品中限制浮动息票利率波动的上限/下限混淆。

个时间段内有效，分别是风险敞口期间和保护期间。风险敞口期间是从协议购买日起直到第二个借款周期的利率重置日。保护期在这一时点开始，直至利率上限单元到期。保护期通常是 3 个月、6 个月或 1 年，并且适用于借款人要进行套期保值的利率重置。因此，利率上限内的所有的利率上限单元的保护期间通常是相同的。

我们用图表 12.17 中所显示的彭博利率上限、下限双限计算器来说明这个问题。假定一个 1 年期的利率上限协议的参考利率为 3 个月期 LIBOR，执行利率为 3%。协议的结算日是 2001 年 11 月 30 日，到期日是 2002 年 11 月 30 日。第一个重置日是 2002 年 2 月 28 日，在屏幕中心的顶部显示为"开始"。如果 3 个月期 LIBOR 在这一天高于执行利率，如 3.5%，假设名义本金为 1 000 000 美元，利率上限的支付额为：

$$\$1\,000\,000 \times (3.5\% - 3.0\%) \times 92/360 = \$1\,277.78$$

2002 年 5 月 31 日进行支付。需要注意的是美国市场的日算规则为实际天数/360，英国市场为实际天数/365。第二个重置日是在 2002 年 5 月 31 日，这会决定在 2002 年 8 月 31 日所要进行的支付。最后，第三个重置日为 2002 年 8 月 31 日，决定了在 2002 年 11 月 30 日的支付。

如上文所述，每一个利率上限协议都可以被认为是一系列的看涨期权或利率上限单元，本例中，其基础的参考利率为 3 个月期 LIBOR。第一个利率上限单元会在下一个重置日，也就是 2002 年 2 月 28 日到期；第二个利率上限单元会在 2002 年 5 月 31 日到期，以此类推。因此，利率上限的价值就是这些利率上限单元的价值之和。在"定价"一栏中，"期权费"以我们假设的利率上限的价值占名义本金的百分比来表示。具体到我们所假设的利率上限协议中，期权费为 0.1729%，即 1 729 美元。图表 12.18 显示的是彭博社利率上限单元定价屏幕，在"组合成分价值"一栏中显示了利率上限单元的价值。彭博社使用了修正的布莱克—斯科尔斯模型来为各个利率上限单元估值，交易者可以选择是否使用相同的波动率来估计每一个利率上限单元或允许每个利率上限单元的波动性不同。二叉树模型在利率上限协定价中也广泛使用。

12.13.2　利率下限协议

为了防止利率的下降可以购买利率下限协议。与利率上限相反的是，利率下限是当参考利率低于协议利率时，由卖方支付经济补偿。利率下限可以用于金融机构防止由于利率下降所带来的收入损失——如一家商业银行持有很大一部分浮动利率资产。对于利率下限的买方来说，当参考利率低于协议利率时，卖方在重置日所要支付的金额为：

名义本金 × （利率下限协议 – 参考利率）× （结算期间的总天数/一年总天数）

当参考利率高于协议利率时，那么卖方支付额为零。

图表 12.19 我们再次利用彭博社的利率上限、利率下限、利率双限计算器来说明这个问题。假设一个 1 年期的利率下限协议的参考利率为 3 个月期 LIBOR，执行

利率为 2.5%。合约的结算日为 2001 年 11 月 30 日，到期日为 2002 年 11 月 30 日。如果 3 个月期 LIBOR 在这一天低于执行利率，也就是说 2%，那么名义本金金额为 1 000 000 美元时，卖方所要支付的金额为：

$$\$\,1\,000\,000 \times (2.5\% - 2.0\%) \times 92/360 = \$\,1\,277.78$$

图表 12.17　　　　　彭博社利率上限/利率下限/利率双限计算器

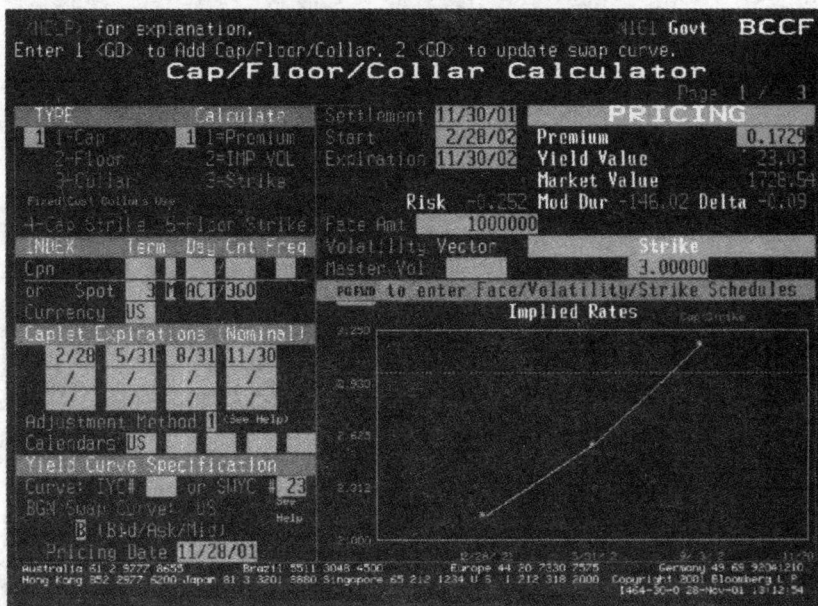

资料来源：彭博金融市场。

图表 12.18　　　　　利率上限估价的彭博显示屏

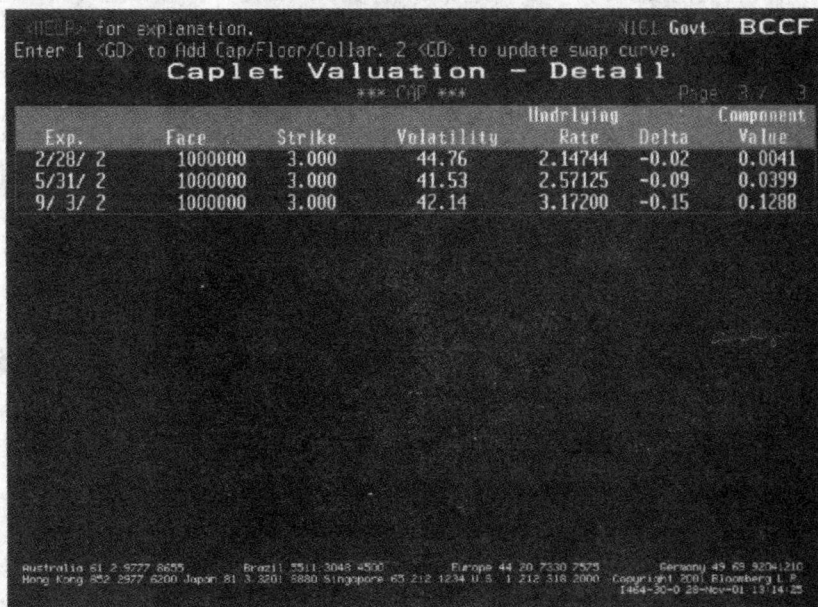

资料来源：彭博金融市场。

2002 年 5 月 31 日进行支付。需要注意的是按照美国市场的日算规则是实际天数/360。

一个利率下限协议可以被认为是一系列看跌期权，在本例中，其基础的参考利率为 3 个月 LIBOR。利率下限的价值就是所有的单个看跌期权的价值之和。在"定价"一栏中，"期权费"为 0.2140%，即 2 140 美元。

图表 12.19　　　　　　　　利率上限/利率下限/Collar 计算器

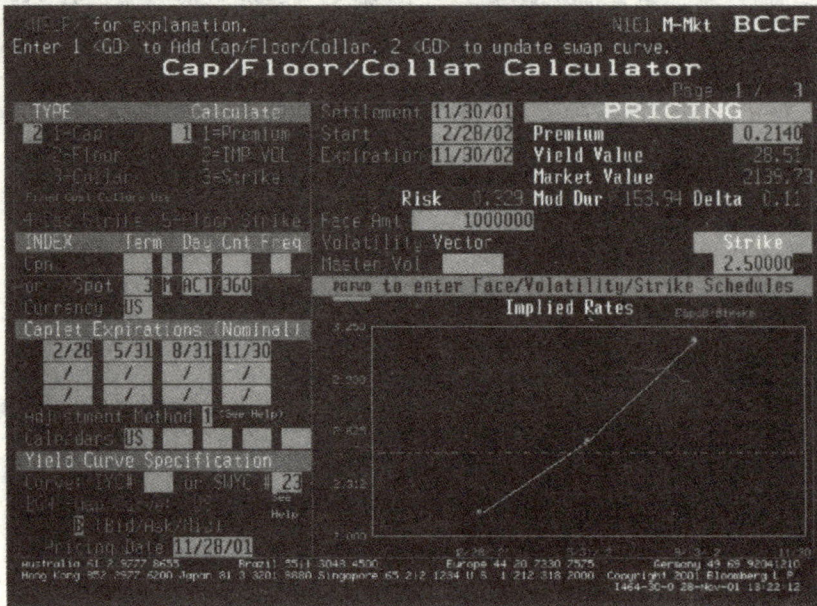

资料来源：彭博金融市场。

12.13.3　双限

双限是利率上限与利率下限的组合，它是确定利率支付额和收入水平的区间。双限通常使借款人受益，因为它比单纯的利率上限的成本要低。双限为防止利率上升提供了保护，并使投资者在利率下降到利率下限时为投资者提供获利机会。最便捷的结构是利率上限和利率下限之间利率差很小的双限。

第 **13** 章 资产和负债管理

在货币市场中，商业银行和投资银行的金融活动都是围绕着银行账簿中的资产和负债管理（asset and liability management）展开的。这个账簿（也被称为流动性账簿（liquidity book）），是由银行存款、贷款以及其他短期高质量债务工具（如存款凭证、国库券等）的净头寸构成。货币市场上的主要参与者必须将因利率反向变动而带来的风险隐患作为日常运营管理的一部分。因此，作为银行风险管理的一部分，了解资产负债管理对于从整体上充分认识币市场是十分必要的。

本章我们将对资产负债管理进行全面介绍。资产负债管理（ALM）是银行通过调整资产和负债的最佳组合，从而将市场风险和流动性风险（liquidity risk）降到最小，同时又实现其利润目标过程中所使用的技术和工具的统称。就银行账簿的内容而言，理论上纯粹的 ALM 是试图在时间和数量上将资产的现金流入与负债的现金流出精确地匹配。但在银行经营活动类型既定的情况下，实现上述目标即使有可能，也很难做到。而且从沉没成本和机会成本的角度来讲，这样做的代价也是很高的。基于这个原因，银行又采取了多种其他方法来管理银行账簿风险以在一定程度上扩大潜在收益。ALM 也涵盖了银行处理资产负债表结构、放款政策、监管和资本问题以及利润目标的业务流程，在此我们就不再赘述。我们感兴趣的是流动性风险和利率风险的处置政策以及如何规避此类风险。其实，在给定商业银行风险偏好和未来利率水平预期的情况下，ALM 政策是要将上述风险控制在一个可接受的水平上。虽然流动性风险和利率风险代表了不同类型的风险，但它们二者之间是相互依赖的。

13.1 ALM 概述

银行决策制定中的一个主要问题就是资产和负债的期限结构。通常，长期利率高于短期利率，也就是说，通常情况下短期（0~3 年）收益率曲线肯定是倾斜的。为了充分利用这一条件，银行通常会大量筹集短期资金，再将这批资金以较高的利率水平长期地贷放出去，借贷利差即为银行利润。显然，这样做的风险就在于贷款期间，一旦短期利率水平升高，当银行为贷款再融资时，银行利润就会较少或者变为净损失。如何管理此时的风险就是 ALM 部门的主要工作。同时，为了管理利率风险本身，银行也需要对资产和负债进行合理匹配，进而锁定收益；另外，也会提高贷款投向的多样化，以降低行业集中度风险。

另一项风险因素是流动性。从银行和财政的角度而言，流动性（liquidity）就是指贷款的流动性，或是钱的"相似性"。现金是流动性最高的资产。银行承受着诸多相互关联的流动性风险，包括不能及时偿还储户存款的风险、不能以合理利率在市场上募集资金的风险以及没有足够可用资金发放贷款的风险。银行仅把一小部分资产以现金形式持有，因为现金不产生收益。事实上，银行一旦满足了国际监管机构所确立的最低现金准备要求，他们就会以其他金融工具形式持有资产。因此，满足存款支取的能力就依赖于银行从市场上融资的能力。市场和公众对银行财务状况的看法将严重影响其流动性。如果这种看法是非常负面的，那么银行可能就无法融资，最终也就不能满足储户取款或银行放贷的需求。由此可见，因流动性管理可以维护公众对银行财务状况的信心，在一定程度上讲，它是银行经营的关键一环。银行持有的准现金资产，如国库券、清算银行的存款凭证，在其管理上也必须要将流动性因素纳入其中。上述金融工具所在的银行资产账簿有时候也被称作流动性账户（liquidity book）。

通常所说的资产负债管理（asset and liability management）这一词汇自 20 世纪 70 年代中期开始流行。在浮动利率情况下，为了最小化利率风险和流动性风险、最大化利息收入，对资产和负债同时进行管理就变得十分必要。ALM 成为了任何金融机构综合运营战略中的一个关键组成部分。

在布雷顿森林协议崩溃之前的稳定利率时代，由于受到监管规则以及银行客户储贷模式的约束，ALM 还是比较简单的①。20 世纪 60 年代由花旗银行创造的可转让存款凭证的应用使银行能够在投资领域和资金来源方面得以多元化。通过这一创新，利差（interest margin）的概念得以出现，即：资产的利息收入与负债的利息支出之间的差额。这导致利率缺口（interest gap）概念和缺口管理理论的出现，这些理论就是现代 ALM 的基石。利率波动性的增加以及利率自身绝对水平的提高都使缺口管理成为银行账簿管理的一个重要组成部分。这种变化意味着银行不能再一成不变地依赖于传统的借短（短期融资）贷长的业务模式，因为短期利率水平的上升可能会导致融资损失。20 世纪 80 年代早期，衍生工具的出现，如远期利率协议（FRAs）和互换交易，消除了前期的不确定性，在抵补了中期不确定性的同时，也使银行得以继续从事传统业务。

13.1.1 ALM 的概念

ALM 理论由四大著名要素构成。第一个要素是流动性（liquidity）。在 ALM 理论中，流动性不是指一项资产在二级市场买卖的难易程度，而是指资产转变成现金的难易程度②。按照监管当局的要求，在银行账簿中必须按规定的最低比例以高流

---

① 例如美国的银行业，存款账户的期限是被监管规则所固定的，同时对客户的地域来源和利率水平也做了限制。利率波动是很小的。在这样的环境下，ALM 主要是资产的管理，银行利用储户的存款来安排资产的组合，同时这种资产组合对负债组合也是最为合适的。这不过是留存一部分无息准备金于中央银行，再将余额投资于短期证券，除此之外再有盈余也仅仅是将其发放为短期信贷而已。

② 流动性的市场流通能力含义在 ALM 理论中也是很重要的。相比高流动性工具而言，低流动性金融工具必须要附加一个收益补偿。

动性工具形式持有部分资产。对于存款性金融机构而言，为了满足客户的不时之需，保持一定的流动性就显得尤为重要。就银行账簿而言，最具流动性的资产就是隔夜资金，相比之下，流动性最弱的资产是中期债券。短期资产如国库券和存款凭证都被认为是具有高流动性的。

第二个关键要素是货币市场的利率期限结构（term structure）。收益曲线在某一时间的形状以及对中短期曲线形状的预期都会在很大程度上影响银行的 ALM 管理策略。通过利率敏感性（interest-rate sensitivity）表现出来的市场风险十分明显，如特定金融产品针对利率变动变现出来的现值敏感性以及浮动利率资产与负债针对利率变动而产生的敏感性等。

第三个关键要素是银行账簿中的期限组合（maturity profile）。资产和负债的期限可能是匹配的，也可能是错配的。尽管后者似乎更加普遍，但前者也会因银行所采用的特定策略而被使用。资产和负债的期限如果能够匹配好的话，那么收益就以资产产生的收入与负债产生的支出间的利差形式被锁定了。期限组合、利差缺乏锁定和收益曲线共同决定了银行账簿面临的完全的利率风险。

第四大要素是违约风险（default risk），即借款人不能及时偿还银行等金融机构的利息或本金的风险。

为了阐述 ALM 理论面临的最基本的困境，让我们举一个简单的理论上存在的情况。假设一家银行想进行 3 个月、6 个月的筹资和投资活动，各期限所对应的利率如图表 13.1 所示，ALM 管理者预期 3 个月后的 3 个月期 LIBOR 利率会调整为 5.10%[①]。银行可以 LIBOR 利率借入资金，同时以 LIBOR 加 100 个基点的利率贷放资金。

图表 13.1　　　　　　　　　虚拟货币市场利率

期　限	LIBOR（%）	银行利率（%）
3 个月	5.50	6.50
6 个月	5.75	6.75
预期 3 个月后的 3 个月期	5.10	6.10
3 个月后的 6 个月期远期利率协议	6.60	

银行可以采取如下任何一种策略，或者是它们的组合。

■ 以 5.50% 的利率借进一笔期限为 3 个月的资金，再将其发放成期限为 3 个月的、利率为 6.50% 的贷款，这样 1% 的利差就被锁定了。

■ 以 5.75% 的利率借进一笔期限为 6 个月的资金，再将其贷放为 6 个月的、利率为 6.75% 的贷款，这样 1% 的利差就被锁定住了。

■ 以 5.50% 的利率借进一笔期限为 3 个月的资金，再将其发放为 6 个月的、利率为 6.75% 的贷款。这种方法就需要银行在 3 个月后按照预期 5.10% 的利率再

① 该远期利率可以通过观察欧洲美元存款凭证期货合约的价格或者简单地通过 ALM 管理者的直觉和经验获得。

借进一笔新的款项。通过这种方法，在前 3 个月就锁定了 1.25% 的收益，同时预计后 3 个月就能锁定住 1.65% 的收益。但这种策略也是存在风险的，那就是 3 个月后的 3 个月期利率可能不会按照 ALM 管理者预期的那样下降，如果确实如此的话，银行的利润就会减少，甚至可能会发生亏损。

■ 以 5.75% 的利率借进一笔期限为 6 个月的资金，再将其贷放为 3 个月的、利率为 6.50% 的贷款。这样 3 个月后，银行就可以再转发一个 3 个月期或 6 个月期贷款。但是这种策略却有悖于 ALM 管理者的预测，因为 ALM 管理者认为 3 个月后利率会下降，所以银行就不会愿意在 3 个月的时间内借入长期资金。

■ 以 5.50% 的利率借进一笔期限为 3 个月的资金，然后再将这笔资金贷放为期限 6 个月的、利率 6.75% 的贷款。为了规避缺口风险，ALM 管理者同时买进了一份 3×6FRA 来锁定 3 个月后的 3 个月期利率。这样，第一阶段的利差就被锁定在了 1.25% 上，但是第二段，FRA 只赚了 15 个基点，这就是避险成本（这也表明 3 个月后的 3 个月期实际利率可能与 ALM 管理者的预测不相一致），即银行为了降低不确定性而必须支付的价格，就是说利差收益减少了。当然，银行还可以贷出 6 个月期贷款，同时前 3 个月做初始融资，再买进一个利率为 6.60%、盯住 LIBOR 的浮动利率上限，以此为依托，银行也可以为自己的后续融资做好准备。

虽然上述案例模型比较简单，但是这个模型却很好地列举了几种可能的情况，事实上还有很多种其他可以采用的管理策略。在列举的最后一种情形中，我们可以看到衍生工具是如何帮助银行有效解决银行账簿管理问题以及使用管理策略随之产生的成本问题的。

13.1.2　资产负债表

在银行管理传统经营活动时，采用 ALM 管理方法首先需要查看资产负债表。银行资产负债表本质上反映的是一组如下的交易活动：

■ 基金和银行业务；

■ 吸纳存款和发放贷款；

■ 金融资产；

■ 远期资产和资本金（权益与长期债务）。

图表 13.2 列示了一个简化的资产负债表。

美国财务会计准则委员会（FASB）将资产定义为"银行从事交易活动所带来的未来可获得或可控制的经济利益"；负债被定义为"由于银行从事交易活动，将资产从一方转移至另一方而导致的现时义务引发未来可能的经济利益支出"。资产还可以进一步细分为流动资产（current assets），即现金或能在一年内转变成现金的资产，和长期资产（long-term assets），即可以在一年以上的时段内产生利益的资产。这种分类也同样适用于负债，即流动性负债（current liabilities）和长期负债（long-term liabilities）。

图表 13.2	银行业资产负债表
资　产	负　债
现金	短期债务
贷款	存款
金融资产	银行发行的金融工具
固定资产	长期债务
	权益资本
表外业务	表外业务
（或有收入）	（或有支出）

　　资产负债表每一部分的构成取决于银行所开展的业务类型。商业银行会较多的从事吸收存款与放贷的业务，这也体现在银行账簿中。综合性银行同时开展商业银行业务和投资银行业务，而投资银行会在资本市场从事更多的交易，如债券交易、股权交易、外汇和衍生产品做市商交易等，这些金融活动将被计入交易账户中。银行的风险管理同资产负债表的平衡和融资活动有关。就目前所开展的业务而言，上述所列的四大类业务之间有明显差别。

13.1.3　银行账簿

　　传统的 ALM 与银行账簿有关。常见的 ALM 管理技术也应用于银行账簿管理，及贷款和揽存活动。银行核心业务的开展会产生两种情况：当存款规模超过贷款规模时，资金就会剩余；反之，资金就会短缺。这种错配将通过批发市场的金融交易轧平。银行账簿会同时产生利率风险和流动性风险，此类风险随后会被 ALM 管理者所监控和管理。利率风险指由于市场利率的反向波动而使银行遭受损失的风险。流动性风险指银行在缺乏资金时无法获得充足的补充，最极端的情况就是"银行挤兑"的出现——当储户要求提取现金时，银行却无法获得所需资金。

　　需要注意的是，银行账簿中的资产方——贷款活动也会产生信用风险。

　　ALM 与银行的风险管理密切相关，尤其注重对银行账簿中固有的流动性风险和利率风险进行量化管理。ALM 主要包括以下内容：

　　■ 流动性风险与利率风险的测度与监控（measurement and monitoring of liquidity and interest-rate risk）。包括设定收入目标和交易量、设置并监控利率风险警戒线；

　　■ 投资并对资产负债表中的任何约束条件加以控制（funding and control of any constraints on the balance sheet）。包括流动性限制、债务政策和资本充足率与偿债能力控制；

　　■ 抵补流动性和利率风险（hedging of liquidity and interest-rate risk）。包括持有头寸使其产生的价值可以抵补上述两种风险带来的损失。

13.2　ALM 部门

　　一家银行的 ALM 部门是一个履行一系列职能的专业化部门。其明确的职责是由金融机构所从事的业务类型决定的。我们不妨探究一下金融机构所开展的主要业务类型。

　　如果 ALM 部门不以盈利为目的，那么该部门的角色就是最小化运营成本的成本控制中心，这与强调将商业银行业务作为公司核心业务的战略是一致的，而此时 ALM 的政策就纯粹与抵补流动性风险和利率风险相关。

　　接下来的问题就是 ALM 部门如何最小化资金成本。这就意味着要允许 ALM 部门在对未来利率水平做出一定预测的基础上，承担一些与利率风险相关的风险因素。正如我们前文谈到的，银行核心业务的开展会引发资金的短缺或盈余。为了轧平所有的盈余或短缺同时规避利率风险，往往会产生一个与之相关的机会成本，因为在这个过程中，可能会浪费由于市场利率变动而带来的潜在收益。当然，如果不进行完全的风险抵补的话，就会产生利率风险敞口。ALM 部门就是负责监控和管理这一风险的，而且，由利率风险敞口产生的任何资金成本的节约也被归功于 ALM 部门。该成本节约可以通过完全抵补策略下的资金成本与 ALM 实际采用的抵补策略下的资金成本间的差额来测度。在这一策略指导下，ALM 就设定一个利率风险界限以确保银行运营有章可循。

　　ALM 部门发展的最高阶段是将自身转变成盈利中心，负责在各项风险界限的约束下，最优化资金运用政策。各项界限包括缺口限制（gap limits）、在险价值限制（value-at-risk limits），或者其他指标，如利润波动水平。在这样的情况下，ALM 部门将肩负起管理所有金融风险的职责。

　　ALM 部门的职能发展到最高阶段直接导致其扮演了一个更为积极的角色。尽管前文已经将 ALM 的发展历程分成三个阶段，但这三个阶段依旧是"传统"ALM 方法的一部分。当前，从业者们正在开始思考将 ALM 延伸至风险管理以外的领域，通过对银行账簿和资产负债表中的内容进行主动的调整，实现提高银行净值的目的。也就是说，除了管理流动性风险与利率风险的传统功能外，ALM 也应该额外地承担起银行资本监管的职能，同时为实现利润的最大化而主动地调整资产负债表。最新的 ALM 发展表明，当前一些金融机构运用的 ALM 方法要比传统的只关注银行账簿的方法复杂得多。

　　让我们回顾一下传统的与发展后的 ALM 职能。

13.2.1　传统的 ALM

　　我们已经谈及，最简单的 ALM 方法是匹配资产和负债，但出于各种各样的原因，包括满足客户提款的需要和最大化资本回报的需要等，这种方法不具备实践性，而且银行也必须采取更加积极的 ALM 策略，其中最重要的就是"缺口"和

"缺口管理"。这两个词意味着银行要调整资产负债缺口以应对未来利率和收益率曲线形状变动的预期。这里的缺口是指浮动利率资产和负债之间的差额,但当二者之一是以固定利率计息的,那么缺口管理就有必要进行了。简单地说就是当利率预期上升的时候,扩大缺口,而预期利率下降的时候,缩小缺口。

这种方法并不是没有风险的。因为缺口管理是以 ALM 执行者对未来利率走向及收益曲线走势的准确预测为前提的,而预测一旦失误就会带来缺口非预期的扩大或缩小并造成损失。所以,ALM 执行者必须在风险和预期收益间做好平衡。

敞口管理第二个假设条件是银行账户的资产负债组合能够比较容易改变。但事实并不总是这样,尽管表外利率衍生品市场的存在一定程度上缓解了产品转换的难度,但直至今天这方面依然是一个现实难题。而且,从历史上看,改变银行账簿的结构一直是个难题,因为许多贷款不能被马上流动化,而且固定利率的资产与负债也不能变成浮动利率型;另外,客户关系作为银行的一个关键问题也需要重视和维系。出于以上原因,ALM 管理者在动态管理银行账簿时经常使用表外产品就不足为奇了。例如,FRAs 可以用来规避缺口风险,利率互换协议可以将固定利率转换为浮动利率,反之亦然。衍生工具的广泛使用为 ALM 管理者提供了更多的机会,也为管理银行账簿提供了更多的灵活性,但随之而来的是竞争的加剧以及利润和买卖价差的降低。

13.2.2　ALM 中的基础概念

总的来说,过去银行的 ALM 功能一直以来只关注同银行账簿有关的风险管理。近年来,ALM 附加了一些新功能。但大量的金融机构依然在使用传统的方法,事实上,银行运作的本质并没有发生太多的变化。我们可以将传统 ALM 部门所扮演的角色总结如下:

■ 利率风险管理(Interest-rate risk management)。这是指源于银行运营产生的利率风险,它包括净利息收入敏感性分析,以期限缺口和久期缺口为代表,以及收益曲线变化带来的银行账簿敏感性分析。ALM 部门将监控风险状况并依据风险界限和对市场走向的判断来调整银行资产组合。小型银行或者是海外的附属银行在运行中通常没有利率风险,也就是说他们的账户中不存在短期缺口。否则,ALM 部门也需要抵补其利率风险,或者根据其具体情况调整银行资产结构。

■ 流动性和资金管理(Liquidity and funding management)。监管规则要求银行的资产中必须要保有一定比例的短期工具,银行的流动性账户反映了短期工具的运行状况。但这一账户的具体构成是由 ALM 部门根据其对市场利率走势和资产相对价值的判断来决定的。例如,ALM 可能决定把其他一些货币市场资产转换成短期政府债券,超过其通常持有的数量,反之亦有可能。

■ 披露风险抵补情况。ALM 部门会定期向银行高管层汇报风险敞口情况。

■ 设定风险界限。虽然通常情况下,会有一个独立的"中线"风险部门来负责监督风险界限的执行情况,但 ALM 部门还是肩负着设定风险界限、执行风险控制并不断强化的职能。

■ 披露资本充足情况（Capital requirement reporting）。这一职能包括编写资本金运用情况报告和资本约束下的头寸限制比率报告，并向监管机构汇报。

所有的金融机构都会进行上述活动。

13.2.3   ALM 的发展

许多金融机构都通过增加 ALM 部门的职能来提高自身的风险管理水平。其中包括提高资金运营部和资产负债委员会（ALCO，asset and liability committee）领导的地位、使用诸如期权调整利差模型、在险价值法等其他风险计量方法，以及将传统利率风险管理同信用风险、操作风险相结合等。信用衍生品的大量使用促进了不同风险管理方法的结合。

ALM 部门的新增职责包括：

■ 运用在险价值法来评估风险水平；

■ 将市场风险与信用风险相结合；

■ 运用新的风险调整方法（risk-adjusted）测度回报水平；

■ 优化组合投资回报；

■ 加强资产负债表的主动管理；包括指引资产证券化的方向（将其从资产负债表中移出）、运用信用衍生工具来规避信用风险，以及积极提高产生于流动性账户的收益，如参与证券融出业务和回购业务。

ALM 职能的扩展也就意味着资金运营部和 ALCO 职能的拓展。尤其是这可能会使资金运营部变成银行中最积极的"资产组合管理人"。ALCO 传统上是由银行风险管理人和 ALM 部门或流动性管理部门中的高管组成，在风险管理过程中它主要负责为资金运营官和首席财务官提供支持。为了实现其新增职能，资金运营者需要有更具战略性的管理方法，因为在运营银行全部资产组合时许多决策必然与银行将要实施的战略高度相关，这些都是董事会所要决策的事宜。

13.3   流动性风险与利率风险

由于银行资产和负债的规模和期限各不相同，所以流动性风险也就此产生，当资产超过负债时，资金缺口就出现了，就需要在批发市场融资；情况相反时，就需要将多余的资金投入市场。资产和负债间的差额即为流动性缺口（liquidity gap）。例如，如果一家银行由于业务活动形成了长期负债且由于负债的存在使其资金不足，负债到期日也越来越近，此时银行就面临着即期赤字和未来赤字。对这家银行来说，流动性风险就体现为在任何时点上无法从市场上获得足够的资金来平衡资产。

流动性管理有着许多的目标，其中最重要的目标是指在可预见的环境中，在不需要付出太多成本的情况下，确保能够为赤字融资。另外，监管当局的要求也迫使银行在一定限度内经营，要求银行的短期资产要多于短期负债以保证提供安全的高流动性的净资产。流动性管理还与为赤字融资、盈余资金投资、管理和提高资产负债表质量相关，同时还与确保银行经营符合监管内部要求密切相关。在这一节中，我们将考察与流动性风险和利率风险相关的几个主要问题。

流动性缺口就是，在未来任何时点，银行资产和负债组合间的差额。缺口的存在会产生流动性风险。当负债超过资产时，资金就处于过剩状态。过剩当然不会产生流动性风险，但是会带来利率风险，因为银行账户的现值对市场利率的变动是很敏感的。当资产超过负债时，资金就处于赤字状态，而且银行的现有业务也不能立刻产生出足够的资金来解决长期负债。流动性风险就是银行在未来某一时点需要获得资金去匹配它的资产。银行也可以通过锁定期限的办法来消除流动性风险，自然这需要支付一定的成本，因为银行是在更长的期限内处置风险[①]。

13.3.1　缺口风险和风险界限

流动性缺口是通过一段时间内银行未清偿的资产余额和负债余额间的差额来衡量的。任意时点，资产和负债间的正缺口就相当于赤字，这是以现金的数量来测度的。边际缺口（marginal gap）就是在既定的一段时间内资产变化量和负债变化量间的差额。一个正的边际缺口意味着资产的变动量超过了负债的变动量。作为银行正常业务的一部分，最终银行资产和负债都会增加，缺口也就随着变化。

缺口数据在每天营业期间和结束时都会用列表或图表方式（或同时）记录下来作为风险的最初测定。举例来说，图表 13.3 显示了一份列表式的缺口报告，该数据是一家英国银行的真实数据。从中我们可以看到，资产和负债都已按照期限段分成了组（bucket），并可以看到每组的净头寸。该表大体显示了当天的风险状况、资金状况以及未来到期情况。

图表 13.3 只是一个非常简单的描述，因为期限缺口包含的内容是非常广泛的。出于风险管理的目的，组必须划分的更细，如 0 ~ 12 个月这个时段就可以再细分成12 个不同的期限组别。图表 13.4 就是一张更加详细的缺口报告，该表数据来源于另外一家英国银行。注意，净头寸之和是零，因为这是一张资产负债表，因此，毫不奇怪，资产和负债是平衡的。但是每一期限组最下方或表格底部横竖坐标交叉点的净头寸却是不为零的，这便是缺口，这些缺口就是银行所要管理的对象。

图表 13.3　　　　　　　　　　　　　　　缺口统计例

	总计		时段								
			0 ~ 6 月		6 ~ 12 月		1 ~ 3 年		3 ~ 7 年		7 年以上
资产	40 533	6.17%	28 636	6.08%	3 801	6.12%	4 563	6.75%	2 879	6.58%	654 4.47%
负债	40 533	4.31%	30 733	4.04%	3 234	4.61%	3 005	6.29%	2 048	6.54%	1 513 2.21%
累计净头寸	0	1.86%	(2 097)		567		1 558		831		(859)
总资产收益率:		2.58%									
总资产平均收益率:		2.53%									

---

① 假设收益曲线通常向上倾斜。

图表 13.4

细化的缺口统计表

资产	总计 £（百万）	1个月内	1至3个月	3至6个月	6个月至1年	1至2年	2至3年	3至4年	4至5年	5至6年	6至7年	7至8年	8至9年	9至10年	10年以上
现金和银行间贷款	2 156.82	1 484.73	219.36	448.90	3.84	0.00	0.00	0.00	0.00	0.00	0.00	0.00	0.00	0.00	0.00
买人的存款凭证	1 271.49	58.77	132.99	210.26	776.50	92.96	0.00	0.00	0.00	0.00	0.00	0.00	0.00	0.00	0.00
买人的浮动利率票据	936.03	245.62	586.60	12.68	26.13	45.48	0.00	0.00	19.52	0.00	0.00	0.00	0.00	0.00	0.00
银行票据	314.35	104.09	178.36	31.90	0.00	0.00	0.00	0.00	0.00	0.00	0.00	0.00	0.00	0.00	0.00
其他贷款	13.00	0.00	1.00	0.00	0.00	7.00	0.00	1.00	0.00	0.00	2.00	2.00	0.00	0.00	0.00
债务性证券/金边债券	859.45	0.00	25.98	7.58	60.05	439.06	199.48	26.81	100.50	0.00	4.30	0.00	0.00	0.00	0.00
固定利率抵押贷款	4 180.89	97.72	177.37	143.13	964.98	1 452.91	181.86	661.36	450.42	22.78	4.30	3.65	3.10	2.63	14.67
浮动利率和利率上限抵押贷款	14 850.49	14 850.49	0.00	0.00	0.00	0.00	0.00	0.00	0.00	0.00	0.00	0.00	0.00	0.00	0.00
商业贷款	271.77	96.62	96.22	56.52	0.86	2.16	1.12	3.64	8.85	1.06	0.16	0.17	0.16	4.23	0.00
无担保出借和租赁	3 720.13	272.13	1 105.20	360.03	507.69	694.86	400.84	195.19	79.98	25.45	14.06	10.03	10.44	10.82	33.42
其他资产	665.53	357.72	0.00	18.77	5.00	0.00	0.00	0.00	0.00	0.00	0.00	0.00	0.00	0.00	284.03
总现金资产	29 239.95	17 567.91	2 523.06	1 289.77	2 345.05	2 734.43	783.31	888.00	659.26	49.28	20.53	15.85	13.71	17.68	332.12
互换	9 993.28	3 707.34	1 462.32	1 735.59	1 060.61	344.00	146.50	537.60	649.00	70.00	5.32	200.00	75.00	0.00	0.00
远期利率协议	425.00	0.00	50.00	0.00	220.00	5.00	150.00	0.00	0.00	0.00	0.00	0.00	0.00	0.00	0.00
期货	875.00	0.00	300.00	0.00	175.00	400.00	0.00	0.00	0.00	0.00	0.00	0.00	0.00	0.00	0.00
总计	40 533.24	21 275.24	4 335.38	3 025.36	3 800.66	3 483.43	1 079.81	1 425.60	1 308.26	119.28	25.84	215.85	88.71	17.68	332.12

续表

资产	总计 £(百万) £m	1个月内	1至3个月	3至6个月	6个月至1年	1至2年	2至3年	3至4年	4至5年	5至6年	6至7年	7至8年	8至9年	9至10年	10年以上
负债															
银行存款	3 993.45	2 553.85	850.45	233.03	329.06	21.07	1.00	0.00	5.00	0.00	0.00	0.00	0.00	0.00	0.00
已发行存款证	1 431.42	375.96	506.76	154.70	309.50	60.00	20.00	3.50	1.00	0.00	0.00	0.00	0.00	0.00	0.00
商业票据——CP和欧洲票据	508.46	271.82	128.42	108.21	0.00	0.00	0.00	0.00	0.00	0.00	0.00	0.00	0.00	0.00	0.00
次级债	275.00	0.00	0.00	0.00	0.00	0.00	0.00	0.00	0.00	0.00	0.00	200.00	75.00	0.00	0.00
欧洲债券+其他	2 582.24	768.75	1 231.29	121.94	53.86	9.77	13.16	150.43	150.53	0.00	7.51	0.00	75.00	0.00	75.00
客户存款	17 267.55	15 493.65	953.60	311.70	340.50	129.10	6.60	24.90	0.00	7.50	0.00	0.00	0.00	0.00	0.00
其他负债(含资本/准备金)	3 181.83	1 336.83	0.00	0.00	741.72	0.00	0.00	0.00	0.00	0.00	0.00	0.00	0.00	0.00	1 103.28
总现金负债	29 239.96	20 800.86	3 670.52	929.58	1 774.64	219.93	40.76	178.83	156.53	7.50	7.51	200.00	75.00	0.00	1 178.28
互换	9 993.28	1 754.70	1 657.59	1 399.75	1 254.24	1 887.97	281.44	905.06	770.52	15.76	6.48	7.27	8.13	13.06	31.30
远期利率协议	425.00	0.00	150.00	70.00	55.00	150.00	0.00	0.00	0.00	0.00	0.00	0.00	0.00	0.00	0.00
期货	875.00	0.00	0.00	300.00	150.00	425.00	0.00	0.00	0.00	0.00	0.00	0.00	0.00	0.00	0.00
总计	40 533.24	22 555.56	5 478.11	2 699.33	3 233.89	2 682.90	322.20	1 083.90	927.05	23.26	13.99	207.27	83.13	13.06	1 209.58
净头寸	0.00	-1 351.09	-1 234.54	265.58	583.48	929.10	803.46	341.70	404.88	104.28	11.85	8.58	5.57	4.62	-877.45

　　如图表 13.5 所示，期限缺口也可以绘制成坐标图来描述净头寸情况，该图数据仍然来自某家英国银行。有些坐标图，会在每一个时间段分别列明资产和负债的值，但是在我们这个坐标图里仅表明净头寸。这个净头寸就是该时段的缺口风险。图表 13.6 标明的是另一家中东商业银行的海外子公司的例子，由于其在银行间市场融资不受限，因此也就不存在空头情况，而图表 13.7 与此形成对比，这份缺口报告来自一家英国大众银行。值得注意的是，在标有"无息"标识的期限下存在巨大的空头缺口，"无息"意即无息负债（non-interest bearing liabilities），指的是经常账户余额（支票账户），该账户无利息，理论上期限也非常短（因为它们是活期存款，可以随时被支取）。

图表 13.5　　　　　　　　　　以图形表示的期限缺口

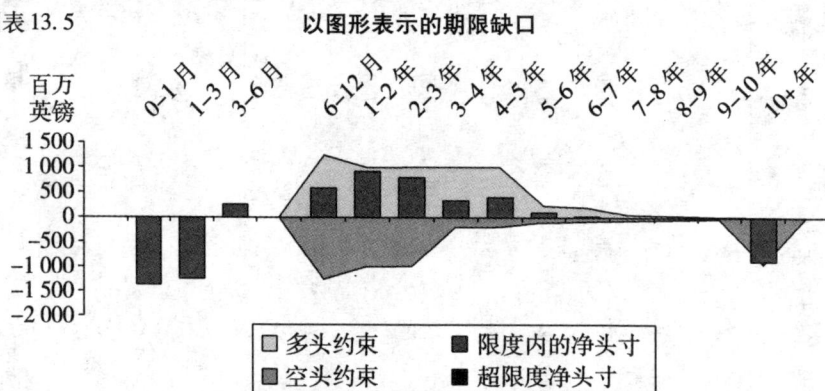

图表 13.6　　　　　　　期限缺口，一家不允许空头的银行

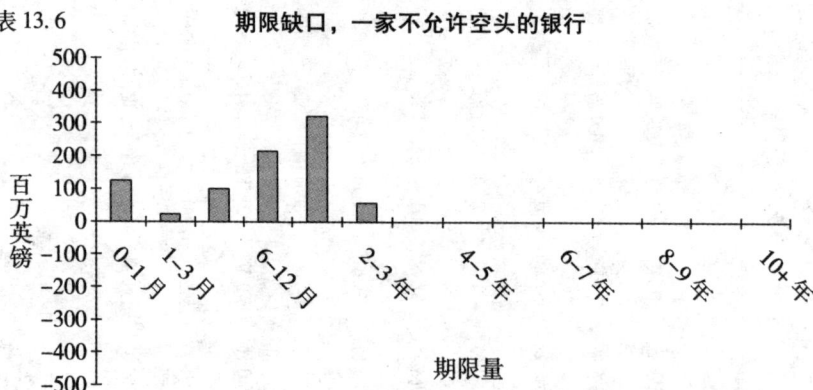

　　缺口代表了所有日期累积的资金需求。累积资金需求与每一时期的资金需求是不一样的，因为前期形成的债务不能分摊到后续时期。例如，3 月到 4 月间的资金需求并不是 2 月至 4 月间赤字的积累，因为 3 月的债务肯定不能分摊到 4 月。边际缺口可以看作是新的资金需求或者是某一时期应该被投向市场的新的过剩资金。注意，所有的报告都只是反映某一固定时点的缺口状态，而事实上缺口都是连续变化的。现实中，一家银行的流动性状况不能仅通过某一既定日期的一个缺口来表示，而需要用整体缺口状况来测度银行账户的风险水平。

　　流动性账户管理者可以决定将资产与负债进行匹配，这就是所谓的"现金流匹配（cash matching）"，当资产和负债的期限结构一致时，就可以这样做。通过这样的方法，银行就可以锁定其借贷利差，也就产生了稳定的收益。现金流匹配方法的使用可以将流动性缺口归零。银行账户中资产和负债的匹配是建立在整体层面上的，也就是说，现金流匹配并不意味着存款永远能够与贷款相匹配。尽管，就单个顾客来讲，客户购买一份存款凭证可以与一份相应的贷款相匹配，但由于客户同时存在的存贷需求，二者完全匹配是很困难的。尽管如此，一旦净头寸被确定，银行还是会挑选合适的资产与负债进行相应的匹配，并始终保持账户的平衡。但事实上，银行真正使用现金流匹配方法的情况并不多见。

图表 13.7　　　　　　　期限缺口，一家英国大众银行

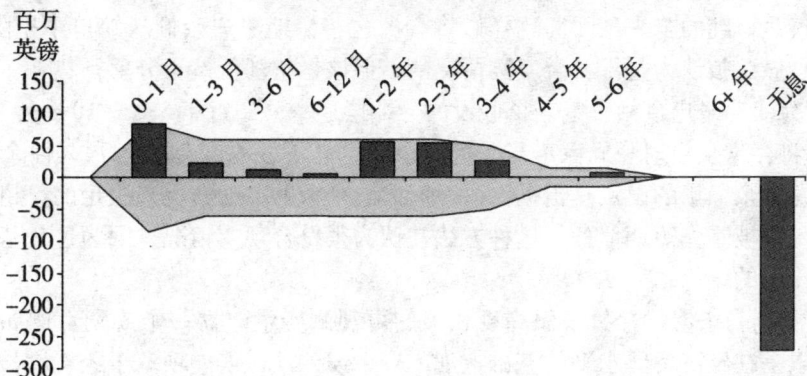

13.3.2　流动性管理

筹集新资金或者将盈余资金进行对外投资的持续不断的过程被称为流动性管理（liquidity management）。通过平衡资产和负债，如果今天的缺口被平衡，进而平衡了银行账户，但明天依然还会产生一笔新的赤字或盈余有待平衡。流动性管理决策必须要考虑为抵补转天缺口所需的资金，同时要依据对未来利率的预测安排好银行账户。

通常，为了明确债务的期限结构，也需要对目标资金加以明确。可以有几种方法实现上述目标。如果 ALM 的目标是根据负债情况来安排资产，那么新的融资方案就应该基于负债政策贴近于资产需要，也就是说，从长远来看，银行账户的匹配程度较好。这是风险最低的选择。另一种方案是采用流动性约束方法。例如，如果某银行的市场融资能力受到了限制，导致该银行每星期或每月无法获得一定量的资金，此时就可以采用流动性约束方法。即如果一家银行在一星期内可以筹集到的最大资金规模为 1 000 万美元，那么流动性缺口的最长期限就会受此约束。ALM 部门会根据银行采用的目标资金方法来管理银行账户，这就需要在一定的时间内，ALM 部门尽力去满足银行的资金需求。

银行账户的流动性管理是一个动态过程，虽然贷款和存款数据在任何时点都可以获得，但新业务总会持续发生，同时从长远看，银行账户也必须要持续不断地加以平衡，以使其不脱离目标范围。有一些因素会影响到这个动态过程，下面我们将介绍其中几个最重要的因素。

活期存款

在银行存活期存款，如活期账户（支票账户），没有明确的到期日，可以随时支取。理论上来说，活期存款就是指银行的"无息负债"，因为银行对该种存款只支付很低甚至根本不支付任何利息，所以它们是最高效的免费资金。尽管在实践中该账户余额一般是十分稳定的，但理论上此类资金的余额却可能在一天中毫无预警地增加或减少。

银行有许多方法来处理这些余额，包括：

■ 打包所有未清偿余额并编入某一期限组，这一期限是银行希望的未来某一日期或仅是单纯的未来某天。这样做将会把这些活期账户余额从缺口中剔除出去。尽管这种做法被认为是不符合实际情况的，但该做法却依然十分盛行；

■ 为活期账户余额设定一个假设的分期偿还率，如每年5%或10%；

■ 将存款余额划分成稳定与非稳定余额，其中核心存款归为永久性余额。银行核心存款余额量的设定是根据一段时间内总余额的波动情况来决定的，超出核心余额的部分被看作短期债务。这种方法被认为很符合现实情况，因为这是基于历史观测而得出的结论；

■ 根据与未清偿存款余额高度相关的可观测变量建立一个规划。例如，这些变量可以是在经济发展水平的基础上加上一个误差项，误差项基于经济增长模式的短期波动。

应急预案

银行有一个备用的信贷额度，其使用是基于客户的需求。由于不确定性而引发的某些突发事件会引起银行资金外流，比如借款者想使用备用信贷额度。银行应对此类未知事件的通常做法主要是根据历史统计数据来对未来可能发生的情况做出一个规划。

存续资产的提前偿还

就贷款而言，到期期限是事先约定好的，但是由于存在提前还款的可能性，到期期限也面临着不确定性。这与抵押贷款支持证券的提前偿付风险类似。提前偿付风险因素使贷款的实际期限面临不确定性，银行经常是根据提前还款的统计数据来计算一个"有效期限表"以代替理论期限表。也有许多提前还款模型可供使用，其中最简单的模型是使用恒定提前还款比率来估算贷款的平均期限。模型越复杂，包含的参数也就越多，如提前还款率就是基于贷款利率和当前市场利率间的利差计算而来，或者是基于贷款发放后的时间计算而来的。

利息流

资产和负债会分别产生利息流入与利息流出，以及本金的分期流入与流出。由此，利息的支付也必须要计入缺口之中。

13.3.3 利率缺口

利率缺口是对银行账户利率风险的标准测量方法。在某一给定期间，利率缺口被定义为固定利率资产和固定利率负债间的差额，也可以定义为利率敏感资产与负债间的差额。当总资产等于总负债时，这两种差额在价值上是完全相等的。但当资产负债表不平衡时，两者就不一致了。这种情况只会发生在某一营业日期间，如该日的空头没有被轧平。利率缺口的通行测度方法是计算资产和负债间的差额。定义利率缺口需要指定某一特定期限。

计算缺口的习惯方法对于理解缺口的含义非常重要。当资产等于负债时，"固定利率"缺口与"浮动利率"缺口的计算方法是相反的。但当资产与负债不相匹配，且又存在许多参考利率时，它们就是不同的。当银行存在赤字时，"固定利率缺口"就意味着假设缺口需要通过利率未知的负债来弥补，此时的资金就是浮动利率负债，也就成为了银行的风险，除非该利率事前已被锁定。这样的假设也同样适用于银行资金盈余时，此时未来利率也是未知的。某一时间段的缺口头寸对该时间段的利率变化是非常敏感的。

每一个独立的时间段都需要分别计算缺口值，因此会存在 1 个月内的净头寸、1 至 3 个月的净头寸等等。但贷款和存款的期限却没有如此的精确，除非是一笔正准备开展的业务，所以只能根据其相应的期限来归入某一时间段。例如，20 天内到期的 1 亿美元存款，会将余额的大部分划入 3 周的时间段，另一小部分划入 2 周的时间段。假定利率变动 1 个基点，那么利率风险的计量就是计算存款的现值变化量。如果转天 1 个月期利率下降了 1 个基点，那么以 6.5% 的利率购进的、1 个月期的 1 亿美元存款凭证的现值就会上升。

对银行而言，利率风险的核心测度方法就是利率 1 个基点的变动导致的净现值变动情况，这就是人们通常所称的"缺口报告"。不过这不是一种严格的说法，正确的说法应该叫做"PVBP"或者"DV01"报告，这两个英文简称分别代表"present value of a basis point（一个基点的现值）"和"dollar value of an 01（1 basis point）（一个基点的货币价值）"。利率灵敏度计算需要假设收益率曲线平行移动（parallel shift），也就是说，假设每个期限点都沿期限结构朝同一方向移动了相同的距离（在此指 1 个基点）。图表 13.8 列举了一个 PVBP 报告的例子，分别列出了不同货币账户，但其所有价值已被换算成英镑计值。

缺口报告中的基本概念就是净现值（NPV）。PVBP 报告测度了银行账户中资产和负债的市场价值之差。为了计算 NPV，我们需要一个贴现率，它表明账户计值是按市价计的（mark-to-market）。虽然对于个别金融产品的贴现率还需要做出一些调整，但是一般我们所使用的贴现率都是来源于基准政府债券收益率曲线的零息票利率。

缺口可以用某一既定日期的未清偿余额间的差额来计算，或是用某一段时期内余额变化的差异来计算。以变化量为基础计算出来的缺口值通常称作边际缺口（margin gap），一段时期内累计的边际缺口加上期初资产和负债的原始差额是与期末资产和负债之间的缺口相一致的。

利率缺口和流动性缺口在许多细节方面是不同的，主要包括：

图表 13.8 　　　　　　　　　　　　银行账户的 PVBP 报告

	1 天	1 周	1 个月	2 个月	3 个月	6 个月	12 个月	2 年
英镑	8 395	6 431	9 927	8 856	(20 897)	(115 303)	(11 500)	(237 658)
美元	1 796	(903)	10 502	12 941	16 784	17 308	(13 998)	(18 768)
欧元	1 026	1 450	5 105	2 877	(24 433)	(24 864)	(17 980)	(9 675)
总计	11 217	6 978	25 534	24 674	(28 546)	(122 859)	(43 478)	(266 101)

	3 年	4 年	5 年	7 年	10 年	15 年	20 年	30 年
英镑	(349 876)	(349 654)	5 398	(5 015)	(25 334)	(1 765)	(31 243)	(50 980)
美元	(66 543)	(9 876)	(1 966)	237	2 320	(5 676)	(1 121)	0
欧元	(11 208)	(3 076)	1 365	1 122	3 354	(545)	(440)	(52)
总计	(427 627)	(362 606)	4 797	(3 656)	(19 660)	(7 986)	(32 804)	(51 032)

英镑总计：(1 160 218)；美元总计：(56 963)；欧元总计：(75 974)；

合计：(1 293 155)；所有数值都被折算成英镑。

■ 流动性缺口是对所有资产和负债而言，而利率缺口仅针对固定利率资产和负债。

■ 由于浮动利率和固定利率的差别，除非给定某一期间，否则利率缺口是无法计算的。利率缺口要依赖到期时间和初始日期。

编制缺口报告的主要目的是为了确定利差对利率变动的敏感度。正如我们前文提到的，缺口的计量总是"滞后于曲线变化"，因为它是源于历史数据统计；而实际缺口是一个随银行账户持续变化而变化的动态值。

13.4　对传统方法的批判

传统 ALM 的主要方法是关注银行贷款或存款账户的利率敏感性和净现值敏感性。通常所说的利率敏感性报告就是期限缺口报告，前文我们已经简单介绍过了。但是期限缺口报告并不完美，有如下的缺点：

■ 缺口分析中的重新定价间隔期最终是由人主观确定的，而且在重新定价的间隔期内有可能存在着严重的错配。例如，通常采用的重新定价间隔期是 1 年期缺口和 1 至 3 年期缺口，有时候（虽然只是极端情况），错配情况根本无法被模型识别。假设某银行账户仅由重新定价间隔期为 1 个月的负债和重新定价间隔期为 11 个月的同等金额的资产组成。那么该银行 1 年期缺口（假定不存在其他头寸）应该为零，也就是说净利息收入不存在风险。事实上，在该种情况下，由于利率的上升，净利息收入面临着明显的风险。

■ 期限缺口模型假设利率变动的幅度是相同的、方向是一致的。但实际上利率的每一次变化，不同期限的利率变动幅度是不相同的，即收益率曲线并非平行移动。

■ 期限缺口模型假设当利率变动时本金流是不变的。因此，无法将某些特定金融工具中包含的期权交易影响进行有效整合，诸如抵押贷款支持债券和可转换债券等金融工具一般不被精确地纳入缺口分析，仅仅是其一级风险头寸被考虑在内。

尽管缺口模型存在着上述缺陷，但由于它通俗易懂，因而被商业银行和抵押贷款业所广泛采用，而且其应用也不需要复杂的金融建模技术知识。

第 **14** 章　银行监管资本

全球货币市场的主要参与者是银行和金融机构，包括投资银行、商业银行、储蓄机构和其他存贷款类金融机构。银行业务和由此创造的收入都反映了银行的资产配置决策。资产配置决策在很大程度上受到资本因素影响，如此的资产配置意味着什么以及由此带来的资本成本是多少？反过来讲，资本成本必须要考虑银行业务部门所持有的头寸对监管资本（regulatory capital）的影响。因此，货币市场参与者必须要理解监管资本问题，无论他们交易的产品是什么，否则就不能完全理解自身资本的成本或资本带来的收益问题。

国际清算银行（BIS）指南，又称为巴塞尔协议（Basel rules）中定义了银行资本构成以及资本配置量规则。虽然 BIS 本身并不是一个监管机构，而且它的声明主张也没有任何法律效力，但是为了维持投资者和公众的信心，各国政府都尽力表明自己至少是遵从巴塞尔协议的。本章的目的是概述巴塞尔协议的主旨要义，这一协议正在不断地更新完善中，现已发展到了巴塞尔协议 II。

货币市场参与者们都已经了解巴塞尔协议的基本含义，以便于它们优化资产配置的同时增强避险能力。如衍生工具较货币市场工具而言，资本要求明显较低，这就是为什么会将衍生工具作为避险工具的主要原因（流动性也很好）。另外，银行交易对手的信誉状况也在很大程度上影响了资本支出水平，同时监管规则也影响着银行的贷款政策以及为交易对手设定的限额。所有银行都有覆盖全部货币市场产品的，限定向交易对手发放贷款额度的内部规章制度。资本配置、目标收益率（资本成本的函数）和交易对手的风险厌恶程度都决定了向不同信用等级交易对手发放贷款的规模。

本章将回顾资本协议的主旨要义，并进一步介绍巴塞尔协议 II 的建议以及信用风险敞口是如何决定资本配置的。本章还将说明货币市场交易者同长期交易者之间的相互往来，这些长期交易者对资本的需求更大。这会使货币市场参与者既能经营特定的银行业务也能参与一般资本市场业务。

14.1　银行业监管资本要求

银行和金融机构都要服从于一系列监管要求，其中主要一项就是银行拥有的资本水平，银行持有的资本要足以为银行开展业务提供缓冲。通常，金融机构都要服从国内监管者制定的监管要求，有时还要服从于跨境监管要求，如欧盟的资本充足性规定①。1988 年国际清算银行（BIS）下设的中央银行委员会所提出的监管资本要求方案已经被全世界银行所普遍接受，即所谓的 BIS 监管要求（BIS regulatory requirements），又因该方案是在 BIS 所在地瑞士小镇巴塞尔提出的②，所以又叫巴塞尔资本比率（Basel capital ratios）。依据巴塞尔要求，银行要将所有货币市场工具和表外工具都根据其存在的信用风险赋予一个风险权重，该风险权重决定了上述资产所要求的最低资本水平。

银行资本（Capital），最简单的定义就是银行资产负债表中资产与负债的差额，即银行所有者权益。它可用于弥补任何银行面临的经营损失，如果损失超出了资本额，那么银行将陷入偿付危机，甚至会导致银行破产。但出于监管目的，对资本的定义就有所不同，仍然以最简单形式加以说明，监管资本就是由资产负债表中适合用作资本比率计算的各要素构成。监管者要求银行的资本充足率达到能使银行储户得到充分保障的水平。监管资本包括普通股、优先股、次级债务以及普通准备金。无论是银行良性运行还是陷入破产清算之中，这些构成要素的共同点就是它们都是损失吸收器（loss-absorbing），这对于监管者而言至关重要，因为监管者最关心的是当银行陷入破产的时候，储户与高级债权人能否得到全额偿付。

关于监管资本的巴塞尔规则最早于 20 世纪 80 年代提出，当时引起广泛关注的问题是众多拥有跨国业务的大型银行在运营过程中并不具备充足的资本。10 国集团的监管当局建立了巴塞尔银行业监督管理委员会。在 1988 年巴塞尔银行业监督管理委员会的"关于统一国际银行资本衡量和资本标准的协议"的（International Convergence of Capital Measurement and Capital Standards）文件中，提出了监管资本建议并被世界各国监管者所采纳而成为了巴塞尔规则。巴塞尔协议是用于计量风险的方法论，是一种根据借款人类型及居住地来加权资产的方法，巴塞尔比率③为风险加权资产设定了最低 8% 的资本要求。

巴塞尔规则于 1992 年生效。目前，BIS 正在为资本充足性监管新体系广泛征求意见以替代旧规则，意见征集的截止时间是 2002 年的 6 月，并希望在 2005 年能够施行达成共识的新体系。

14.1.1　资本充足性要求

当前资本充足性规则起源于银行业监管者试图增强全球银行体系的稳定性并协调国际监管。1988 年的巴塞尔协议是银行业监管领域的一个明显进步，它为全球资本监管建立了一套正式标准。紧随其后，100 多个国家的监管者们都相继接受了该协议。虽然巴塞尔规则本身并不具备监管力，但每个国家的监管体制都接受它作

---

① 美国的银行业监管是由美联储来负责执行的；由中央银行充当本国的银行业监管者是很常见的。目前英国银行业监管是由英国金融服务管理局来负责的，从 1988 年起，这一机构从英格兰银行接手了这一职责。

② Bank for International Settlements, Basel Committee on Banking Regulations and Supervisory Practice, *International Convergence of Capital Measurement and Capital Standards*, July 1988.

③ 也被称为"库克比率"用以纪念已故巴塞尔委员会主席，彼得库克。

为最低资本要求的标准。这意味着全世界任何国家的巴塞尔式监管要求都大同小异，其中欧盟的资本充足性规定最为典型。

14.1.2　巴塞尔协议I规则

BIS规则设定了最低资本资产比率为资产价值8%的规定。这里的资产是指经风险调整后的资产，即最低资本金等于风险加权资产（weighted risk assets）乘以8%。每项资产都被赋予一个风险权重，无风险资产权重为0%，如某些国家的政府债券，风险最高的资产权重上升为100%，如一些公司贷款。因此，银行间市场上的一笔贷款，风险权重仅为20%，而同样数额的一笔企业贷款，风险权重就是最高的100%。

实际上，BIS资本要求是根据资本的类型来设置的，这样就可以针对不同的资产设置不同的资本。国际银行监管将资本划分为如下类型：

■ 一级资本（Tier 1）：永久资本——能够用于吸收损失的未分配股利，是股东权益，也是非累积优先股；

■ 二级优先资本（Upper Tier 2）：这部分也是永久性资本，偿付顺序在其他债权人之后，如不可赎回次级债务；

■ 二级次优资本（Lower Tier 2）：这部分资本的偿付顺序位于其他债权人之后，如长期次级债券。

资本充足性要求如下：

一级资本/经风险调整的资产＞4%；

（一级资本＋二级资本）/经风险调整的资产＞8%；　　　　　　　　　　　　（1）

上述比率是最低资本要求。银行经风险调整的资产（risk-adjusted exposure）就是指经风险调整的货币市场工具头寸与经风险调整的表外总资产头寸之和。银行账户中货币市场工具的资本要求计算公式（经风险调整）如下：

本金价值×风险权重×资本要求［8%］

其他金融产品的计算公式同上。

资产总量是可以确定的，但银行会使用净值模型或组合模型来减少总体本金价值。

对表外工具的资本要求比较低，因为对于这些工具而言，本金（principal）所面临的风险很低。利率衍生品，如期限在1年以内的远期利率协议（FRAs），根本就没有资本要求，而长期货币互换所需的资本要求也仅在名义本金的0.08%至0.2%之间[①]。

BIS区分了银行账户（banking book）交易和交易账户（trading book）交易，前者指零售和商业银行业务（主要是存款和贷款），后者指投资银行业务和证券行业。有时候银行账户与交易账户之间的资本要求是不同的。回购交易产生了对交易

[①]　见11章远期利率协议（FRAs）和互换协议（swaps）。

账户（trading book）的资本要求。资本配置（CA）的计算公式如下：

$$CA = \max \{ [(C_{mv} - S_{mv}) \times 8\% \times RW], 0\} \qquad (2)$$

其中，C_{mv} = 实收现金价值；

$\quad\quad S_{mv}$ = 证券市值；

$\quad\quad RW$ = 交易对手的风险权重（百分比形式）。

举例来说，如一笔发放给经济合作与发展组织（OECD）成员国银行的 5 000 万美元无担保贷款，其中交易对手的风险权重为 20%，那么该笔贷款的资本配置为：

$$CA = \max \{ [(\$50\,000\,000 - 0) \times 0.20 \times 0.08], 0\}$$
$$= \$800\,000$$

相反，发放给同一交易对手的同样数额的以美国国库券完全担保的一笔回购交易的资本配置为：

$$CA = \max \{ [(\$50\,000\,000 - \$50\,000\,000) \times 0.20 \times 0.08], 0\}$$
$$= \$0$$

每种市场工具所对应的风险权重详见图表 14.1。

图表 14.1　　　　巴塞尔协议 I 中规定的银行账户典型资产的风险权重

权重	资产类型	备注
0%	<ul><li>现金</li><li>对自己国家、A 区域主权国家和中央银行的债权</li><li>对 B 区域主权国家发行的、以该国货币计价的债权</li></ul>	A 区域国指 OECD 成员国和与 IMF 有已终结的特定贷款安排的国家。B 区域国包括除此之外的所有其他国家 在某些监管体系下，持有 A 区域国政府债券将会被赋予 10% 或 20% 的权重，而以 B 区域国货币计价的 B 区域国政府债券将适用 0% 的权重，否则适用 100% 权重
20%	<ul><li>对多边开发银行的债权</li><li>对地区政府或本国政府或 A 区域国政府的债权</li><li>对本国或由 A 区域银行机构担保的高级债权</li><li>对原始期限在一年以内的 B 区域银行机构的高级债权</li></ul>	在某些监管体系下，对剩余期限在一年以内的 B 区域银行机构的债权也适用于 20% 的权重
50%	<ul><li>以住宅担保的债权</li><li>抵押贷款支持证券</li></ul>	
100%	所有其他债权	

资料来源：BIS。

在初期的巴塞尔规则中，资产归属为银行账户（banking book）或交易账户（trading book）。银行账户本质上是由传统的吸收存款和发放贷款业务组成，其资产以成本而非重估值入账。交易账户中的资产（包括衍生工具）以逐日盯市的方式入账，每日产生无法预知的收益或损失。这些资产都将按图表 14.1 所对应的风险权重进行相应地加权处理，构成了市场风险和信用风险。对于市场风险，将通过在险价值法等技术手段来估算，而信用风险就和资产的类型相关了。计算交易账户资产的资本要求要比计算银行账户复杂得多。

银行机构的资本金配置过程包括对存续项目风险敞口的定量计算，并将该数值与银行监管资本水平进行比较。等级不同的资产将被归入不同的风险等级组，分为 0%、20%、50% 和 100% 四档。毫不奇怪，这种有点刻板的分类导致资产定价出现了扭曲，因为风险等级组之间的任何变动都会对资本要求产生重大影响并影响资本金的计算。一段时间后，这种影响促使人们开始对巴塞尔规则进行修正，促成了巴塞尔协议 II 的形成，其最终版本期待能在 2005 年施行。

图表 14.2 汇总了欧盟资本充足性规定中列出的构成监管资本的不同类型资本。一级资本的补充资本通常是以发行非累积优先股的形式获得，在美国也称为优先股。银行通常会建立一级资本储备作为提高资本比率的一种手段，而且也有助于降低纯股权比例。目前，一级资本还包括某些类似债务的证券，因为它们被设计成允许税前支付利息而非税后，这意味着它们类似于优先股或优先权益，同时也提高了银行监管资本的财务效率。这些证券和二级优先资本都附带有利息延期支付条款，因此它们就可以归为类优先股或优先权益。

图表 14.2   **欧盟监管资本规则**

	限制性约束	资本类型	扣除项
一级资本	• 对一级资本无限制 • 诸如信托优先证券等"内部"工具受限于一级资本的 15%	• 权益资本，含股票溢价账户 • 未分配利润 • 非累积优先股和其他混合资本证券	• 银行持有的自己的一级资本工具 • 商誉和其他无形资产 • 当年未公布的损失
二级资本	• 二级资本总额不超过一级资本的 100%		
二级优先资本		• 永久性次级损失吸收债务 • 累积优先股 • 一般储备 • 重估储备	• 持有其他银行的金融工具，超过了自身资本价值的 10% • 持有超过 10% 的其他信用机构的资金 • 对非并表附属公司的特殊投资 • 特许投资，即持有一家公司股份 10% 以上

续表

限制性约束	资本类型	扣除项
二级次优资本 • 不超过一级资本的50% • 最近 5 年按直线计提法计提的资本摊销量	• 固定期限次级债务 • 永久性次级非损失吸收债务	
三级资本 • 能够覆盖市场风险的最低 28.5% 的资本金必须是一级资本 • 三级资本只能够覆盖交易账户市场风险，所有信用风险必须被一级资本和二级资本覆盖	• 交易账户利润 • 最少是 2 年的短期次级债，且允许金融危机期间监管者终止利息或本金支付	• 交易账户损失
其他	• 仅包括实收资本额 • 资本债券不包括交叉违约或消极担保条款 • 二级次优资本违约是指利息不能偿付或银行破产 • 资本证券文件中包含无抵消权 • 债务的提前偿还须经银行监管者同意 • 期中利润以及预期净损失、税和红利必须要经审计决算		

资料来源：英格兰银行。

14.2　失败案例中的行为

　　设置监管资本体系就是为了保护金融体系的安全，进而维护自由市场经济并努力确保信用机构拥有充足的准备金来对抗交易对手风险。然而，国内的监管者也会面对一种困境，银行机构是否发现自身正处于破产边缘，也就是说，银行应该达到什么程度才能得到当局的"营救"。如果银行足够大，那么它的破产就可能对国内和国外经济产生巨大的负面影响，同时其他银行、企业、居民个体也都会遭受损失。大型"货币中心"银行①就是最好的例子，由于银行太重要而不允许其破产。尽管监管者或政府会为大银行的破产直接提供担保，但这并不可取，因为这样做虽然降低了损失风险，但又带来了道德风险②。当银行发觉自己可以或明或暗的从担保中获得好处的时候，它就可以低于市场水平的成本融资，这也就形成了一种补贴，导致经济体系中一个最重要的领域存在不正当竞争现象。

　　观察发现，尽管本国监管者并不情愿提供担保，哪怕是隐性担保，但它们还是

---

　　①　在英国被称为"高街"银行。
　　②　道德风险指当损失可以获得担保时，企业就会放弃谨慎的做事风格，继而开展高风险业务。当遇到财务危机时，企业就会要求政府采取措施使其平稳度过。

不能对所有银行都一视同仁。为了防止传染效应，保护金融体系安全，往往大型银行会获得救助而小银行会被放弃。这样做不但维护了市场秩序的稳定，也强化了自律和有效风险管理的重要性。例如，在英国，国际商业信贷银行和巴林银行就被坐视不管，任其破产，因为它们的破产只影响了一小部分储户的利益，而且它们的破产也不会威胁到银行体系的稳定性。在美国，伊利诺伊大陆银行曾经被拯救；在挪威，挪威银行也曾被拯救，而同样位于挪威的两家小型银行——诺利银行和奥斯陆银行就没那么幸运了。在日本，像山一证券这样的小银行都被允许破产，而长期信用银行和日本信贷银行就幸运多了。

当然，维持资本水平就需要付出相应的成本，这就是大量使用表外衍生工具以及资产证券化的主要原因之一。较货币市场工具而言，衍生工具所需配置的资本金较低，因为衍生工具的本金不会转手，所以就不会面临风险，而资产证券化的过程就是将资产从一家银行资产负债表移除的过程，因此也就降低了资本要求。

在此再对表外工具的资本要求稍多做点说明。某些衍生工具根本就没有资本要求，如1年以内的远期利率协议和互换协议，而稍长一点的利率互换和货币互换就需要按照名义价值的0.08%至0.20%之间进行风险加权。这一权重明显低于货币市场工具。例如，两家银行签订的一份10年期、5 000万美元的利率互换协议，仅需要40 000美元的资本金，而同等数额的一笔银行间贷款需要80万美元的资本金；同等数额的一笔企业贷款需要的资本金更高，达400万美元。

不同衍生工具的资本计算也有细微的差别，这就要看交易的是什么产品了。例如，利率互换协议，风险头寸就需要在"当前头寸"的基础上附加一个"补充因子"，而这个补充因子就是名义价值的一个百分比，如图表14.3所示。

图表 14.3　　　　利率互换的附加风险调整值，按名义价值的百分比计

期限	基本型利率互换	浮动利率/浮动利率互换	货币互换
1 年以内	0.0	0.0	1.0
1 年以上	0.5	0.0	5.0

14.3　巴塞尔协议 II 建议稿

1988年巴塞尔资本协议因其存在的不足，几乎自被接纳以来就引发了学术界和实务界的诸多批评。主要的批评是资本要求不允许对不同公司借款人设定不同的信用风险等级，而且风险权重的应用也过于死板，这些问题最终也得到了 BIS 的认同。1999年6月3日，BIS 发布了新的资本协议建议稿，新规则旨在"促进金融体系的安全与稳健、提供更加综合的风险处置方法和强化平等竞争"。该建议也试图适用于全球所有银行，而不再仅仅单纯地适用于跨境银行。

1988年的协议是基于非常宽泛的交易对手信用要求而建的，尽管1996年引入了用于覆盖交易账户要求的修订案，但是该协议的规定缺乏弹性依然面临批评。新

巴塞尔协议 II 规则建议稿有三大支柱，以使其能更紧密地同特定信用风险水平相关联。这三大支柱包括：

■ 支柱 1 （Pillar 1）：针对信用风险的新的资本要求以及针对新的风险类型——操作风险 （operational risk） 的资本要求。

■ 支柱 2 （Pillar 2）：如果银行的风险相较于其资本水平处于较高状况，监管当局采取行动的必要条件。

■ 支柱 3 （Pillar 3）：相较以前要求银行更多地披露信息以加强市场约束。

自旧巴塞尔规则发表至今，市场已经发展得更为复杂，巴塞尔委员会也在思考和信用风险决定相关的更为广泛的问题。

14.4　新巴塞尔协议 II 规则建议稿的内容

在这一段我们将介绍巴塞尔协议 II 的主要建议，同时评估本书写作期间市场对此的反应。正如前文所述，新的巴塞尔协议具有三大支柱或称为三种方法，下面我们就对其进行详细阐述。

14.4.1　支柱 1——最低资本要求

资本要求可以通过两种方法表述——标准化法和内部评级法 （IRB）。IRB 方法又分为基础方法和高级方法，其中后者赋予银行自身更大的空间来设置资本支出的构成。

标准化法

标准化法下，银行依据一组设定好的模型对资产进行风险加权，这组模型将资产根据其正式的信用等级进行划分。图表 14.4 列出了具体的模型，该表格显示了新的风险权重建议水平，是以 8% 的标准资本充足率的百分比来表示的。

图表 14.4　　　　　　　　　　**巴塞尔资本要求建议，百分比权重**

资产	信用评级						
	AAA 至 AA (%)	A + 至 A – (%)	BBB + 至 BBB – (%)	BB + 至 BB – (%)	B + 至 B – (%)	B – 以下 (%)	无评级 (%)
主权国	0	20	50	100	100	150	100
银行—选择 1[a]	0	20	50	100	100	150	100
银行—选择 2[b] <3 个月	20	20	20	50	50	150	20
银行—选择 2[b] >3 个月	20	50	50	100	100	150	50
公司	20	100	100	100	100	150	100

[a] 基于银行所在国的主权风险权重。

[b] 基于银行个体的评估。

资料来源：BIS。

新巴塞尔协议最大的改变就是对现行制度中四个风险权重组别的修订。修订后的规则将对不同类型的贷款重新分配资本要求，同时对评级很低的资产增加了一个新的分类。对于主权国家贷款而言，设置了0%至8%的连续区间范围，而对于企业贷款而言，取值区间就变得不连续了。还有一个很不寻常的特点，即对于低评级公司的资本要求要高于未评级借款人。对于银行同业贷款而言，存在两种资本要求计算方法。第一种方法是使用银行所在国的主权风险级别来代表该银行的信用评级，那么该银行的风险级别就会降低，第二种方法是使用银行自身的信用评级。无论使用哪种方法，主要影响都是会大幅提高银行同业贷款的资本要求，事实上可能是现有水平的翻倍。

国内监管者将在两种方法中选择一种来评估银行同业资产的风险水平。如果使用方法一，那么贷款将会依据债务人所在国的国家信用等级归类，而如果使用方法二，那么该笔贷款资产就会依据该银行自身的信用等级归类。如果使用后一种方法，那么期限在3个月以内的资产就会享受优惠待遇。

发放给无评级借款人的贷款都会被单独分类，并被赋予100%的风险权重，尽管BIS曾对此类情况做过说明，即监管者首先应该调查一下相关市场的历史违约情况，再考虑所设置的风险权重是否合理。发放给企业的尚未提取的短期信贷，根据巴塞尔协议II规则也会被赋予20%的风险权重，而巴塞尔协议I中规定此时的风险权重为零。

与巴塞尔协议I相比，巴塞尔协议II在更大程度上允许降低资产的信用风险，主要体现在将证券视作有担保的资产。以下资产被视为有担保：

■ 现金和政府证券（与巴塞尔协议I的认定一致）；
■ 主权国家或公共实体部门发行的BB–及以上级别的证券；
■ BBB–及以上级别的证券；
■ 包含在某主要指数中的或在某投资交易所挂牌的普通股；
■ 黄金。

被视为有担保的证券将会对其市场价值进行"削价"以反映其价格的波动性。

内部评级法

在IRB方法中，银行会根据它们自己内部的风险评估来对资产进行分类。如果银行要使用这种方法，那么银行的内部风险评估系统必须要得到相关监管机构的认可，并且该系统与程序也必须至少已经使用了3年。这个系统必须使银行能够对借款人的违约概率做出正确的评估。如果使用IRB方法，银行就会依据自身的内部评级来将贷款归于相应的"违约概率"（probability-to-default）级别或简称PD级。PD级的相关数值是由银行自主设定的。BIS也编制了相应的公式供银行使用来为PD级资产计算资本配置要求。图表14.5显示了巴塞尔协议I规定的资本要求和巴塞尔协议II规定的标准化法和IRB法所对应的资本要求。

如果要使用IRB的高级方法，那么银行需要识别不同形式的担保物，并在使用BIS公式计算资本时对其设置参数，当然这种方法首先要获得监管当局的批准。

在获得批准后的第一个两年里，源于信用风险的资本配置不得低于根据基础法计算出来的资本要求的 90%；两年后 BIS 会对该高级方法进行检查并做出评判。

图表 14.5 特定 PD 级别的资本要求

信用评级	PD 级别	巴塞尔协议 I	标准化法	IRB 基础法
AAA	0.03	8.0	1.6	1.13
AA	0.03	8.0	1.6	1.13
A	0.03	8.0	4.0	1.13
BBB	0.20	8.0	8.0	3.61
BB	1.40	8.0	8.0	12.35
B	6.60	8.0	12.0	30.96
CCC	15.00	8.0	12.0	47.04

资料来源：BoE。

操作风险

巴塞尔协议 II 最有争议的是要为覆盖银行操作风险而准备资本金。巴塞尔委员会提供了三种不同的方法用来计算覆盖操作风险的资本金数额，它们是：

■ 基本指标法，依据此种方法，总收入的 20% 将被用作资本。

■ 标准化方法，此种方法下，在银行内部，不同的业务将被赋予不同的风险指标，这一指标应该是零售银行的平均资产水平和基金经理所管理的资产额。巴塞尔委员会将根据每个国家的风险水平，对每类业务分别设置不同的资本要求；而总操作风险就是所有业务的风险敞口之和。

■ 内部测量法，是指银行对每类业务可能由于操作风险而产生的预期损失进行评估。操作风险这里指由于欺诈、IT 故障、法律问题等原因导致损失的风险。

最低总资本

计算银行信用风险、操作风险和交易账户所需资本之和就是银行的最低总资本要求。此时的资本充足率要求依然是 8%，与巴塞尔协议 I 的规则一致。

14.4.2 支柱 2——监管方法

巴塞尔协议 II 的一个新要素就是对资本配置监管方法的要求。这是建立在三大原则之上的，第一原则，银行必须建立一套与自己的风险评价体系一致的计算资本需求的流程。这就意味着基于巴塞尔协议 II 支柱 1 的规定，银行不但要满足最低资本的要求，还要评估反映其自身业务活动的特定风险领域。例如，这种方法需要考虑银行账户中利率风险敞口或按揭贷款业务中的提前还款风险。银行监管当局也会不断监督检查上述程序。第二原则，基于巴塞尔协议 II 支柱 1 的规定，满足风险加权资本要求仅仅是最低要求，银行除此之外还要计提充足的各项准备金。监管当局拥有要求银行提高资本水平并高于规定的最低要求的权力。第三原则，监管当局也拥有在其职权范围内对银行资本水平进行持续监督的权力，并允许在适当的时候采取行动以确保银行资本水平不低于维持银行业务正常经营的水平。

14.4.3 支柱3——信息披露

巴塞尔协议 II 制定了核心信息披露制度，银行必须遵守，监管者也会要求其披露。另外，新协议也制定了补充信息披露制度，这些制度不同于核心披露制度，如果某些业务活动同银行的特定经营活动不相关或是非重点业务活动，那么银行有关信息披露与否的自主权就比较大。信息披露的内容包括：

资本（capital）：银行资本的各构成要素，如构成一级资本和二级资本的金融工具类型；

资本充足性（capital adequacy）：这包括能够抵补信用风险、市场风险和操作风险的资本金数量以及银行的资本充足率；

风险敞口（risk exposure）：银行的总风险敞口包括信用风险敞口、市场风险敞口、操作风险敞口等等。因此，这就涵盖了银行资产负债管理账户的相关内容，包括贷款账户的期限结构、利率风险以及其他市场风险。也就是说，包括由银行风险管理部门测度和监控的所有风险敞口。

作为支柱3的一部分，如果银行在计算资本要求时使用了 IRB 方法，那么银行就需要披露其内部政策及该方法的工序流程。

在编制新协议的过程中，巴塞尔委员会希望拓展资本要求以覆盖其他领域的风险，如市场风险和操作风险。他们认为银行的资本不仅要能够反映银行自身资产组合的风险水平，还要能够很好的根据银行内部风险模型做出估算，而不仅仅依靠某一主体如 BIS 的标准规则来估算。

不管怎样，新协议的内容变化已经引来了众多评论，所以最终被采纳的新协议最后版本可能会与前文的阐述略有出入。越来越多的从业者开始形成了一种共识，那就是市场应该替代监管当局承担更多的监管责任，例如，缩小存款保险的范围[1]，或者要求银行发行无保险的特别债务。这些次级债务的持有者会更关心银行的财务状况，因为他们的投资没有得到担保。同时，他们也开始对高风险投资失去兴趣，因为不管银行的利润业绩如何，他们每年的收益都是一样的（如他们持有的次级债券的固定息票收益）。因此，这种次级债务的收益率其实就是银行风险敞口的市场估值。哥伦比亚大学的 Charles Calomiris[2] 就建议监管者对此收益率设置一个上限，这就会迫使银行对自己的风险敞口水平设置上限，但是该上限应该是由市场估值决定，而非监管当局。

巴塞尔协议 II 比巴塞尔协议 I 进步的一个地方是：新协议承认"统一尺度"并不适用于所有银行，而且在资本配置过程中，也需要更大的灵活性。IRB 方法较

---

① 许多国家都有存款保险计划，当银行破产时保障私人储户的存款利益。例如英国，如果银行或建房互助协会宣布破产，那么储户就会得到在该机构存款额 90% 的补偿，每个储户的最高补偿限额为 18 000 英镑。

② 参见 "Better than Basle"，*The Economist*，June 19，1999。

标准化方法所需的资本金更低，由此就会激励银行采用此种方法，进而促进银行风险管理体系的发展。鉴于银行的业务特点，一些银行可能较其他银行面临更大的风险，这就需要有比单纯的满足最低资本要求更多的风险管理措施。这是设定三大支柱方法背后所隐含的原因，特别是支柱 2 赋予了监管者在发觉银行采取的措施还不够充分时可以进行干预的权力。这意味除了要求提高资本水平之外，还要做更多的风险管理工作。支柱 3 在全部的内容中也是很重要的，因为它要求银行做充分的信息披露，不仅包括风险敞口水平，还包括利用 IRB 方法计算资本要求的程序。

14.5　反应与批评

继 1999 年 6 月巴塞尔协议建议稿第一版发布之后，市场对此的反应和评论导致了 2000 年 1 月第二版协议的出台。意见征询期也延长了 1 年，所以最终协议的实施不会早于 2005 年。

市场对巴塞尔协议 II 的普遍看法是：新协议试图去关注经济本质和新市场工具的风险特征，而非工具的构成形式。除一两个明显的不同外，银行应该发现资本配置的总水平非常类似于先前制度下的资本配置水平。在 IRB 方法中，由于存在基础方法和高级方法①，使得银行在选择具体方法时有更大的选择空间，而不仅仅是大型银行才可以选择所需的内部评价体系。

建议稿的最大的争议之处就在于对操作风险的资本配置。协议规定了三种计算该资本金的方法。第一种是"基本指标"法，即采用一种简单的一级指标；而第二种方法是标准化法，即对不同的业务配置不同水平的资本；第三种方法是内部测度机制，即允许银行使用自己内部的损失数据来测算所需的资本。市场对操作风险资本要求的主流反应是其对尚不确定的风险因素所要求的资本水平过高。但三种不同测算方法会产生不同的结果，当市场对第一版建议稿规定 20% 的操作性风险权重持否定态度时，第二版建议稿中这种灵活性就体现出来了。例如，一家排名中等的投资银行的高级副总裁认为，按第三种方法计算出来的 5 亿美元资本需求要比按 20% 比例要求计算出的资本需求少②。因此银行将可能希望建立一套内部评价系统和程序以便应用内部评级法。然而，如果建议稿以当前形式被采用，上述情况是否出现还有待证实。

根据建议稿规定，资本减免可以通过抵押、银行担保和信用衍生品的应用来实现。这也导致了合成资产证券化，如合成型抵押债务债券交易的大量出现，这样做降低了银行资产负债表的资本需求。巴塞尔协议规定要依据信用质量对抵押品进行"削价"（在文件中用 H 表示）作为应对市场风险的一种保护措施。这样做没有任何争议。抵押品、非银行与非政府担保和信用衍生品所对应的资本金要求是风险资产原始资本要求的 15%，记作 w。该资本要求反映了这些工具的风险状况，如法律

---

① 这是在第二版建议稿提出的时候引进的。
② 参见 "*RISK*"，February 2001，p. 27。

和凭证风险等。然而信用衍生品市场对新协议依旧反应消极，建议取消 w 的规定，称设置这样的要求将会对违约互换市场的流动性产生影响。最终版本中关于 w 指标看来还需要修正或删除。

巴塞尔协议对新兴市场产生了巨大的影响，尤其受到了新兴市场的非主权发行人的欢迎。这是因为在新巴塞尔协议下，银行可以给其他银行、公司借款人等机构高于其母国主权评级的等级。在巴塞尔协议 I 下，没有一家机构的评级会高过母国的主权风险评级。其结果是银行会倾向于在低等级新兴市场经济体中寻找信誉好的公司借款人。标准化方法中，在现存的 20% 至 100% 的风险类别中对于公司风险头寸又加入了新的 50% 至 150% 的风险类别。这将使新协议对风险更加敏感。图表 14.6 列出了针对一些主权国家信用活动，新协议关于风险权重建议对银行的影响。高等级银行一般更倾向于使用 IRB 方法，而小型银行则更喜欢使用标准化法直至他们有了自己内部的风险管理体系。

图表 14.6　　　　巴塞尔协议 II 下的银行风险权重：以亚洲经济体为例

	主权评级	当前风险权重（%）	推荐风险权重（%）
澳大利亚	Aa2/AA +	20	20
中国	A3/BBB	100	100
印度	Ba2/BB	100	100
韩国	Baa2/BBB	20	100
马来西亚	Baa2/BBB	100	100
巴基斯坦	Caa1/B −	100	150
菲律宾	Ba1/BB +	100	100
新加坡	Aa1/AAA	100	20
泰国	Baa3/BBB −	100	100

资料来源：Moody's/S&P。